プリント形式のリアル過去問で本番の臨場感！

京都府

京都教育大学附属桃山中学校

2025年春受験用

解答集

本書は，実物をなるべくそのままに，プリント形式で年度ごとに収録しています。
問題用紙を教科別に分けて使うことができるので，本番さながらの演習ができます。

■　収録内容

・解答集（この冊子です）

書籍ＩＤ番号，この問題集の使い方，最新年度実物データ，リアル過去問の活用，
解答例と解説，ご使用にあたってのお願い・ご注意，お問い合わせ

・2024（令和６）年度　～　2020（令和２）年度　学力検査問題

JN132650

○は収録あり	年度	'24	'23	'22	'21	'20	
■ 問題(学力検査)		○	○	○	○	○	
■ 解答用紙							
■ 配点							

全教科に解説
があります

☆問題文等の非掲載はありません

教英出版

■　書籍ＩＤ番号

入試に役立つダウンロード付録や学校情報などを随時更新して掲載しています。
教英出版ウェブサイトの「ご購入者様のページ」画面で，書籍ＩＤ番号を入力してご利用ください。

書籍ＩＤ番号　101128

（有効期限：2025年9月30日まで）

【入試に役立つダウンロード付録】
「要点のまとめ(国語／算数)」
「課題作文演習」ほか

■　この問題集の使い方

年度ごとにプリント形式で収録しています。針を外して教科ごとに分けて使用します。①片側，②中央のどちらかでとじてありますので，下図を参考に，問題用紙と解答用紙に分けて準備をしましょう（解答用紙がない場合もあります）。

針を外すときは，けがをしないように十分注意してください。また，針を外すと紛失しやすくなりますので気をつけましょう。

① 片側でとじてあるもの

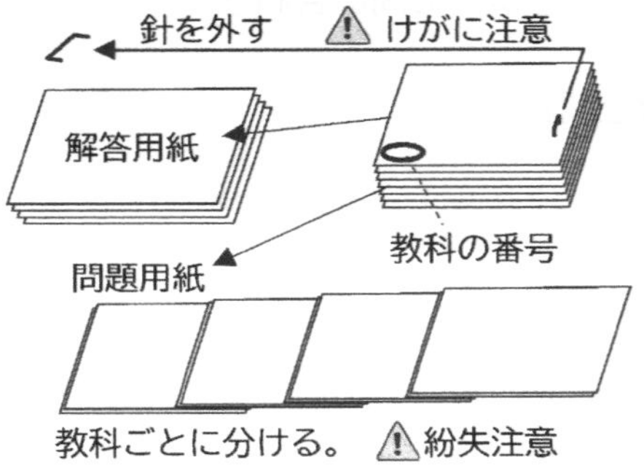

② 中央でとじてあるもの

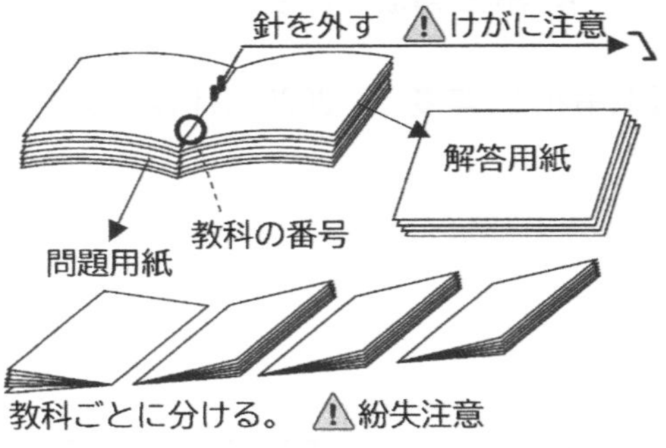

※教科数が上図と異なる場合があります。
解答用紙がない場合や，問題と一体になっている場合があります。
教科の番号は，教科ごとに分けるときの参考にしてください。

■　最新年度　実物データ

実物をなるべくそのままに編集していますが，収録の都合上，実際の試験問題とは異なる場合があります。実物のサイズ，様式は右表で確認してください。

問題用紙	Ｂ４片面プリント
解答用紙	非公表

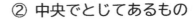

リアル過去問の活用

～リアル過去問なら入試本番で力を発揮することができる～

本番を体験しよう！

問題用紙の形式（縦向き / 横向き），問題の配置や余白など，実物に近い紙面構成なので本番の臨場感が味わえます。まずはパラパラとめくって眺めてみてください。「これが志望校の入試問題なんだ！」と思えば入試に向けて気持ちが高まることでしょう。

入試を知ろう！

同じ教科の過去数年分の問題紙面を並べて，見比べてみましょう。

① 問題の量

毎年同じ大問数か，年によって違うのか，また全体の問題量はどのくらいか知っておきましょう。どのくらいのスピードで解けば時間内に終わるのか，大問ひとつにかけられる時間を計算してみましょう。

② 出題分野

よく出題されている分野とそうでない分野を見つけましょう。同じような問題が過去にも出題されていることに気がつくはずです。

③ 出題順序

得意な分野が毎年同じ大問番号で出題されていると分かれば，本番で取りこぼさないように先回りして解答することができるでしょう。

④ 解答方法

記述式か選択式か（マークシートか），見ておきましょう。記述式なら，単位まで書く必要があるかどうか，文字数はどのくらいかなど，細かいところまでチェックしておきましょう。計算過程を書く必要があるかどうかも重要です。

⑤ 問題の難易度

必ず正解したい基本問題，条件や指示の読み間違いといったケアレスミスに気をつけたい問題，後回しにしたほうがいい問題などをチェックしておきましょう。

問題を解こう！

志望校の入試傾向をつかんだら，問題を何度も解いていきましょう。ほかにも問題文の独特な言いまわしや，その学校独自の答え方を発見できることもあるでしょう。オリンピックや環境問題など，話題になった出来事を毎年出題する学校だと分かれば，日頃のニュースの見かたも変わってきます。

こうして志望校の入試傾向を知り対策を立てることこそが，過去問を解く最大の理由なのです。

実力を知ろう！

過去問を解くにあたって，得点はそれほど重要ではありません。大切なのは，志望校の過去問演習を通して，苦手な教科，苦手な分野を知ることです。苦手な教科，分野が分かったら，教科書や参考書に戻って重点的に学習する時間をつくりましょう。今の自分の実力を知れば，入試本番までの勉強の道すじが見えてきます。

試験に慣れよう！

入試では時間配分も重要です。本番で時間が足りなくなってあわてないように，リアル過去問で実戦演習をして，時間配分や出題パターンに慣れておきましょう。教科ごとに気持ちを切り替える練習もしておきましょう。

心を整えよう！

入試は誰でも緊張するものです。入試前日になったら，演習をやり尽くしたリアル過去問の表紙を眺めてみましょう。問題の内容を見る必要はもうありません。どんな形式だったかな？受験番号や氏名はどこに書くのかな？…ほんの少し見ておくだけでも，志望校の入試に向けて心の準備が整うことでしょう。

そして入試本番では，見慣れた問題紙面が緊張した心を落ち着かせてくれるはずです。

※まれに入試形式を変更する学校もありますが，条件はほかの受験生も同じです。心を整えてあせらずに問題に取りかかりましょう。

京都教育大学附属桃山中学校

《国　語》

一　(1)あなかんむり　(2)あ期待　いつと　(3)(イ)　(4)みなみが桃香たちのグループに入ってうまく一緒に遊べるように、その練習をしている様子を見守っている　(5)(エ)　(6)今日は、一人がいいの？　(7)(ウ)　(8)(イ)　(9)子どもの心がまったくわからないと、唐木先生にばらすみたいで恥ずかしい　(10)(ア)

二　(1)あ可能　い達　うまか　(2)(ウ)　(3)(イ)　(4)精神的に成熟しても、時には未成熟になってしまうという不安定性があるため、成熟したと自覚できないから。　(5)(エ)　(6)感情をコントロールして、なるべく安定した状態でいる　(7)社会からの影響　(8)①高度な文明　②自分の思い　(9)社会的動物　(10)(ウ)

(11)〈作文のポイント〉

・最初に自分の主張、立場を明確に決め、その内容に沿って書いていく。

・わかりやすい表現を心がける。自信のない表現や漢字は使わない。

さらにくわしい作文の書き方・作文例はこちら！→　https://kyoei-syuppan.net/mobile/files/sakupo.html

《算　数》

1　(1)3　(2)9.42　(3)2024　(4)$\frac{9}{10}$

2　(1)105　(2)$3\frac{1}{3}$　(3)$16\frac{2}{3}$　(4)1.9　(5)90　(6)48　(7)46　(8)4.8　(9)2　(10)3

3　(1)1，2，3，4，6，9　(2)246

4　(1)1.3秒後　(2)63日と８時間

5　(1)2.5㎠　(2)45°

6　(1)1とおり　(2)120とおり

7　(1)8　(2)144つがい　(3)１ヶ月前と２ヶ月前のつがいの数の和になるように増えている。

8　(1)3分20秒後　(2)23分20秒後

《理　科》

1　(1)○　(2)(ウ)　(3)(ア)　(4)(イ)　(5)(イ)　(6)×

2　(1)(イ)　(2)(エ)　(3)(ア)，(イ)，(オ)　(4)(ア)

3　(1)(ア)　(2)(エ)　(3)(イ)　(4)(オ)

4　(1)(ウ)　(2)A．(イ)　B．(ウ)　(3)①(ウ)　②(ア)

5　(1)(エ)　(2)(ア)　(3)(ウ)，(エ)，(オ)

《社　会》

1　(1)聖徳太子〔別解〕厩戸王　(2)天皇が中心となる国　(3)戦争　(4)平和主義　(5)(エ)　(6)(エ)

2　(1)(イ)　(2)(イ)　(3)敵から襲われにくくするための工夫として，濠や柵が設けられていること。
(4)(ウ)　(5)ȯ　(6)みかん栽培に適した，海沿いで日当たりがよく，水はけがよい斜面にみかん畑がつくられることが多いから。　(7)(エ)　(8)シルクロードを通って唐に持ち込まれたペルシャの品物を，日本から唐に派遣された遣唐使が持ち帰ったから。

3　(1)①(イ)　②季節風〔別解〕モンスーン　(2)①選挙権〔別解〕参政権　②(ウ)　(3)騎馬隊に対抗するために柵を設け，大量の鉄砲を用いて，足軽鉄砲隊を組織したこと。
(4)日本の河川は，世界の河川に比べて長さが短く，流域面積がせまいうえに，流れが急であること。

《2024　国語　解説》

一 (3) 「彼女たち」が指すのは、直前の段落にある「同じ一年生だが～乱暴《らんぼう》な三人組」である。３行後で、この一年生三人組のまとめ役が桃香《ももか》であることが書かれている。よって、イが適する。

(4) 文章の後半の、明里《あかり》の発言に着目する。明里は、みさきが一人はなれたところからみなみたちの様子を見ていた理由を、「みさきちゃんは、来週で、キッズクラブへはもうこなくなるの。そうすると、みなみちゃんが、一人になるでしょ～うまくいくか見守ってるの」と説明している。

(5) 「僕《ぼく》」はホッシーに、みさきのことを聞こうとしている。ここより前の、みさきに関する描写《びょうしゃ》に着目する。いつもならみなみと一緒《いっしょ》にいるみさきが、今日はぽつんと一人でいるのを見て、「僕」は「どこか寂《さび》しげだ」だと感じた。また、「僕にはみさきが一人はぶかれているように見えた」「一対四になってしまうのはまずい」ともある。つまり、「僕」は、いつもはみなみと一緒にいるみさきが、この日は一人でいるのを見て、心配している。よって、エが適する。

(6) 文章の後半に「さっき、今日は、一人がいいの？　なんて(みさきに)声をかけた自分(＝僕)は」とある。

(8) 明里が説明したように、みさきは、桃香たちのグループに入って一緒に遊ぶ練習をしているみなみの様子を見守っている。それなのに、みさきが一人でいることを心配した「僕」が何度も話しかけてくるので、うっとうしく思っている。よって、イが適する。

(9) 直後に「あまり聞いてばかりいるのも情けない～子どもの心がまったくわからないとばらすみたいで恥《は》ずかしい」とある。この部分からまとめる。

(10) 羽田佐絵《はねださえ》は、「『友だちなら、あたりまえ』と、サラリと言った」。そして、明里も同じように思っていると考えられる。佐絵も明里も、自分たちにとってはふつうのことを言っただけなのに、「僕」が感動しているので、不思議に思っている。よって、アが適する。

二 (2) ア、イ、エについては、⑧の段落で挙《あ》げられている。

(4) ――線２の「自分ではそうとは気づかない」とは、自分が精神的に成熟していると、自分では気づかないということ。⑪の段落に、「人間というのは、精神的に成熟したとしても～その不安定性ゆえに～いつまでも大人になったと自覚することができないでいるのです」とある。

(5) 直前にある「わがままになる」「世の中なんてどうでもいいと思う」というのは、「感情的になる」ことに近い。よって、エが適する。

(6) ⑲の段落に、「感情をコントロールして、できるだけ安定した状態でいるためには」、社会との距離《きょり》をうまくとる必要があると書かれている。これを裏返すと、「社会とうまく距離をとる」ことで、「感情をコントロールして、できるだけ安定した状態でい」られるということになる。

(7) 「私たちの外部にある原因」が指すものは、具体的には、人からバカにされたり、おかしな校則を押《お》し付けられたりすることである。これらを、⑮の段落で「社会からの影響《えいきょう》」と言いかえている。

(8)① 空らんの前後に「助け合う」「築かれた」とあることに着目する。⑰の段落に、「助け合い、高度な文明を築き上げることができた」とある。　② ⑱の段落に、「他人次第の部分が出てきて、自分の思い通りにならないと腹が立つのです～不安定になってしまうのです」という、「良くない面」が説明されている。

(9) ⑮の段落に、「私たちは常に誰《だれ》か別の人たちと一緒に暮らし、その人たちとの関係の中で様々なことをしています」とあり、これを受けて、「人間は社会的動物なのです」と述べている。

⑽　ウは、⑲と⑳の段落の内容と一致する。

《2024　算数　解説》

1

⑴　与式＝123－120＝**3**

⑵　与式＝3.14×21÷７＝3.14×３＝**9.42**

⑶　与式＝2024×（１＋２＋３＋４＋５＋６－20）＝2024×１＝**2024**

⑷　与式＝$\frac{1}{1\times2}+\frac{1}{2\times3}+\frac{1}{3\times4}+\frac{1}{4\times5}+\frac{1}{5\times6}+\frac{1}{6\times7}+\frac{1}{7\times8}+\frac{1}{8\times9}+\frac{1}{9\times10}=$

$(\frac{1}{1}-\frac{1}{2})+(\frac{1}{2}-\frac{1}{3})+(\frac{1}{3}-\frac{1}{4})+(\frac{1}{4}-\frac{1}{5})+(\frac{1}{5}-\frac{1}{6})+(\frac{1}{6}-\frac{1}{7})+(\frac{1}{7}-\frac{1}{8})+(\frac{1}{8}-\frac{1}{9})+(\frac{1}{9}-\frac{1}{10})=1-\frac{1}{10}=\mathbf{\frac{9}{10}}$

2

⑴　３と７の公倍数は３と７の最小公倍数 21 の倍数である。21×４＝84，21×５＝105 より，求める数は **105**

⑵　白の絵の具と青の絵の具を 10：12＝５：６で混ぜればよいから，青の絵の具が４mL のときに必要な白の絵の具は $4\times\frac{5}{6}=\frac{10}{3}=$ **$3\frac{1}{3}$**(mL)である。

⑶　時速 60 km＝秒速(60×1000÷60÷60)ｍ＝秒速 $16\frac{40}{60}$ｍ＝秒速 **$16\frac{2}{3}$**ｍ

⑷　東京スカイツリーの高さは東京タワーの高さの 634÷333＝1.90…(倍)より，**1.9** 倍である。

⑸　**【解き方】(平均点)×(人数)＝(合計点)となることを利用する。**

４人の合計点は 80×４＝320(点)だから，求める点数は 320－(82＋79＋69)＝**90**(点)である。

⑹　**【解き方】偶数をつくるから，一の位の数は２か４とすればよい。**

一の位の数の決め方２とおりに対し，十の位，百の位，千の位，万の位の数の決め方はそれぞれ４とおり，３とおり，２とおり，１とおりある。よって，偶数は全部で２×４×３×２×１＝**48**(とおり)できる。

⑺　**【解き方】１試合行われると１チームが負けて，トーナメントから外れる。**

日本の都道府県は全部で 47 あるから，残り１チームになるまで試合をすると 47－１＝**46**(試合)することになる。

⑻　**【解き方】平均の速さは道のりが何kmでも変わらないので，Ａ地点からＢ地点までの片道の道のりを，４と６の最小公倍数の 12 kmとして考える。**

行きは 12÷４＝３(時間)，帰りは 12÷６＝２(時間)かかるから，平均の速さは 12×２÷(３＋２)＝4.8 より，時速 **4.8** kmである。なお，平均の速さを，(４＋６)÷２＝５より，時速５kmとするのは間違《まちが》いである。

⑼　頂点の数が偶数個の正多角形は点対称なので，**正方形，正六角形の２個**である。

⑽　**【解き方】表にまとめて考える。**

		弟 いる	弟 いない	合計
兄	いる	㋒		15
兄	いない	㋑	10	㋐
合計		18		40

右表で，兄がいない人(㋐)は 40－15＝25(人)だから，兄がいないが弟がいる人(㋑)は 25－10＝15(人)である。よって，兄も弟もいる人(㋒)は 18－15＝**３**(人)

3

⑴　**【解き方】素因数が 10 以上になるまで素因数分解をする。**

筆算を途中まで進めていくと，右のように 60516＝２×２×３×３×1681 となり，10 未満の整数で 1681 を割り切れる数は１以外存在しない。よって，60516 の約数のうち，10 未満のものは，**１，２，３，４，６，９の６個**である，

2) 60516
2) 30258
3) 15129
3) 5043
　　1681

⑵　**【解き方】⑴の解説をふまえると，60516＝(２×２)×(３×３)×1681 だから，２回かけて 1681 になる整数を探す。**

40×40＝1600 だから，２回かけて 1681 になる数は 40 より少し大きい数であり，1681 の一の位が１であることに注目して整数を探すと，41×41＝1681 になるとわかる。よって，60516＝(２×２)×(３×３)×(41×41)＝246×246 になるから，□＝**246** である。

4 (1) 地球から出た光が月にとどくまでの時間は 38 万÷30 万＝1.26…(秒後)より，**1.3 秒後**である。

(2) 地球から月まで時速 250 kmの新幹線で行くときにかかる時間は 380000÷250＝1520(時間)，つまり$\frac{1520}{24}$日＝$63\frac{1}{3}$日＝63 日と$(24\times\frac{1}{3})$時間＝**63 日と８時間**かかる。

5 (1) **【解き方】右図で，(三角形ＡＥＦの面積)＝(台形ＡＢＣＥの面積)－(三角形ＦＣＥの面積)－(三角形ＡＢＦの面積)である。**

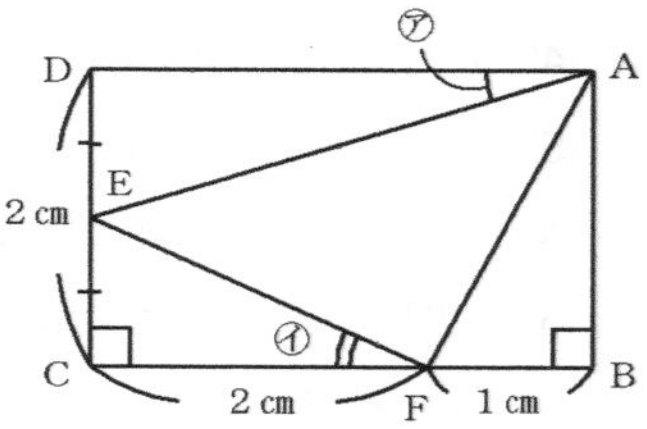

求める面積は，(１＋２)×３÷２－(２×１÷２)－(１×２÷２)＝**2.5(㎠)**

(2) **【解き方】(1)の図において，三角形ＦＣＥと三角形ＡＢＦは合同であることを利用する。**

三角形ＦＣＥと三角形ＡＢＦは合同だから，ＦＥ＝ＡＦより，三角形ＡＥＦは二等辺三角形である。

三角形ＡＢＦの内角の和より，角ＦＡＢ＋角ＢＦＡ＝180°－90°＝90°であり，角ＥＦＣ＝角ＦＡＢだから，

角ＡＦＥ＝180°－(角ＥＦＣ＋角ＢＦＡ)＝180°－(角ＦＡＢ＋角ＢＦＡ)＝180°－90°＝**90°**となるので，三角形ＡＥＦは直角二等辺三角形である。したがって，角ＤＡＢについて，角ＥＡＤ＋角ＦＡＥ＋角ＦＡＢ＝角㋐＋45°＋角ＥＦＣ＝角㋐＋45°＋角㋑＝90°だから，角㋐＋角㋑＝90°－45°＝**45°**である。

6 (1) となりあう場所は異なる色を塗《ぬ》るから，㋐を赤で塗ると，㋒と㋔は赤，㋑と㋓と㋕は青に決まる。この図形を回転させると，㋐を青で塗ったときにできる図形と合同になるから，塗り分ける方法は**１とおり**である。

(2) **【解き方】６つの場所を６色で塗り分けるので，どの色も１か所ずつ塗ることになる。**

㋐の塗り方は６とおりあり，この６とおりそれぞれに対して㋑，㋒，㋓，㋔，㋕の塗り方はそれぞれ５とおり，４とおり，３とおり，２とおり，１とおりあるので，色の塗り方は全部で６×５×４×３×２×１＝720(とおり)ある。これらのうち，回転させると同じ塗り方になるものが６とおりずつあるから，塗り分ける方法は全部で 720÷６＝**120(とおり)**ある。

7 (1) **【解き方】６月に子どもを産むつがいの数を考える。**

６月に子どもを産むつがいの数は２ヶ月前の４月にいたつがいの数と等しく，３つがいである。よって，

㋐＝５＋３＝**8**

(2)(3) **【解き方】その月にいるつがいの数は，その月の１ヶ月前と２ヶ月前にいたつがいの数の和に等しい。**

７月以降のつがいの数は，７月が５＋８＝13(つがい)，８月が８＋13＝21(つがい)，９月が 13＋21＝34(つがい)，10 月が 21＋34＝55(つがい)，11 月が 34＋55＝89(つがい)，12 月が 55＋89＝**144(つがい)**である。

8 (1) **【解き方】２人が最初に出会うとき，２人が進んだ道のりの合計は池の周りの長さと等しくなる。**

２人の間の道のりは１分間に 120＋90＝210(m)だけちぢまるから，２人が最初に出会うのはスタートしてから 700÷210＝$3\frac{1}{3}$(分後)，つまり３分$(60\times\frac{1}{3})$秒後＝**３分 20 秒後**である。

(2) **【解き方】２人がそれぞれ何分ごとにスタート地点にもどってくるか考える。**

Ａさんは 700÷120＝$\frac{35}{6}$(分)ごとに，Ｂさんは 700÷90＝$\frac{70}{9}$(分)ごとにスタート地点に戻ってくる。よって，$\frac{35}{6}$分と$\frac{70}{9}$分を１倍，２倍，３倍，…と整数倍していったときに，はじめて共通して現れる数が，２人が最初にスタート地点で出会う時間である。$\frac{35}{6}$分＝$\frac{105}{18}$分，$\frac{70}{9}$分＝$\frac{140}{18}$分だから，105 と 140 の最小公倍数を求める。

最小公倍数を求めるときは，右の筆算のように割り切れる数で次々に割っていき，割った数と割られた結果残った数をすべてかけあわせればよいので，５×７×３×４＝420 となる。

5) 105 140
7) 21 28
3 4

よって，２人は$\frac{420}{18}$分＝$23\frac{1}{3}$分ごとにスタート地点で出会うから，最初に出会うのは 23 分$(60\times\frac{1}{3})$秒後＝**23 分 20 秒後**である。

《2024　理科　解説》

1 (2)　(ア)×…すべて氷になるまで温度は0℃のままである。　(イ)×…20℃や30℃のときにも蒸発する。

(3)　(ア)×…Aは作用点であり，力点は指を入れて力を加える点である。

(4)　(イ)×…れきの層は，流れる水のはたらきによってできる地層である。

(5)　(ア)×…葉に光があたると，養分を自分でつくり出す。このはたらきを光合成という。　(ウ)×…根からとり入れた水は，おもに葉にある気孔《きこう》という穴から水蒸気となって出ていく。この現象を蒸散という。

(6)　(ア)×…アンモニア水は気体のアンモニアが水にとけたものだから，水を蒸発させても固体は残らない。(イ)×…石灰水はアルカリ性である。アルカリ性の水溶液《すいようえき》は，赤色リトマス紙を青色に変える。　(ウ)×…アルミニウムが塩酸にとけると，塩化アルミニウムというアルミニウムとは異なる物質ができる。

2 (1)　同じ極どうしは反発し合い，異なる極どうしは引きつけ合う。図2で，方位磁針のS極がAに引きつけられているから，AはN極，BはS極である。

(2)　図3では，方位磁針のN極がAに引きつけられているので，AがS極になったことがわかる。かん電池の＋極と－極を反対にして，コイルに流れる電流の向きが逆になると，電磁石のN極とS極が入れかわる。

(3)　電磁石の力を大きくするには，コイルに流れる電流を大きくしたり，コイルのまき数を増やしたりすればよい。また，電流の大きさは，かん電池2個を並列つなぎにしたときは，かん電池1個のときと同じだが，かん電池2個を直列つなぎにしたときは，かん電池1個のときより大きくなる。よって，コイルのまき数が多くなる(ア)と(オ)，コイルに流れる電流が大きくなる(イ)で，Bの部分につくゼムクリップの数が8個より多くなる。

(4)　コイルのまき数が最も少ないAとDに着目する。Dはついたゼムクリップの数が最も多いので，電流が最も大きいと考えられる。Aはついたゼムクリップの数がCと同じで2番めに多く，Cのコイルのまき数はAより多いから，Aは電流が2番めに大きいと考えられる。なお，電流が大きい順に並べると，D＞A＞C＞E＞Bとなる。

3 (1)　AはBより，川のかたむきが大きく，川はばがせまいので，Aの方が水の流れが速い。水の流れが速いほど，地面をけずるはたらき(侵食《しんしょく》作用)が大きい。

(2)　上流にある角ばった大きな石が，川を流れてくる間に川底や他の石とぶつかって，割れたり角がとれたりして，小さく丸みをおびた石になる。

(3)　川が曲がって流れているところでは，外側の方が流れが速く，侵食作用が大きいので，川底や川岸が大きくけずられて，がけになりやすい。

4 (1)　だ液にふくまれる，でんぷんを消化する物質(消化酵素《こうそ》)は，ヒトの体温に近い温度でよくはたらく。

(2)(3)　だ液を入れなかったAでは，でんぷんがそのまま残るため，ヨウ素液が反応して青むらさき色に変化する。これに対し，だ液を入れたBでは，でんぷんが別のものに変えられるため，ヨウ素液が反応せず，色は変化しない。

5 (1)　水溶液は，色がついていることはあるが，必ずすき通っている(透明《とうめい》である)。

(2)　ミョウバンは30℃の水50mLに8.3gまでとけるので，10.0gを入れたとき10.0－8.3＝1.7(g)がとけ残る。

(3)　ミョウバンは60℃の水50mLに28.7gまでとけるので，(ウ)ではすべてとける。また，ものがとける量は水の量に比例するので，(エ)では30℃の水が50mLの2倍の100mLになり，ミョウバンを8.3×2＝16.6(g)までとかすことができる。さらに，(オ)で，60℃の水50mLを加えたとき，水の量は100mLになり，このときの水の温度は30℃より高いので，ミョウバンは16.6gより多くとかすことができる。

《2024　社会　解説》

1 ⑴　聖徳太子〔別解〕厩戸王　　聖徳太子が定めた十七条の憲法である。聖徳太子は，冠位十二階を制定し，家がらにとらわれず，能力に応じて豪族を役人に取り立て，十七条の憲法で，役人の心構えを豪族に示した。

⑵　聖徳太子は，儒教や仏教の教えをもとにして十七条の憲法を定め，豪族が争いをやめ，天皇を中心とした国づくりにはげむように，役人の心構えを説いた。

⑶　戦争　　資料２は，日本国憲法第９条の内容である。

⑷　平和主義　　平和主義・国民主権・基本的人権の尊重を日本国憲法の三大原則とする。

⑸　(エ)　　明治政府が発表した五箇条の御誓文である。

⑹　(エ)　　地租改正…税収を安定させるために，土地所有者に地価を定めた地券を発行し，地価の３％を地租として現金で納めさせる税制度。富国強兵…日本を欧米と対等な近代国家にするために，国を豊かにして，強い軍隊を組織すること。文明開化…西洋の文化が積極的に取り入れられ，伝統的な生活が変化し始めたこと。

2 ⑴　(イ)　　整備された田が広がっていることから米どころの山形県と判断する。

⑵　(イ)　　高度経済成長が進んだ 1960 年代以降，食の多様化により，米以外のものも多く食べるようになり，米の消費量は年々減少している。(ア)は牛乳・乳製品，(ウ)は肉類，(エ)は油脂類。

⑶　稲作が広まると，水や土地をめぐるムラとムラの争いが起きるようになり，ムラは敵の侵入を防ぐために，柵や濠を設け，物見やぐらを設置した。

⑷　(ウ)　　写真２の大規模な環濠集落は，佐賀県の吉野ヶ里遺跡である。

⑸　　　みかん畑は果樹園として表記される。

⑹　海沿いの斜面にみかんを植えると，太陽光がよく当たる。また，斜面は水はけがよいために，余分な水分が減り，甘味が増す。

⑺　(エ)　　(エ)は漆胡瓶である。(ア)は三線(沖縄県などで用いられる弦楽器)，(イ)は銅鐸，(ウ)は江戸時代にオランダでつくられた地球儀。

⑻　シルクロードと遣唐使は必ず盛り込む。

3 ⑴①　(イ)　　冬に降水量が多く，気温が０℃を下回っていないことから，日本海側の気候の(イ)と判断する。北海道の気候であれば，冬の気温は０℃を下回る。　②　季節風〔別解〕モンスーン　冬の北西季節風が，暖流の対馬海流上空で大量の水蒸気を含み，日本海側の斜面をかけあがるときに，大量の雪を降らせる。

⑵①　選挙権〔別解〕参政権　　投票箱から考えられる権利には，参政権，選挙権，被選挙権，国民審査権などがあるが，②の設問文で「①の権利を用いて国民が選ぶ」とあることから，被選挙権や国民審査権は不適当とし，解答例を選挙権または参政権とした。　②　(ウ)　　国民が直接選ぶのは国会議員である。内閣総理大臣は，国会議員の投票で指名される。最高裁判所長官は内閣によって指名される。衆議院議長は，国会議員の中から選出される。

⑶　柵，鉄砲(隊)などの言葉を盛り込みたい。

⑷　項目が３つあることから，「長さ」「流域面積」「勾配」の３つに言及した内容としたい。源流の標高が世界の河川より少し高く，河川の長さが世界の河川よりはるかに短いことから，日本の河川の勾配は急であることが読み取れる。

2023 解答例 令和５年度　京都教育大学附属桃山中学校

《国　語》

一　(1)あ**編集**　い**確信**　(2)地元の町の医者のこと　(3)(エ)　(4)彼の到着はどれだけ急いでも夕方以降になるのに、両親が今日のうちに診てもらうように病院に電話したこと。　(5)ただの医者に患者がヘコヘコするような田舎っぽい街。　(6)(ウ)　(7)診る必要がある自分の患者を待つのは当然だと思っているから。　(8)(イ)　(9)初め…きっかけ　終わり…だった。　(10)(ア)　(11)ミカンの入った段ボール

二　(1)あ**製品**　い**成績**　う**とみ**　(2)やがてスポ　(3)よりよいものをめざす　(4)初め…わたした　終わり…性がある　(5)頭のなかが欲望追求でいっぱいになって、自分自身の中身が空っぽになり、他人を気にかける余裕もなくなる。〔別解〕富を得る人とそうでない人の格差や、利益をめぐる対立や争いが生じ、貧しさや迫害などで苦しむ人が増える。　(6)欲望　(7)豊かな生活を送れるようにがんばったり、社会に貢献したいと考えたりするなど、さまざまなことにチャレンジして自分の可能性を実現し、自分の世界を広げていけること。　(8)(ウ)　(9)⑥　(10)何のために生きているのかという根本の問いについて考える必要性を説く〔別解〕欲望に振りまわされている自分を大きな視点で見つめ直すことの大切さを説く　(11)(ア)　(12)(ウ)

(13)＜作文のポイント＞

・最初に自分の主張、立場を明確に決め、その内容に沿って書いていく。

・わかりやすい表現を心がける。自信のない表現や漢字は使わない。

さらにくわしい作文の書き方・作文例はこちら！→　https://kyoei-syuppan.net/mobile/files/sakupo.html

《算　数》

1　(1)23　(2)$7\frac{2}{3}$　(3)$\frac{1}{9}$　(4)4.4　(5)1

2　(1)$1\frac{17}{20}$　(2)27　(3)3　(4)6　(5)730　(6)1.6　(7)9　(8)6，7　(9)15　(10)9200

3　(1)8㎝　(2)56L　(3)$15\frac{5}{8}$㎝

4　(1)$\frac{1}{4}$㎠　(2)25個

5　(1)729円　(2)265720円

6　(1)24通り　(2)240通り

7　1000000000000の位

8　4時間

9　(1)分速300m　(2)250m

10　(1)6㎠　(2)5：1

《理　科》

1 ⑴× ⑵(イ) ⑶(ア) ⑷× ⑸(ウ) ⑹(イ)

2 ⑴①，③ ⑵(キ) ⑶(イ) ⑷(エ)

3 ⑴(イ) ⑵(ア) ⑶(ア)，(ウ)

4 ⑴(エ)，(オ) ⑵(ア) ⑶(ア)，(エ)，(カ)

5 ⑴B．(ウ)　H．(オ) ⑵(オ) ⑶(イ) ⑷形…(イ)　時刻…(ク)

《社　会》

1 ⑴(ア) ⑵①(キ)　②(イ)

2 ⑴寒さや暑さに強い品種を開発する。／風に強い品種を開発する。／病気や害虫に強い品種を開発する。　などから1つ ⑵収かく量が安定せず，重労働のわりに収入がみこめないから。 ⑶(ア)

3 ⑴(ウ) ⑵間ばつ

4 ⑴(ウ) ⑵(イ) ⑶①田中正造　②(イ) ⑷２番め…D　４番め…A

5 ⑴(イ) ⑵(ウ) ⑶(エ)

6 ⑴司法権 ⑵(イ) ⑶国民審査 ⑷(例文)独裁政治が行われ，国民の人権が保障されなくなる心配。

《2023　国語　解説》

一 ⑵　――線１の次の行の「この『主治医《しゅじい》』とは、つまり地元の町の医者のことで」より。

⑶　筆者に話をしている人、つまり、(エ)の「漫画《まんが》ヘンシュウ者」。前書きに「筆者が、漫画のヘンシュウ者である『彼《かれ》』から『感動する話』として聞いた」とある。

⑷　両親は早く地元に帰ってきて主治医に診《み》てもらえと言っているが、まさか「すでにその病院にも電話をして、今日のうちに診てもらうことになっている」とは思わなかったので、「今日かよ」とあきれたのである。「彼」が東《とう》京《きょう》から地元に帰るには「どれだけ急いでも到着《とうちゃく》は夕方以降《いこう》になる」、つまり、病院の診察《しんさつ》時間は過ぎてしまうのに、両親はもう病院に頼《たの》んであるというのである。

⑸　――線４の直前の「母親と兄弟が病院を閉《し》めないように頼み、おわびとしてミカンの入った段《だん》ボールをせっせと運んでいる」という様子を見て「彼」が思ったことに着目する。「その様子はいかにも田舎《いなか》っぽく見えた」「ただの医者じゃないかよ。なんで患者《かんじゃ》がこんなヘコヘコしなきゃいけないんだよ」からまとめる。

⑹　「彼」の両親は、「主治医じゃないとお前は治らないんだ」と言っており、その主治医のいる病院に電話して、今日中に「彼」を診てほしいと頼んだのである。この主治医のことをとても信頼《しんらい》していることが読みとれるので、(ウ)の「親が言う病院への不信感」はあてはまらない。

⑺　医師がきょとんとした「彼」の言葉は、「遅《おく》れてすいません」。「なんで謝《あやま》るの？」と聞いているとおり、医師は、「彼」が謝る必要はないと思っているのである。なぜ謝る必要がないのか。それは、「彼」に文句を言った看護師《かんごし》に、医師が「私《わたし》の患者に何をするんだ」「私は、いつまででも待つと言ったはずだ」と言っていることから読みとれる。つまり、診てほしいと来る患者が到着するのを待つのは当然だと思っているということ。

⑻　医師が「私の患者に何をするんだ」「私は、いつまででも待つと言ったはずだ」と言っていることから、(イ)のような人であることが読みとれる。(ア)の「自分の評判があがるのであれば」、(ウ)の「周りの人の評価を気にして」、(エ)の「たよりにされることを目標にして」などは適さない。

⑼　――線８の２行前に「(主治医が病院を息子《むすこ》にゆずった)きっかけは、医師の幼《おさな》い孫が、重い肺炎《はいえん》になり、必死に看護《かんご》したが亡《な》くなってしまったことだった。」と書かれている。

⑽　「どんな」は、「慰《なぐさ》め」の程度や性質に関わらず、ということを意味しているので、(ア)が適する。

⑾　直後に「今度は彼自身が運んだ」とあるから、これより前の文章中で、「彼」以外の人が「運んだ」ものを探す。――線４の直前の「母親と兄弟が～ミカンの入った段《だん》ボールをせっせと運んでいる」より。

二 ⑵　「この」が指しているのは、直前の一文の「少しでもうまくなりたい、少しでも力をつけたい」という、良い方に向かって努力しようとする気持ち。よって、この一文の文頭をぬき出す。

⑶　直接的には、――線２の直前の一文の「このように日々努力すること」を指す。この部分と同じ内容を意味していて、「このように」の指す内容がわかる表現をさがす。

⑷　「大きな落《お》とし穴《あな》」の内容を、直後の一文で「わたしたちの生きる意欲が、欲望《よくぼう》に変わってしまう可能性があるのです」と具体的に述べている。

⑸　――線４の直後、⑤段落《だんらく》の最初で「欲望のつながりのなかにはまり込《こ》んでしまうと、頭のなかが欲望追求のことでいっぱいになって、自分自身の中身が空《から》っぽになってしまいますし、他の人を気にかける余裕《よゆう》もなくなってしまいます」と述べていることからまとめる。また、行き過ぎた欲望追求の問題点については、⑥段落で「それ

はわたし一人だけの問題ではありません」と続けている。よって、欲望追求の世界規模《せかいきぼ》の問題点である「利益追求で富を得る人とそうでない人のあいだに格差～争いが生まれたりしています～そのような対立や争いの結果、世界のあちこちで貧しさや飢《う》え、迫害《はくがい》などで苦しむ人が増えています」という内容をまとめてもよい。

(6)　直前に「つまり」とあるから、その直前の一文の内容を言いかえているとわかる。「欲望のつながりのなかにはまり込んでしまうと、頭のなかが欲望追求のことでいっぱいになって～他の人を気にかける余裕もなくなってしまいます」ということを「欲望の奴隷《どれい》になって」と言いかえているのである。ここでの「奴隷」は、あることに心をうばわれて他のことをかえりみないことをたとえている。

(7)　④段落以降で「マイナスの面」を述べる前に、その前提として「プラスの面」があることを述べている。②段落で「もちろん、自分を中心にしてものごとを見ること自体が悪いわけではありません。それは非常に大切なことです」と述べ、③段落で「わたしたちは～生きる意欲につき動かされ～さまざまなことにチャレンジし、自分の可能性を実現し、自分の世界を広げていきます～このようにして自分自身が、そして家族が豊かな生活を送れるようにがんばります。また～社会に貢献したいと考えます」と述べている。

(8)　１つめの［　A　］の前後では「格差が生まれています」「争いが生まれたりしています」ということを並べて取り上げ、２つめの［　A　］の前後では「何をめざして生きているのでしょうか」「何をめざして生きていけばよいのでしょうか」ということを並べて取り上げている。よって、(ウ)の「あるいは」が適する。

(9)　「世界」における「大きな問題」、つまり、直前の⑥段落で述べた「利益追求で富を得る人とそうでない人のあいだに格差～争いが生まれたりしています～そのような対立や争いの結果、世界のあちこちで貧しさや飢え、迫害などで苦しむ人が増えています」という問題のこと。

(10)　直前の⑨段落で「わたしたちは何のために生きているのか、という根本の問い～何をめざして生きているのでしょうか～生きていけばよいのでしょうか」という問いを投げかけている。このことについて考えさせるために、具体例を取り上げたのだと考えられる。また、⑩段落の話の内容は、⑧段落で「大きな視点《してん》から見ることが大切～欲望に振《ふ》りまわされている自分を見つめ直すこともその一つ」だと述べていることにあたると言える。

(11)　②段落で「自分を中心にしてものごとを見ているだけでは、その本質が見えなくなってしまいます。もちろん、自分を中心にしてものごとを見ること自体が悪いわけではありません。それは非常に大切なことです」と述べたうえで、そのプラスの面とマイナスの面を説明しているので((7)参照)、(ア)が適する。(イ)、(ウ)、(エ)のようなことは文章中で述べていない。

(12)　最後の段落で、それまでの内容をふまえて筆者が「できればそういう人生を歩んでみたいと思います」と述べていること、⑨段落で「わたしたちは～何をめざして生きているのでしょうか～生きていけばよいのでしょうか」、⑪段落で「みなさんもぜひ(「何のために働くのか」という問いについて)自分自身の問題として考えてみてください」と問いかけていることから、(ウ)が適する。(ア)の「子どもと大人の視点を比較《ひかく》して」、(イ)の「他者を今すぐ救うよう、うったえている」、(エ)の「色々なデータを用いて」などは適さない。

《2023　算数　解説》

1

(1)　与式＝2023－2000＝23

(2)　与式＝$8-2\div6=8-\frac{1}{3}=7\frac{2}{3}$

(3)　与式＝$\frac{2}{15}\times\frac{3}{4}\times\frac{10}{9}=\frac{1}{9}$

(4)　与式＝$2.2\times0.8\div0.4=\frac{2.2\times0.8}{0.4}=4.4$

(5)　与式$=\frac{3-2}{2\times3}\times\frac{4-3}{3\times4}\times\frac{5-4}{4\times5}\times\frac{6-5}{5\times6}\times(2\times3)\times(3\times4)\times(4\times5)\times(5\times6)=1$

2　(1)　$\frac{2}{3}=\frac{40}{60}$，$\frac{3}{4}=\frac{45}{60}$，$0.6=\frac{3}{5}=\frac{36}{60}$，$1\frac{1}{4}=\frac{5}{4}=\frac{75}{60}$，$\frac{4}{5}=\frac{48}{60}$の５個の数の中でもっとも小さい数は$\frac{36}{60}$，もっとも大きい数は$\frac{75}{60}$だから，その和は，$\frac{36}{60}+\frac{75}{60}=\frac{111}{60}=\frac{37}{20}=1\frac{17}{20}$

(2)　**【解き方】辺の長さの比がＡ：Ｂである同じ形の立体の体積の比は，（Ａ×Ａ×Ａ）：（Ｂ×Ｂ×Ｂ）となる。**

大きい立方体と小さい立方体の体積の比は，（３×３×３）：（１×１×１）＝27：１だから，大きい立方体の体積は小さい立方体の体積の27倍である。

(3)　15万台は，50万台の，$\frac{15万}{50万}\times10=3$(割)である。

(4)　正六角形の対称の軸は，右図の太線のように６本ある。

(5)　１ａは１辺の長さが10ｍの正方形の面積を表すので，１ａ＝10ｍ×10ｍ＝100㎡

よって，7.3ａ＝(7.3×100)㎡＝730㎡

(6)　500÷320＝1.5625より，リニアモーターカーは新幹線の約1.6倍の速さである。

(7)　和が６未満になるのは，選んだ２枚が(0，1)(0，2)(0，3)(0，4)(0，5)(1，2)(1，3)(1，4)(2，3)の９通りある。６未満は６をふくまないことに注意する。

(8)　求める時間は，２分15秒＋３分52秒＝５分67秒＝５分(60＋７)秒＝６分７秒

(9)　引かれた値段は1800－1530＝270(円)だから，求める割合は，$\frac{270}{1800}\times100=15$(%)

(10)　リンゴ３個の重さの和は325＋336＋339＝1000(ｇ)だから，リンゴ24個の重さの和は，$1000\times\frac{24}{3}=8000$(ｇ)と考えられる。これに箱の重さを加えると，8000＋1200＝9200(ｇ)

3　(1)　下から40㎝まで水が入っているので，１辺が40㎝の立方体はすべて水につかる。

１辺が40㎝の立方体の体積は40×40×40＝64000(㎤)，水そうＡの底面積は80×100＝8000(㎠)だから，この立方体を入れたことで増えた水面の高さは，64000÷8000＝８(㎝)

(2)　水そうＢの水が入っていない部分の体積は，80×100×(60－40)＝160000(㎤)

１辺が60㎝の立方体の体積は60×60×60＝216000(㎤)だから，水は216000－160000＝56000(㎤)あふれる。

１Ｌ＝10㎝×10㎝×10㎝＝1000㎤だから，求める水の量は，$\frac{56000}{1000}=56$(Ｌ)

(3)　**【解き方】水面の高さが０～50㎝のときと50～60㎝のときで場合をわけて考える。**

立方体を左おくにおくとする。水面の高さが０～50㎝のとき，右図のように水そうを真上から見ると，色付き部分に水が入る。水が入っている部分の底面積は80×100－50×50＝5500(㎠)だから，水面の高さが50㎝になるまでに，水は5500×50＝275000(㎤)入る。

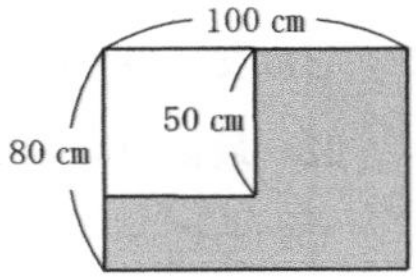

水の体積は80×100×40＝320000(㎤)だから，あと320000－275000＝45000(㎤)だけ水が入る。水面の高さが50～60㎝のとき，水が入っている部分の底面積は80×100＝8000(㎠)だから，水面の高さは，$50+45000\div8000=55\frac{5}{8}$(㎝)となる。よって，水面は$55\frac{5}{8}-40=15\frac{5}{8}$(㎝)高くなる。

4　(1)　図２の真ん中の正三角形は，図１の正三角形を合同な４つの正三角形に分けたもののうちの１つなので，その面積は，16÷４＝４(㎠)である。図３の中心にあるもっとも小さい正三角形は，図２の真ん中の正三角形を合同な４つの正三角形に分けたもののうちの１つなので，その面積は，４÷４＝１(㎠)である。同様に考えると，図４の中心にあるもっとも小さい正三角形の面積は，$1\div4=\frac{1}{4}$(㎠)

(2)　**【解き方】正三角形の増え方の規則性を見つける。**

１回目の操作後(図２)は，１番大きい正三角形が１個，２番目に大きい正三角形が４個ある。

２回目の操作後(図３)は，１回目の操作後と比べ，３番目に大きい正三角形が４個増える。

３回目の操作後（図４）は，２回目の操作後と比べ，４番目に大きい正三角形が４個増える。
よって，正三角形の個数は，１回目の操作後が１＋４＝５（個）で，以降は１回の操作ごとに４個増えるから，
６回目の操作後の正三角形の個数は，５＋４×（６－１）＝25（個）

5 (1)　おこづかいは，２月が１×３＝３（円），３月が１×３×３＝９（円），…となるので，７月は，
１×３×３×３×３×３×３＝729（円）

(2)　**【解き方】おこづかいは１か月ごとに３倍されるので，１年間のおこづかいの合計の３倍から１年間のおこづかいの合計をひくことで，１年間のおこづかいの合計の２倍を，より簡単に計算できる。**
12月のおこづかいは，729×３×３×３×３×３＝177147（円）
１年間のおこづかいの合計は，（１＋１×３＋１×３×３＋…＋177147）円
１年間のおこづかいの合計の３倍は，（１＋１×３＋１×３×３＋…＋177147）×３＝
１×３＋１×３×３＋…＋177147＋177147×３（円）　よって，１年間のおこづかいの合計の３－１＝２（倍）
は，１×３＋１×３×３＋…＋177147＋177147×３－（１＋１×３＋１×３×３＋…＋177147）＝177147×３－１＝
531440（円）だから，１年間のおこづかいの合計は，531440÷２＝265720（円）

6 (1)　（ア）の塗《ぬ》り方は，赤・青・緑・黄の４通り，（イ）の塗り方は（ア）で塗った色を除く３通り，（ウ）の塗り方は（ア）と（イ）で塗った色を除く２通り，（エ）の塗り方は残りの１通りなので，全部で４×３×２×１＝24（通り）ある。

(2)　**【解き方】（イ）は（ア）（ウ）（エ）のいずれともとなりあうので，（イ）から塗り方を決める。**
（イ）の塗り方は，赤・青・緑・黄・黒の５通り，（ア）の塗り方は（イ）で塗った色を除く４通り，
（ウ）の塗り方は（イ）で塗った色を除く４通り，（エ）の塗り方は（イ）と（ウ）で塗った色を除く３通りなので，
全部で５×４×４×３＝240（通り）ある。

7 **【解き方】10＝２×５をかけるごとに０が１つ増える。よって，１から55までの連続する整数の積について，素数（１と自身の数のみを約数にもつ整数）の積で表したときにできる２と５のペアの個数だけ，１の位から連続して０が並ぶ。素数の積で表すと，明らかに５より２の個数の方が多くなるから，５の個数だけを考えればよい。**
１から55までの整数に５の倍数は55÷５＝11（個）あり，５×５＝25の倍数は55÷25＝２余り５より２個あり，
５×５×５＝125の倍数はない。11個の５の倍数を素数の積で表すと５が１つずつ現れ，そのうちの２個（25の倍数）は５がさらにもう１つずつ現れる。よって，１から55までの連続する整数の積を素数の積で表したときの５の個数は11＋２＝13（個）だから，１の位から1000000000000の位まで０は連続して並ぶ。

8 **【解き方】太郎さんと三郎さんが草をかっていた時間が同じであることをふまえ。つるかめ算を用いて求める。**
太郎さんと三郎さんが８時間ずつ草をかったとすると，（40＋25）×８＝520（㎡）の草をかるので，実際よりも
520－510＝10（㎡）多い。太郎さんと三郎さんが草をかっていた１時間を二郎さんの１＋１＝２（時間）に置きかえると，草をかる面積は40＋25－30×２＝５（㎡）少なくなるので，二郎さんが草をかっていた時間は，$2\times\frac{10}{5}=4$（時間）

9 (1)　バスは2100mを７分で進むから，速さは分速（2100÷７）m＝分速300mである。

(2)　10時から16分10秒後の10時16分10秒に追い抜かれたので，追い抜いたバスは，10時10分発（10時17分着）のバスである。このバスは，10時16分10秒－10時10分＝６分10秒＝$6\frac{10}{60}$分＝$\frac{37}{6}$分で$300\times\frac{37}{6}=1850$（m）進むから，追い抜いたバスは図書館から2100－1850＝250（m）の地点にいる。

10 (1)　**【解き方】高さの等しい三角形の面積の比は，底辺の長さの比に等しいことを利用する。**
ＡＣは正方形ＡＢＣＤの対角線だから，（三角形ＡＢＣの面積）＝（正方形ＡＢＣＤの面積）÷２＝40÷２＝20（㎠）
（三角形ＡＥＣの面積）＝（三角形ＡＢＣの面積）$\times\frac{AE}{AB}=20\times\frac{3}{3+2}=12$（㎠）

(三角形ＡＦＨの面積)＝(三角形ＡＥＣの面積)×$\frac{\mathrm{FH}}{\mathrm{CE}}$＝12×$\frac{2}{4}$＝6 (㎠)

⑵　**【解き方】右のように作図し，相似な図形を利用して考える。**

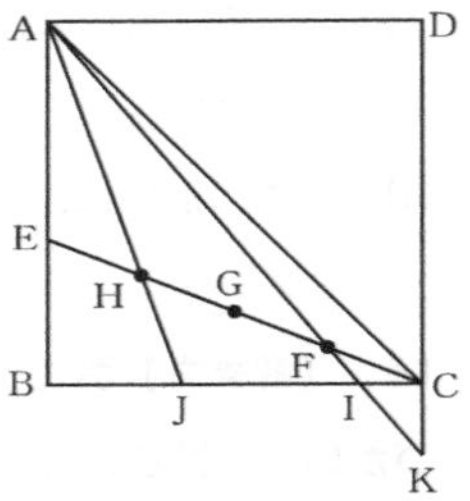

ＡＢとＤＫは平行だから，三角形ＡＥＦと三角形ＫＣＦは同じ形の三角形であり，

ＡＥ：ＫＣ＝ＥＦ：ＣＦ＝３：１

ＡＥ＝ＡＢ×$\frac{3}{3+2}$＝ＡＢ×$\frac{3}{5}$だから，ＫＣ＝ＡＥ×$\frac{1}{3}$＝ＡＢ×$\frac{3}{5}$×$\frac{1}{3}$＝ＡＢ×$\frac{1}{5}$

三角形ＡＢＩと三角形ＫＣＩは同じ形の三角形だから，ＢＩ：ＩＣ＝ＡＢ：ＫＣ＝

ＡＢ：(ＡＢ×$\frac{1}{5}$)＝５：１

《2023　理科　解説》

1　⑴　(ア)×…とじこめた空気は，おされると体積が小さくなるが，なくなることはない。　(イ)×…とじこめた水は，おされても体積が小さくならない。　(ウ)×…水は氷になると体積が大きくなる。

⑵　(ア)×…図１のＡはメダカのオスでＢはメダカのメスである。　(ウ)×…かえったばかりのメダカのこどもは，腹のふくろの中にある養分を使って育つ。

⑶　(イ)×…台風の進む方向の右側は，台風の進む方向と風の向きが同じになるので，特に強い風がふく。

(ウ)×…台風のうずまきの中心である台風の目では，下降気流が起こっていて天気がいい。

⑷　(ア)×…おもりを 10ｇから 20ｇにしても，ふりこの１往復する時間は変わらない。　(イ)×…ふりこの長さを 15 ㎝から 30 ㎝にすると，ふりこの１往復する時間は長くなる。　(ウ)×…おもりを上下につるすとふりこの長さが長くなって１往復する時間が長くなるので，おもりを１個から３個に増やすときは，同じ高さにつるす。

⑸　(ア)×…消化された養分は，水とともに，主に小腸から吸収される。　(イ)×…口からこう門までの食べ物の通り道を，消化管という。

⑹　(ア)×…コンデンサーは，電気をためるというはたらきがある。　(ウ)×…発光ダイオードは豆電球よりも少ない電気で点灯するので，発光ダイオードの方が長い時間，明かりがつく。

2　⑴　インゲンマメの種子の発芽に必要な条件は，水，空気，適当な温度である。よって，①，③が正答となる。②は水，④は適当な温度，⑤は空気の条件が不足しているので発芽しない。

⑵　③と④は温度の条件だけが異なる。③では発芽し，④では発芽しないので，インゲンマメの種子の発芽には適当な温度が必要だとわかる。

⑶　①と③は光の条件だけが異なる。①と③はともに発芽するので，インゲンマメの種子の発芽には光が必要でないことがわかる。

⑷　インゲンマメの種子に含《ふく》まれている養分はでんぷんである。ヨウ素液は茶色の液体で，でんぷんにつけると青紫色《あおむらさきいろ》に変化する。炊《た》いたご飯にはでんぷんが多く含まれている。

3　⑴　たいこをたたくと，Ｂの部分がふるえて音が出る。

⑵　音が大きいほど，音を出すものが大きくふるえる。

⑶　糸電話が音を伝えているとき，糸がふるえている。(ア)，(ウ)では糸がふるえていることを確認できる。

4　⑴　ろうそくのまわりに酸素が少なくなると火が消える。ろうそくが燃えると酸素が使われるため，ビンの中の空気の出入りがないと，酸素が新たに入ってこないので火が消える。よって，(エ)，(オ)が正答となる。なお，燃えたときにできる二酸化炭素を多くふくむ空気は，まわりの空気よりも温度が高いため上にあがるので，ふたをしていない図２と図４のうち，びんの下から新しい空気が入ってくる図４のろうそくが最もよく燃え，びんの上から新しい空気が入ってくる図２が次によく燃える。ふたをしている図１と図３は，燃えたときにできる二酸化炭素を多くふくむ空気が(ほとんど)外に出ていかないので，途中《とちゅう》で火が消える。

⑵　燃やす前の図より，○は空気中に約 80%含まれるちっ素，△は空気中に約 20%含まれる酸素だとわかる。ろうそくが燃えるとき，酸素が使われて二酸化炭素が発生する。ろうそくの火が消えた後の酸素の割合は約 15%，二酸化炭素は約４%になるので，△が１つ減って●(二酸化炭素)が１つ増えている(ア)が正答となる。

⑶　(イ)×…二酸化炭素は水にとけると弱酸性を示す。ムラサキキャベツ液は，酸性で赤色(弱酸性で赤紫色)，アルカリ性で黄色(弱アルカリ性で青色)に変化する。中性では紫色のまま変化しないので，ムラサキキャベツ液は赤紫色に変わる。　(ウ)×…塩酸に多く含まれている気体は塩化水素である。　(オ)×…水にとけた水溶液《すいようえき》(炭酸水)を蒸発皿に入れて蒸発させると，何も残らない。

5　⑴　月は太陽の光を反射して光って見える。Ｃでは新月，Ａでは右側半分が光る上弦の月，Ｇでは満月に見えるので，Ｂでは右側が少し光って見える(ウ)のように見え，Ｈでは上弦の月と満月の間の(オ)のように見える。

⑵　月から地球を見たときに光っている部分は，地球から月を見たときに光っていない部分と同じ形である。Ｄの月は地球から見て(エ)のように見えるので，月から地球を見ると(オ)のように見える。

⑶　図２に見える月は南の空で右側半分が光って見える上弦の月である。午後５時には午後３時よりも真南に近づくので，右側半分が光る形に近づいていく(イ)が正答となる。

⑷　月は新月→三日月(約３日後)→上弦の月(約７日後)→満月(約 15 日後)→下弦の月(約 22 日後)→新月(約 29.5 日後)の順に満ち欠けするので，上弦の月の１週間後は満月(イ)になる。満月は夕方ごろに東の地平線からのぼり，真夜中(午前０時)ごろに南の空高くのぼり，明け方ごろに西の地平線にしずむ。

《2023　社会　解説》

1　⑴　上越市は日本海側の気候，静岡市は太平洋側の気候である。冬の北西からの季節風が暖流の対馬海流の上空を吹くとき，夏の南東からの季節風が暖流の日本海流(黒潮)の上空を吹くときにそれぞれ水分を含んで雲をつくる。その雲が日本列島に背骨のように連なっている山地にぶつかり，雨・雪を降らせるので，日本海側の気候は冬に降水量が多く，太平洋側の気候は夏に降水量が多い。

⑵②　りんごの生育には涼しい気温，みかんの生育には温暖な気温が適している。

2　⑶　海外で生産する日本の企業数は増加しているので，(ア)が誤り。生産拠点の海外移転は，貿易摩擦の解消と，安い人件費を求めて行われた。近年，特に製造業の分野で，人件費を抑えるために海外に工場を移す動きが見られる。その結果，国内では稼働している工場が減り，産業の空洞化が起こっている。

3　⑴　雷は周囲より高くなっているところに落ちやすく，背丈が高い木に雷が落ち，山火事が起こることもある。

4　⑴　太閤検地を行ったのは豊臣秀吉である。関ケ原の戦いが起こったのは豊臣秀吉の死後であり，豊臣政権を存続させようとして，兵をあげたのは石田三成らであるので，(ウ)は誤り。

⑵　カードＤは飛鳥時代後期～平安時代初期の頃の律令制について書かれたものである。(ア)は平安時代後期，(ウ)は室町時代，(エ)は飛鳥時代初期の頃の説明なので，誤り。

⑷　Ｃ(弥生時代)→Ｄ(飛鳥時代後期～平安時代初期)→Ｆ(室町時代～戦国時代)→Ａ(安土桃山時代)→Ｂ(江戸時代)→Ｅ(明治時代)

5 (1) それぞれの国については右図。韓国へ勢力をのばしたい日本と清での利権を確保したいイギリスは1902年に日英同盟を結び，ロシアと対抗した。日露戦争開戦後は，イギリスやアメリカは戦費の調達などの面で日本を支援した。

(2) 10円玉に描かれているのは平等院鳳凰堂である。平等院鳳凰堂は藤原頼通が建てた，国風文化を代表する建物である。かな文字がつくられたのは国風文化であるので，(ウ)が正しい。

(3) 資料3は室町幕府の八代将軍である足利義政が建てた銀閣である。足利義政のあとつぎ問題などによって，応仁の乱が起こり，幕府の力はおとろえた。(ア)は平安時代末期～鎌倉時代初期，(イ)は江戸時代，(ウ)は鎌倉時代中期のできごとである。

6 (1) 裁判所は司法権，国会は立法権，内閣は行政権を持つ。

(2) (イ)は内閣の仕事であるので，誤り。

(3) 国民審査は衆議院議員総選挙の投票日に行われる。

(4) 中世ヨーロッパの絶対王政などでは，国家権力が国王によって独占されており，国王の親族に有利になるような不公正な法律が制定されたり，裁判が行われたりした。三権分立の考えはフランスのモンテスキューが専制政治を防ぐために著書の『法の精神』で説いた。

2022 解答例 令和4年度 ★京都教育大学附属桃山中学校

《国　語》

一 (1)(あ)そうとう　(い)程度　(2)2　(3)目で活～かめる　(4)筆者と対話ができる　(5)自分の感覚的な調子やリズムといったものの心地よさだけで親しさを確認すること。　(6)ラクして得　(7)(ア)　(8)(エ)

(9)今ここにいない人と対話をして、自分の感情を豊かにできること。／くり返し読み、納得するまで時間をかけて理解を深められること。／多くの人と対話し、色々な発見を自分の中に取り込めること。　(10)(イ)

二 (1)もんがまえ　(2)(あ)折　(い)ざっそう　(3)おじいさんとの思い出がつまった場所。　(4)(ア)　(5)(イ)

(6)図書館　(7)II　(8)(ア)，(ウ)　(9)(エ)　(10)広太が～した。　(11)①貸してください　②必ず、すぐに返しますから(。)

(12)(例文)私の心を動かした人は、母が入院した時の、担当の看護師さんです。母の病気について、家族がわからないことを質問すると、わかりやすく説明してくれました。また、手術をひかえて不安になっている母だけでなく、私たち家族の気持ちを思いやり、はげましてくれました。おかげで、母はすっかり元気になり、無事退院することができました。■私は、優しいだけでなく、いつもてきぱきと仕事をしている看護師さんの姿に、心を動かされました。そして、その看護師さんの影響を受けて、将来看護師を目指そうと思うようになりました。

《算　数》

1 (1)11　(2)0　(3)$\frac{1}{6}$　(4)1　(5)$\frac{9}{10}$

2 (1)50　(2)11　(3)5449　(4)20　(5)3.5　(6)73　(7)7.5　(8)48　(9)88　(10)2

3 153 cm^2

4 400 cm^2

5 (1)1296 cm^3　(2)288個

6 60通り

7 (1)300通り　(2)156通り　(3)200通り　(4)52通り

8 (1)18分6秒後　(2)1448m

9 (1)白色のご石…36個　黒色のご石…42個　(2)64：61

10 (1)15通り　(2)16通り

11 A

《理　科》

1 (1)(ウ)　(2)(イ)　(3)(ア)　(4)(ウ)　(5)(イ)　(6)○

2 (1)(エ)，(オ)　(2)(イ)　(3)(ウ)　(4)(ア)　(5)(ウ)(オ)(イ)(エ)(ア)　(6)(イ)　(7)(エ)

3 (1)(エ)　(2)(エ)　(3)(イ)　(4)(ア)

4 (1)(エ)　(2)(あ)(オ)　(い)(イ)　(3)(ウ)

《社　会》

1 ⑴(ア)　⑵南鳥島

2 ⑴(ア)　⑵C　⑶(ウ)　⑷(ウ)　⑸(ア)

3 (エ)

4 ⑴(イ)　⑵(ウ)　⑶(ア)

5 ⑴国外に多くの商品が輸出され，国内で品不足が発生したから。〔別解〕国内と国外の金銀の交換比率の違いから，大量の金が国外に流出したため，質の悪い金貨を発行したから。　⑵エ　⑶大名が治めていた藩を，中央政府から派遣された役人が治める県としたこと。　⑷国内で罪を犯した外国人を，日本の法律で裁けないこと。　⑸(ア)

6 ⑴(ウ)　⑵(ア)　⑶審議を慎重に行い，より多くの国民の意見を反映させるため。　⑷国民投票

《2022　国語　解説》

一 (2)　②の段落では、万葉集や平家物語、ドストエフスキー(の本)といった具体例を挙げて、本を読むことの価値が、筆者との対話にあることを説明している。ここで説明されている「本を読むことの価値」は、「千年以上前の～人物とだって対話ができる」「時代が百年以上違《ちが》う、しかも外国の～天才たちと対話をしている」などである。

(3)　指示語の指す内容は、たいていその直前に書かれている。「そのこと」が指す内容は、筆者が「本当に実感したこと」である。

(4)　⑤や⑥の段落に、読んでいる本の筆者と対話しているような感覚が味わえる、あるいは生まれるという経験が書かれている。それを受けて「本を読めばいつでも」筆者と対話できるわけではないということを言っている。

(5)　――線３は、直前の一文に書かれている人間関係を、料理にたとえたもの。

(7)　桜《さくら》の花見のエピソードは、⑱の段落に書かれている。これを受けて、⑲の段落の最初で「『ちょっと苦しい思いをしてみる』ことを通して、本当の楽しさ～を得るという経験はとても大切なんじゃないかと思うんです」と、筆者の主張を述べている。つまり、下線部の内容を言うために、桜の花見のエピソードを書いたのである。よって、アが適する。

(8)　大人が、子供や若い人に何かを教えたり、手本を示したりすることは、社会における大人の役割だと言える。よって、エが適する。

(9)　⑫の段落で、「読書のよさは、一つには～二つ目として～あと三つ目としては～」と、三つに分けて説明している。

(10)　この文章では、読書をしているときに、その本の筆者と対話しているような感覚を味わったことや、桜の花見のエピソードなど、筆者が体験したことを例として取り上げている。これらの例は、読者が具体的に想像しやすいように書かれている。よって、イが適する。

二 (3)　この文章には、おじいさんとの思い出がいくつか描《えが》かれている。圭太にとってこのバスは、おじいさんとの思い出がたくさんつまった場所だと考えられる。

(4)　ここより前に、「(窓を)一つ開けるたびに～風が入ってきます。むうっとしていたバスの中が、少しずつ気持ちよくなっていきます。光も、いっぱい入ってきます」「ぴちぴちさえずる鳥の声や、木のざわざわする音が聞こえます。草や木や土の匂《にお》いが、少ししています」とある。こうした変化を、「少しだけ元気を取りもどした」と表現している。よって、アが適する。

(6)　直前の「ここ」が指すのは、「バスの図書館」である。また「(本を)借りて帰ろう。ちゃんと返せばいいよ」という会話は、ここが図書館であるからこそ成り立つ。

(7)　「こっそり入り込《こ》んだことを、説明しなくては」ならなくなるのは、どんな場合かを考える。［Ⅱ］の前にあるように、「おばあさんに、貸してくださいと頼む」場合には、こっそり入り込んだことを説明する必要がある。

(8)　「大きくなったら読もうと、ずっと思っていました。今なら、一人で読み通せるはずです」からは、圭太が、この図書館に通っていたころよりも確実に成長していることが読み取れる。そして、「冒険《ぼうけん》物語」というジャンルからは、新しいことにチャレンジし、成長していくイメージが読み取れる。よって、下線部の内容に合うアとウが適する。

(10)　二人が本を読んでいる様子は、――線２のあとに描かれている。いつの間にか夕方になっていたことから、二人が長い時間、夢中《むちゅう》になって本を読んでいたことが読み取れる。

⑾ [Ⅱ] の次の行に「圭太は心の中で、おじいさんに〜頼むことにしました」とある。この部分に、圭太が心の中でおじいさんに言ったセリフがある。

《2022　算数　解説》

1 ⑴　与式＝$15-5\times\frac{1}{15}\times12=15-4=11$

⑵　与式＝$3.7+9-12.7=12.7-12.7=0$

⑶　与式＝$\frac{9}{12}-\frac{2}{12}-\frac{4}{12}-\frac{1}{12}=\frac{2}{12}=\frac{1}{6}$

⑷　与式＝$\frac{5}{9}\times\frac{4}{15}\times\frac{9}{2}\times\frac{3}{2}=1$

⑸　与式＝$\frac{1}{1\times2}+\frac{1}{2\times3}+\frac{1}{3\times4}+\cdots+\frac{1}{9\times10}=(\frac{1}{1}-\frac{1}{2})+(\frac{1}{2}-\frac{1}{3})+(\frac{1}{3}-\frac{1}{4})+\cdots+(\frac{1}{9}-\frac{1}{10})=1-\frac{1}{10}=\frac{9}{10}$

2 ⑴　1割引後のみかん1個の値段は540÷12＝45(円)で，これは値引き前のみかん1個の値段の$1-\frac{1}{10}=\frac{9}{10}$だから，求める金額《きんがく》は，$45\div\frac{9}{10}=45\times\frac{10}{9}=50$(円)

⑵　**【解き方】1024を素数の積で表すと，1024＝2×2×2×2×2×2×2×2×2×2**

よって，1024は2を10回かけた数となる。

1024の約数は，1と，2を1～10回かけた数(2，4，8，…，1024)だから，全部で1＋10＝11(個)ある。

⑶　十の位の数が四捨五入されるので，求める数は5449だとわかる。

⑷　(面積)＝(半径)×(半径)×3.14だから，(半径)×(半径)＝(面積)÷3.14＝314÷3.14＝100

100＝10×10だから，半径は10㎝である。よって，直径は10×2＝20(㎝)である。

⑸　求める時間は，1190÷340＝3.5(秒後)

⑹　求める割合は，$\frac{\text{(携帯電話を持っている生徒の人数)}}{\text{(全校生徒の人数)}}\times100=\frac{876}{1200}\times100=73$(%)

⑺　1.2Lで1㎏だから，9Lで，$1\times\frac{9}{1.2}=7.5$(㎏)

⑻　姉のコインは12個減って，妹のコインが12個増えると，2人のコインが等しくなるのだから，2人のコインの差は，12＋12＝24(個)　　よって，求める個数は，72－24＝48(個)

⑼　2つの整数のうち，大きい方の数の2倍は19より3大きいから，大きい方の数は，(19＋3)÷2＝11

小さい方の数は11－3＝8だから，2つの整数の積は，8×11＝88

⑽　**【解き方】辺の長さの比はA：Bの相似な立体の体積の比は，(A×A×A)：(B×B×B)であることを利用する。**

1辺□㎝の立方体の体積の27倍が1辺6㎝の立方体の体積なので，2つの立方体の体積の比は，

(1辺6㎝の立方体の体積)：(1辺□㎝の立方体の体積)＝27：1＝(3×3×3)：(1×1×1)だから，辺の長さの比は3：1である。よって，求める立体の1辺の長さは，6÷3＝2(㎝)

3 **【解き方】1番小さい正方形の1辺の長さは，1番大きい正方形の1辺の長さより8㎝短く，2番目に大きい正方形の1辺の長さより8－3＝5(㎝)短い。**

3つの正方形の1辺の長さの和が19㎝だから，1番小さい正方形の1辺の長さの3倍は，19－8－5＝6(㎝)

よって，1番小さい正方形の1辺の長さは6÷3＝2(㎝)，1番大きい正方形の1辺の長さは2＋8＝10(㎝)，

2番目に大きい正方形の1辺の長さは2＋5＝7(㎝)　　求める面積は，2×2＋10×10＋7×7＝153(㎠)

4　**【解き方】正方形１つと正三角形２つを組み合わせたものについて，図ｉのように作図する。求める面積は，これの４倍である。**

図ｉ

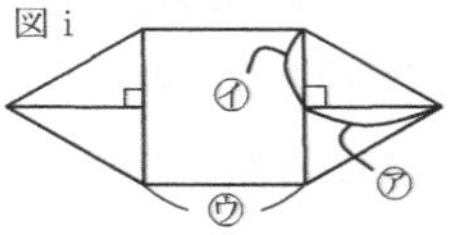

㋐×２＋㋒＝20 cmで，㋑×２＝㋒だから，㋐×２＋㋑×２＝20 cm

よって，㋐＋㋑＝20÷２＝10(cm)だとわかる。これより，図ｉの２つずつに分けた正三角形を，正方形の周りに合わせて大きな正方形作ると，図ⅱのようになり，この大きな正方形の１辺の長さは，㋐＋㋑＝10 cmとなる。

図ⅱ

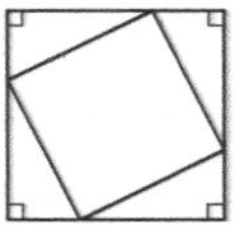

よって，図ｉ，ⅱの面積は10×10＝100(㎠)だから，求める面積は，100×４＝400(㎠)

5　(1)　**【解き方】直方体のたての長さをａcm，横の長さをｂcm，高さをｃcmとすると，体積は，(ａ×ｂ×ｃ)㎤ 各面の面積から，ｂ×ｃ＝54，ａ×ｂ＝216，ａ×ｃ＝144 となる。ここから，ａ×ｂ×ｃの値を求める。**

素数の積で表すと，54＝２×３×３×３，216＝２×２×２×３×３×３，144＝２×２×２×２×３×３

(ｂ×ｃ)×(ａ×ｂ)×(ａ×ｃ)＝(２×３×３×３)×(２×２×２×３×３×３)×(２×２×２×２×３×３)

これより，(ａ×ｂ×ｃ)×(ａ×ｂ×ｃ)＝(２×２×２×２×３×３×３×３)×(２×２×２×２×３×３×３×３)

だから，(ａ×ｂ×ｃ)×(ａ×ｂ×ｃ)＝1296×1296　　ａ×ｂ×ｃ＝1296　　よって，求める体積は，1296 ㎤である。

(2)　**【解き方】できる立方体の１辺の長さは，直方体のたてと横と高さの最小公倍数である。**

(1)より，たては 1296÷54＝24(cm)，横は 1296÷144＝９(cm)，高さは 1296÷216＝６(cm)

24 と９と６の最小公倍数は 72 だから，できる立方体の１辺の長さは 72 cmである。

直方体は，たてに 72÷24＝３(個)，横に 72÷９＝８(個)組み合わせた段を，72÷６＝12(段)作るから，全部で３×８×12＝288(個)必要である。

6　**【解き方】色の異なる６つの玉を，Ａ，Ｂ，Ｃ，Ｄ，Ｅ，Ｆとする。例えば，図ｉのような２つの並び方は，回転させると同じ並び方となる。このように，回転させて同じ並び方になるものがでてこないよう，図ⅱのようにＡの位置を固定させて，残りの１～５の位置の並び方を考える。**

図ｉ

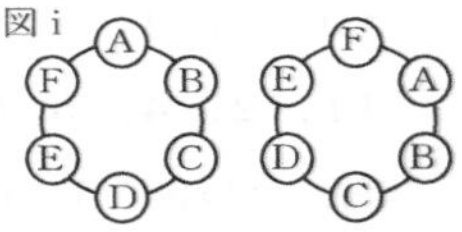

図ⅱ

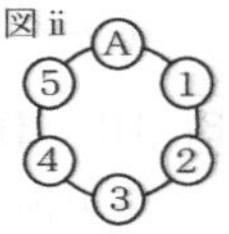

１の位置の並び方は，Ｂ～Ｆの５通りある。２の位置の並び方は，Ｂ～Ｆのうち１の位置に並んだもの以外の４通りある。同様にして，３の位置の並び方は３通り，４の位置の並び方は２通り，５の位置の並び方は１通りあるから，５×４×３×２×１＝120(通り)

ところが，輪は裏返すことができ，例えばＡＢＣＤＥＦの並び方とＡＦＥＤＣＢの並び方は同じになる。

よって，求める並び方は全部で，120÷２＝60(通り)

7　(1)　千の位の数の選び方は１～５の５通り，百の位の数の選び方は０～５のうち千の位の数を除く５通り，十の位の数の選び方は０～５のうち千と百の位の数を除く４通り，一の位の数の選び方は０～５のうち千と百と十の位の数を除く３通りある。よって，４ケタの整数は全部で，５×５×４×３＝300(通り)

(2)　**【解き方】一の位の数の選び方で場合わけをする。**

一の位の数の選び方は０，２，４の３通りある。

一の位の数で０を選んだ場合，千の位の数の選び方は１～５の５通り，百の位の数の選び方は１～５のうち千の位の数を除く４通り，十の位の数の選び方は３通りある。よって，全部で５×４×３＝60(通り)ある。

一の位の数で２か４を選んだ場合，一の位の数の選び方は２通り，千の位の数の選び方は１～５のうち一の位の数を除く４通り，百の位の数の選び方は０～５のうち，一と千の位の数を除く４通り，十の位の数の選び方は３通りある。よって，全部で２×４×４×３＝96(通り)ある。したがって，求める場合の数は，60＋96＝156(通り)

⑶ **【解き方】241□，243□，245□，25□□，3□□□，4□□□，5□□□で場合わけをして考える。**

241□となるのは，一の位の数が３，５の２通りある。

243□となるのは，一の位の数が０，１，５の３通りある。245□も同様に３通りある。

25□□となるのは，十の位の数が０，１，３，４の４通り，一の位の数が４通りのうち十の位の数を除く３通りあるから，全部で４×３＝12(通り)ある。

3□□□となるのは，百の位の数が０～５のうち３を除く５通り，十の位の数が４通り，一の位の数が３通りあるから，全部で５×４×３＝60(通り)ある。4□□□，5□□□のときも同様に60通りずつある。

したがって，2410より大きい整数は全部で，２＋３×２＋12＋60×３＝200(通り)

⑷ **【解き方】６の倍数となるのは，各位の数の和が３の倍数となる偶数《ぐうすう》である。各位の数の和が３の倍数となる４つの数の組み合わせは，(０，１，２，３)(０，１，３，５)(０，２，３，４)(０，３，４，５)(１，２，４，５)の４通りあるので，この４通りについて，４ケタの偶数になる選び方が何通りあるのかを考える。**

(０，１，２，３)のとき，一の位の数の選び方は０，２の２通りある。一の位の数が０のときの４ケタの偶数は３×２×１＝６(通り)ある。一の位の数が２のとき，千の位の数の選び方が１，３の２通り，百の位の数の選び方が０，１，３のうち千の位の数を除く２通り，十の位の数の選び方が１通りあるから，全部で２×２×１＝４(通り)ある。よって，４ケタの偶数は全部で６＋４＝10(通り)ある。

(０，１，３，５)のとき，一の位の数は０に決まるから，４ケタの偶数は６通りある。

(０，２，３，４)のとき，一の位の選び方は０，２，４の３通りある。一の位が０のときの４ケタの偶数は６通り，２，４のときは４通りずつあるから，合わせて６＋４＋４＝14(通り)ある。

(０，３，４，５)のとき，一の位の選び方が０，４の２通りあるので，４ケタの偶数は６＋４＝10(通り)ある。

(１，２，４，５)のとき，一の位の選び方が２，４の２通りある。どちらの場合も，４ケタの偶数は６通りあるから，合わせて６＋６＝12(通り)ある。

したがって，６の倍数になる整数は全部で，10＋６＋14＋10＋12＝52(通り)

8 ⑴ **【解き方】Ａ君の速さ→Ｂ君が学校を出発するときの２人の間の距離《きょり》→出会うまでの時間，の順で求める。**

Ａ君の速さは，分速(4000÷50)ｍ＝分速80ｍ

Ｂ君が学校を出発するのは，Ａ君が図書館を出発してから６分30秒後＝6.5分後なので，このときＡ君は80×6.5＝520(ｍ)進んだ位置にいるから，２人の間の距離は，4000－520＝3480(ｍ)

ここから，２人は１分で80＋220＝300(ｍ)近づくから，3480÷300＝11.6(分後)，つまり11分(0.6×60)秒後＝11分36秒後にすれ違う。よって，求める時間は，６分30秒＋11分36秒＝18分６秒後

⑵ ⑴の解説をふまえると，求める道のりは，4000－220×11.6＝1448(ｍ)

9 ⑴ **【解き方】白色と黒色のご石を合わせて考えると，並べるご石の個数は，１個，２個，３個，４個，…と増えていく。１からＮまでの連続する整数の和は，$\frac{(N+1)\times N}{2}$で表せることを利用する。**

$\frac{(12+1)\times 12}{2}$＝78より，78は１から12までの連続する整数の和だとわかる。

よって，白色のご石は１＋３＋５＋７＋９＋11＝36(個)，黒色のご石は78－36＝42(個)ある。

⑵ ⑴をふまえる。$\frac{(31+1)\times 31}{2}$＝496，$\frac{(32+1)\times 32}{2}$＝528より，500は１から31までの連続する整数の和より500－496＝４だけ大きい数だとわかる。

よって，黒色のご石は２＋４＋６＋…＋30＋４＝２×(１＋２＋３＋…＋15)＋４＝２×$\frac{(15+1)\times 15}{2}$＋４＝244(個)あるから，白色のご石は，500－244＝256(個)ある。求める比は，256：244＝64：61

10 (1) **【解き方】２人とも同じ段にいるのは，「２人とも１回ずつ同じ手で勝つ」か，「２回ともあいこ」だったときである。**

２人とも１回ずつ同じ手で勝つ場合，例えば，１回目に太郎さんがグーで勝った場合，２回目に花子さんがグーで勝つ。１回目に花子さんがチョキで勝った場合，２回目に太郎さんがチョキで勝つ。このように，１回目の出す手(どちらが勝つか)で２回目の手が１通りに決まる。よって，１回目の出す手だけを考えればよいから，太郎さんがグー，チョキ，パーで勝つ，花子さんがグー，チョキ，パーで勝つの３＋３＝６(通り)ある。

２回ともあいこだった場合は，１回目はグー，チョキ，パーであいこだった場合の３通り，２回目も同様に３通りあるから，全部で３×３＝９(通り)ある。

よって，求める手の出し方は，６＋９＝15(通り)ある。

(2) **【解き方】太郎さんが花子さんよりも６段上にいるのは，「１回あいこで２回太郎さんがグーで勝つ」か，「太郎さんが３回チョキで勝つ」か，「太郎さんがグー，チョキ，パーで１回ずつ勝つ」ときである。**

１回あいこで２回太郎さんがグーで勝つ場合，あいこの出し方は３通りあり，あいこになるのは，１～３回目いつでもよいので，手の出し方は３×３＝９(通り)ある。

太郎さんが３回チョキで勝つ場合の手の出し方は１通りある。

太郎さんがグー，チョキ，パーで１回ずつ勝つ場合，太郎さんは１回ずつグー，チョキ，パーを出すのだから，手の出し方は３×２×１＝６(通り)ある。

よって，求める手の出し方は，９＋１＋６＝16(通り)ある。

11 **【解き方】三郎さんと四郎さんはシャープペンシルの色について説明しているが，それぞれ色が違うので，どちらかがウソをついていることになる。**

一郎さん，二郎さんの説明から，えん筆は赤色でも青色でもないので，黄色だとわかる。

よって，シャープペンシルは黄色ではないので，三郎さんがウソをついている。

つまり，シャープペンシルは青色なので，残りのボールペンは赤色である。したがって，正しいものはAである。

《2022　理科　解説》

1 (1) (ア)×…炭酸水にアルミニウムを入れても，すぐにあわを出してとけるような反応は起こらない。

(イ)×…水よう液が酸性であることを確かめられるのは，青色のリトマス紙が赤色に変化したときである。

(2) (イ)×…山の中で見られる水の流れが速いところでは川原ができにくい。

(3) (ア)×…コイルの巻き数を多くしても電流の大きさは変化しない。

(4) (ウ)×…季節によって位置は変わるが，星のならび方は変わらない。

(5) (ア)×…水がふっとうしているときは，加熱をしていても温度が上がらず，100℃で一定になる。水がすべて水蒸気になると，再び温度が上がり始める。　(ウ)×…目で見ることができる湯気は水蒸気(気体)ではない。湯気は，水面から出てきた水蒸気が空気中で冷やされて水てき(液体)になり，目に見えるようになったものである。なお，湯気は空気中で再び蒸発して気体になり，目に見えなくなる。

2 (1) ヘチマ，ツルレイシ，カボチャなどのウリ科の植物や，トウモロコシなどのイネ科の植物には，めしべがなくおしべがあるおばなと，おしべがなくめしべがあるめばなの２種類の花がさくものが多い。

(3) めしべの先たんにおしべでつくられた花粉がつくと，めしべの根もとのふくらんだ部分が成長して実ができる。

(7) けんび鏡の視野は上下左右が反対に見える。よって，図３のように右下に見える●は実際には左上にあるので，中央に見えるようにするには右下に動かす必要がある。

3 (1) 見た目から，②は炭酸水である。炭酸水は，水に気体の二酸化炭素をとかしたものだから，水を蒸発させると何も残らない。

(2) うすい塩酸は酸性，うすいアンモニア水はアルカリ性である。よって，青色リトマス紙が赤色に変化した③はうすい塩酸だとわかるから，⑤はうすいアンモニア水である。アルカリ性の水よう液をつけると，赤色リトマス紙は青色に変化し，青色リトマス紙は青色のままである。

(3) うすいアンモニア水以外で赤色リトマス紙が青色に変化したアルカリ性の④と⑥は，石灰水か重そう水のどちらかである。②の炭酸水には二酸化炭素がとけているから，②を加えて白くにごった方が石灰水だとわかる。

(4) ムラサキキャベツ液でむらさき色に，ＢＴＢ液で緑色に変化するのは，中性の水よう液である。赤色リトマス紙と青色リトマス紙のどちらも色が変化しなかった①が中性の食塩水である。

4 (1) てこをかたむけるはたらき〔おもりの重さ(g)×支点からの距離《きょり》(cm)〕が支点の左右で等しくなると，つり合う。ここでは支点からの距離をうでの番号に置きかえて考えると，図２より，てこを左にかたむけるはたらきは(10×４)×３＝120だから，てこを右にかたむけるはたらきも120になるものを選べばよい。(ア)は(10×４)×４＝160，(イ)は(10×３)×３＝90，(ウ)は(10×４)×１＝40，(エ)は(10×２)×６＝120である。

(2) てこを左にかたむけるはたらきは(10×３)×４＝120だから，右うでの２にかかる重さが120÷２＝60(g)になるとつり合う。金属パイプの重さが20ｇだから，(あ)と(い)の合計は60－20＝40(g)である。また，てこをかたむけるはたらきが支点の左右で等しくなるとき，左右のおもりの重さの比は支点からの距離の逆比と等しくなるから，金属パイプＡＣについて，ＡＢ：ＢＣ＝１：３のとき，(あ)：(い)＝３：１となる。よって，(あ)は$40\times\frac{3}{3+1}=$ 30(g)，(い)は40－30＝10(g)である。

(3) ①が作用点，②が力点，③が支点である。力点が作用点と支点の間にあるてこでは，作用点に加わる力が力点に加えた力よりも小さくなる。

《2022　社会　解説》

1 (1) (ア)の尖閣諸島を選ぶ。(イ)は竹島，(ウ)は北方領土，(エ)は沖ノ鳥島。中国と尖閣諸島，韓国と竹島，ロシアと北方領土において領土問題がある。

(2) 日本の端については右表参照。

最北端		最西端	
島名	所属	島名	所属
択捉島	北海道	与那国島	沖縄県
最東端		最南端	
島名	所属	島名	所属
南鳥島	東京都	沖ノ鳥島	東京都

2 Ａは高知県，Ｂは北海道，Ｃは静岡県，Ｄは長崎県，Ｅは新潟県，Ｆは愛知県，Ｇは長野県，Ｈは沖縄県。

(1) 沖縄県は１年を通して温暖で，降水量が多い南西諸島の気候だから，(ア)と判断する。(イ)は日本海側の気候，(ウ)は北海道の気候，(エ)は太平洋側の気候。

(2) Ｃ．「遠洋漁業がさかんで，かつおやまぐろが多く水あげされる(焼津港)」「２つの大都市圏(東京・名古屋)の間」から，静岡県と判断する。

(3) (ウ)は京都府なので誤り。(ア)は沖縄県，(イ)は新潟県，(エ)は長崎県。

(4) 長野県はレタスやはくさいなどの抑制栽培がさかんなので，(ウ)と判断する。長野県では，夏の冷涼な気候を生かした高冷地農業による抑制栽培が行われている。出荷量の少ない時期に高原野菜を出荷することで，安定した収入を得るための試みである。(ア)は新潟県，(イ)は愛知県，(エ)は沖縄県。

(5) (ア)の中京工業地帯を選ぶ。中京工業地帯は製造品出荷額が日本一であり，自動車生産がさかんなので機械工業の割合が高い。(イ)は阪神工業地帯，(ウ)は京浜工業地帯，(エ)は北九州工業地帯。

3 小麦の自給率は10%前後だから，(エ)と判断する。(ア)は野菜，(イ)は肉類，(ウ)は果物。

4 (1) (イ)律令の「律」は刑罰に関するきまり，「令」は政治のしくみや租税などに関するきまりを意味する。律令制がとられていたころの人々の負担については右表参照。

名称	内容
租	収穫した稲の約３％
調	布または特産物
庸	10日間の労役にかわる布
雑徭	年間60日以内の労役
衛士	１年間の都の警備
防人	３年間の九州北部の警備

(2) (ウ)が正しい。元寇は防衛戦だったため，御家人は十分な恩賞を与えられなかった。　(ア)モンゴル帝国５代皇帝フビラン・ハンが元朝の初代皇帝となった。　(イ)鎌倉幕府側は騎馬による一騎打ちで戦った。火器による集団戦法をとったのは元軍である。　(エ)石るいの費用(石築地役)は，「商人」ではなく「御家人」が負担した。

(3) (ア)ザビエルはカトリック教会の宣教師で，プロテスタントに対抗するためイエズス会を設立し，キリスト教の海外布教を活発に進めた。

5 (1) 開国後は，生糸・蚕種(蚕の卵)・茶・菜種油などの生活必需品が品不足となって価格が高騰し，庶民の生活は苦しくなった。また，質の悪い貨幣を発行したことで価値が下がり，物価上昇が引き起こされた。

(2) (エ)元大阪町奉行所の与力であった大塩平八郎は，天保のききんに苦しむ人々に対する奉行所の対応を批判し，1837年に彼らを救うために挙兵して乱を起こした(大塩平八郎の乱)。

(3) 廃藩置県によって，明治政府から派遣された役人(県令や府知事)がそれぞれの県を治めることとなり，江戸時代の幕藩体制が完全に解体された。

(4) ノルマントン号事件では，和歌山県沖で船が沈没した際，イギリス人船長が日本人の乗客を見捨てたにもかかわらず，日本の法律で裁けなかったために軽い刑罰で済んだ。これにより領事裁判権の撤廃を求める声が高まった。

(5) (ア)満州の一部(旅順・大連)はポーツマス条約で日本領となり，それ以外の満州地区は満州事変(1931年)で日本の領土になった。(イ)は韓国併合(1910 年)，(ウ)は日清戦争後の下関条約(1895 年)，(エ)は樺太・千島交換条約(1875年)で日本の領土となった。日露戦争は1904～1905年。

6 (1) (ウ)が正しい。　(ア)大日本帝国憲法の記述である。　(イ)保護者は，子どもに普通教育を受けさせる義務をもち，子どもは教育を受ける権利をもつ。(第26条)　(エ)人は生まれながらにして基本的人権をもっている。

(2) (ア)が正しい。少子化・高齢化が進行しているため，社会保険料を納める働く世代が減少する一方，年金や医療保険給付を受ける高齢者が増えている。なお，2009年以降，日本の人口は減少し続けている。

(3) 一院制だと審議が不十分のまま終わってしまう場合もあるため，衆議院と参議院の二院制が採用されている。

(4) 憲法改正では，国会で各議院の総議員の３分の２以上の賛成を得た後に，国会が国民の審議を求めて憲法改正の発議を行う。国民投票で有効投票の過半数の賛成を得られた場合，天皇が国民の名で改正された憲法を公布する。

2021 解答例 令和3年度　★京都教育大学附属桃山中学校

《国　語》

一　(1)(あ)不思議　(い)残念　㋐ふだ　(2)図形の発展問題が、解きがいがあっておもしろそうだったから。
(3)居心地の悪さ　(4)(イ)　(5)(ア)　(6)(イ)　(7)(ア)　(8)人気者になること〔別解〕友達とうちとけること　(9)驚くほど単純なことに気づけなかったこと。　(10)勉強ば～から。　(11)足立くんに自分も飲みたいと言うこと。　(12)単純な　(13)(エ)

二　(1)おおがい　(2)相手の気～があった　(3)「文は人なり」　(4)Ⅰ．(ウ)　Ⅱ．(オ)　(5)(ア)　(6)(あ)実験
㋐りえき　(7)協力してもらう場合…(ウ)　座席を譲る場合…(イ)　(8)(ウ)　(9)(イ)　(10)(ア)，(エ)
(11)(例文)私は電車でお年寄りに席をゆずる際に、いつもどう言ったらよいのか迷う。そのお年寄りが座りたいと思っているのかどうかわからないからだ。■他の人たちは、「よかったらどうぞ」と言うことが多い。「よかったら」ということばには、相手に断れる余地を残すことで、相手の意思を尊重しようという思いがこめられているのだろう。しかし、このように言われたお年寄りにとっては、単に「どうぞ」と言われるのとあまり変わらず、断りづらいように思える。ことばを選ぶ際には、ふだんから相手の立場に立って考えることが大事だと思う。

《算　数》

1　(1)70　(2)97　(3)$\frac{7}{36}$　(4)1　(5)$\frac{4}{5}$

2　(1)120　(2)170352　(3)8.64　(4)3.14　(5)2　(6)42000　(7)1500　(8)6　(9)28　(10)80

3　(1)○　(2)52番　(3)3：4

4　(1)135本　(2)8㎝　(3)540°

5　(1)2通り　(2)24通り　(3)6通り　(4)72通り

6　(1)9000㎤　(2)(ウ)　(3)18.25㎝

7　(1)分速117.5m　(2)道のり…1479m　速さ…分速348m

8　C，D，B，A，E

《理　科》

1　(1)(イ)　(2)○　(3)(ウ)　(4)(ア)　(5)(ア)　(6)×

2　(1)(あ)④　(い)②　(2)(イ)，(ウ)，(オ)　(3)(ウ)　(4)(ウ)

3　(1)(ウ)　(2)(ア)　(3)(イ)

4　(1)(ア)　(2)(ア)，(オ)，(カ)　(3)(コ)

5　(1)(ア)　(2)(ウ)　(3)(キ)　(4)(キ)

《社　会》

1　(1)(エ)　(2)(ア)　(3)(イ)　(4)春になって暖かくなると，雪がとけ出して河川に流れこむため。　(5)①(ウ)　②(エ)

2　(1)(イ)　(2)(ウ)

3　(1)敵が侵入すること。　(2)(ウ)　(3)(イ)　(4)(ア)　(5)琉球王国　(6)殖産興業　(7)日露戦争
(8)東京大空襲

4　(1)(イ)　(2)満18歳　(3)権力のらん用を防ぐため。　(4)(ア)

《2021　国語　解説》

一 (2)　4～5行後に「実際、プリントをながめていたのは、帰宅《きたく》中も進めていないと終わらないからではなく、図形の発展《はってん》問題が解きがいがあっておもしろそうだったからだ」とある。

(3)　2行前を参照。「足立《あだち》くんといっしょの帰り道に、ぼくはいつも以上に居心地《いごこち》の悪さを感じていた」とある。

(4)　ここまでの足立くんとのやり取りと、この後で「ぼく」が話すことが、足立くんにきらわれるような内容ではないことから、きらわれることを気にしているとは考えられない。よって(イ)が答え。

(5)　「清野《きよの》もおれみたいな超《ちょう》人気者《にんきもの》になりたいのか！」と言われた「ぼく」は、「まさか、違《ちが》うよ！」と否定しているが、後半部分に「友達に囲まれて楽しそうにしている足立くんや飯島《いいじま》さんをうらやましがりながら」とあるように、みんなに慕《した》われている足立くんをうらやんでいる。濃《こ》いコーヒー牛乳《ぎゅうにゅう》は、他の友達からミルメークを集めなければ作れないので、「ぼく」にとって、人気者の象徴なのである。

(6)　直後に「～だろう」という疑問の表現があることから、「どうして」が適する。

(8)　直後で「足立くんのようになんてなれるわけがないと、そう思いこんでいたから」と説明し直している。「足立くんのように」なるとは、人気者になること、大勢の友達に慕われることを指す。

(9)　「ぼく」は、友達からミルメークを集められない自分は、濃いコーヒー牛乳を飲むことはできないと足立くんに話したが、足立くんは、牛乳の量を少なくすれば、濃いコーヒー牛乳を作ることができると答えた。このことに気づいていなかった「ぼく」は、「どうしてそんな簡単《かんたん》なことに気づかなかったのだろう。小学生でもわかりそうなものじゃないか」と「自分のばかさ加減に絶句した」。また、「驚《おどろ》くほど単純《たんじゅん》なことに気づくことができなかった」とも言っている。

(10)　直後の一文に「うれしさ」を感じた理由が説明されている。

(11)　「そう」は、足立くんの言った「飲みたかったんだったら飲みたいって言えよ」を指している。直後の「ぼくにも飲ませて、とか、ぼくも混ぜて、とか～自分から誰《だれ》かに声をかけたことがほとんどなかった」も参照。

(12)　――線5の直後に、濃いコーヒー牛乳をつくる方法について「驚くほど単純なことに気づくことができなかった」とあるから、「単純な」が適する。

(13)　この前の場面で、足立くんが「清野もおれみたいな超人気者になりたいのか！」と言ったときには、清野くん(「ぼく」)が発言を素直に受け止めてしまい、その後も、「おろおろと謝《あやま》った」ので、漫才《まんざい》のようなやり取りは成立しなかった。しかし、――線9の前では「なんだか漫才のコンビになったみたいで、ぼくはおかしくなってふきだしてしまった」。清野くんも漫才のようなやり取りを楽しんでいるので、足立くんはこのことに満足しているのである。

二 (2)　この前の段落に、日本語の「頼《たの》む」という言葉は「人間関係の気配りのしかたを表す表現」だとある。そして、英語でお願いをするときに使う「プリーズ」も、「相手の気持ちに気を配って使うところに基本的な意味があった」とある。英語も日本語も、お願いするときの表現に相手への気配りが含まれているという点で共通しているのである。

(3)　【　A　】について、この直前で「いろいろな心配りを～しつつ、いろいろな文を述べている」と説明していること、直後で【　A　】を「述べ方は気持ちなり」と言いかえていることから、本文1行目の「文は人なり」をぬき出す。この言葉は「文章にはそれを書いた人の人柄《ひとがら》が表れる」という意味なので、文に「心配り」や「気持ち」が表れるということを言い表した言葉として適切である。

(5)　「もっとも」をつなげてみて、自然に意味が通るものを選ぶ。

(7)　この後の「人にものをさせる場面では、『利益』『負担《ふたん》』といったことが重要な問題になります」に着目。相手に「負担」を強いる場合は、「相手に断れる余地をなるべくたくさん残してお願いをする方が丁寧《ていねい》な感じ」になるため、「いただけませんでしょうか」「いただけないでしょうか」といった遠慮がちな表現になる。「新しい椅子《いす》の開発実験で協力してもらう場合」は、まだ開発中の椅子に座るという負担を相手に強いることになるので、(ウ)の「どうか座ってくださいませんか」が適する。一方、「利益」を与《あた》えることになる場合は、相手が得をするように「勧《すす》める」表現になる。電車などで座席《ざせき》を譲《ゆず》る場合は、相手が利益を得ることになるので、「どうぞ遠慮《えんりょ》なく座ってください」と勧める表現になる。よってイが適する。

(9)　「押《お》し売《う》りなどの強引《ごういん》な勧誘《かんゆう》」は、勧誘された側にとってはありがたくないことであり、「利益」ではなく、「負担」になることである。「負担」を強いられているのに、「『提案をしてくれている』という位置づけ」にして、ありがたいがいらない、つまり「結構です」と断る。本来、強引な勧誘に断りにくさを感じる必要はないのに、「勧められる側には、最初からちょっと断りにくい関係」が生じてしまっていることを、筆者はおもしろがっている。よって(イ)が適する。(ウ)は「勧められた側に利益が生まれる可能性がある」の部分が適さない。

(10)　(ア)１段落目の「文章にはそれを書いた人の人柄が表れるという意味です」「すなわち、『文』には、その文を作った人～の気持ちが表れるということです」と一致《いっち》する。　(イ)「表情」については本文で触《ふ》れられていないので、適さない。　(ウ)日本語では、相手の負担になることを頼むときは、相手が断れるような表現をすることが多いが、それで「優しい人になることができる」わけではない。　(エ)――線４の直前に「丁寧かどうかは、単に言葉だけで決まるのではなく、相手への心配りが重要です」とあるので、適する。

《2021　算数　解説》

1

(1)　与式$=98-4\times35\div5=98-4\times35\times\frac{1}{5}=98-28=70$

(2)　与式$=12.3+85-0.3=12.3-0.3+85=12+85=97$

(3)　与式$=\frac{12}{36}-\frac{6}{36}+\frac{4}{36}-\frac{3}{36}=\frac{7}{36}$

(4)　与式$=\frac{5}{12}+\frac{2}{12}+\frac{5}{12}=1$

(5)　与式$=1-\frac{1}{5}=\frac{4}{5}$

2

(1)　**【解き方】右の「順列の数の求め方」を利用する。**

左から順に５つの数を並べると考えて，

$5\times4\times3\times2\times1=120$(種類)

> **順列(並べ方)の数の求め方**
> 異なる10個から３個選んで順番に並べるときの順列の数は，
> 全体の個数―⑩×９×８＝720(通り)
> 　　　　　　選ぶ個数
> つまり，異なるｎ個からｋ個選ぶときの順列の数の求め方は，
> 「ｎから始まり，１ずつ小さくなっていく数をｋ個かける」

(2)　**【解き方】12の倍数の和は，12×(１＋２＋３＋…)の形で表せる。**

最大の12の倍数は，2021÷12＝168余り５より，12×168である。したがって，求める和は，$12+12\times2+12\times3+\cdots+12\times168=12\times(1+2+3+\cdots+168)$

下線部の値《あたい》は右の筆算より，$169\times168\div2=14196$と求められるから，求める和は，

$12\times14196=170352$

$$\begin{array}{rr} & 1+\ 2+\ 3+\cdots\cdots+168 \\ +) & 168+167+166+\cdots\cdots+\ 1 \\ \hline & 169+169+169+\cdots\cdots+169 \end{array}$$

(3)　90％だと$12000\times\frac{90}{100}=10800$(人)だから，$8\times10800=86400$(万円)必要である。

１万の10000倍が１億だから，86400万円$=\frac{86400}{10000}$億円＝8.64億円

(4)　$\frac{(円周の長さ)}{(直径)}$は直径に対する円周の割合だから，円周率なので，3.14である。

(5)　時速90km＝分速$\frac{90}{60}$km＝分速$\frac{3}{2}$km，１分20秒$=1\frac{20}{60}$分$=\frac{4}{3}$分だから，$\frac{3}{2}\times\frac{4}{3}=2$(km)

⑹ **【解き方】1 ha は 100m 四方の土地の面積だから，100×100＝10000(㎡)である。**

7 ha＝70000 ㎡だから，サツマイモを栽培している畑の面積は，$70000\times\frac{60}{100}=42000$(㎡)

⑺ **【解き方】姉の金額が妹のちょうど2倍になったとき，妹の金額は2人の金額の差と等しい。**

妹の金額は 6500－2500＝4000(円)になったので，2人は 4000－2500＝1500(円)ずつもらった。

⑻ 3×4÷2＝6(倍)

⑼ **【解き方】公約数は最大公約数の約数である。**

24 と 36 の最大公約数は 12 だから，12 の約数の和を求める。1＋2＋3＋4＋6＋12＝28

⑽ **【解き方】1 L＝10 cm×10 cm×10 cm＝1000 ㎤，1 dL＝$\frac{1}{10}$L＝($\frac{1}{10}$×1000)㎤＝100 ㎤**

2.6 L＝2600 ㎤，1.8dL＝180 ㎤だから，2600÷180＝14 余り 80 より，80 ㎤残る。

[3] **【解き方】1番から8番までの8個の玉の並びが周期的にくり返されているので，1回の周期を基準に考える。**

⑴ 40 番は，40÷8＝5(回目)の周期の最後の玉だから，8番と同じ○である。

⑵ 1回の周期に○は4個ふくまれている。25÷4＝6余り1より，6回目の周期までに○は 24 個並び，25 個目の○は7回目の周期の最初の○である。よって，8×6＋4＝52(番)

⑶ 120 番は，120÷8＝15(回目)の周期の最後の玉である。周期がちょうど終わっているので，全体にふくまれる◎と○の個数の比は，1回の周期にふくまれる◎と○の個数の比と等しく，3：4である。

[4] ⑴ **【解き方】かきくわえる辺は順番に，2本，3本，4本，…と増えていき，正十七角形をつくるときは 17－1＝16(本)である。正多角形は全部で，16－2＋1＝15(個)つくる。**

つくった正多角形は1つの内角の大きさがすべて異なるから，辺が重なることはない。

よって，2＋3＋4＋…＋16 を計算すればよく，右の筆算より，

2＋3＋4＋…＋16＝18×15÷2＝135(本)

```
    2＋3＋4＋……＋16
＋) 16＋15＋14＋……＋2
   18＋18＋18＋……＋18
```

⑵ **【解き方】{(水そうの底面積)－(棒の底面積)}×(高さ)で水の体積を求められる。**

棒が完全に水の中に入って水面の高さが棒の高さよりも高くなった場合，棒の高さがないと答えを求められない。

したがって，右図のように棒が水面から出ていると考える。水が入っている部分の底面積は，8×18－80＝64(㎠)だから，水の体積は，64×18＝1152(㎤)

よって，棒を入れる前の水面の高さは，$\frac{1152}{8\times18}=8$(cm)

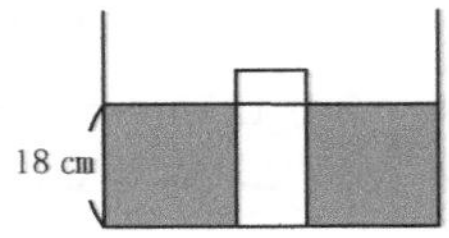

⑶ **【解き方】右図のように記号をおく。四角形の内角の和を利用してP，Qの大きさをA～Fを使って表し，三角形キクケの内角との関係を考える。**

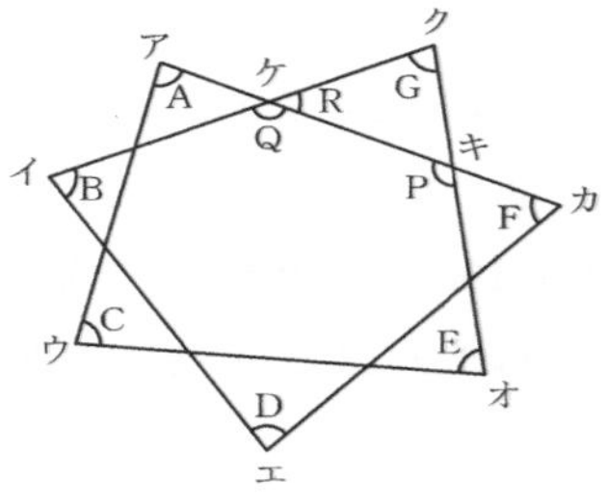

四角形アウオキの内角の和より，P＝360°－A－C－E

四角形イエカケの内角の和より，Q＝360°－B－D－F

三角形の外角の性質より，三角形キクケにおいて，

R＝P－G＝360°－A－C－E－G

R＋Q＝180° だから，(360°－A－C－E－G)＋(360°－B－D－F)＝180°

720°－A－B－C－D－E－F－G＝180°　　720°－(A＋B＋C＋D＋E＋F＋G)＝180°

A＋B＋C＋D＋E＋F＋G＝720°－180°＝540°

[5] ア，イ，ウ，エの順番にぬる色を決めると考える。

⑴ アの色を決めれば，すべてのぬり方が決まる。よって，アを赤にするか青にするかで2通りの旗が作れる。

⑵ **【解き方】[2]⑴の「順列の数の求め方」を利用する。**

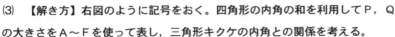

できる旗は全部で，４×３×２×１＝24(通り)

(3)　**【解き方】(２色の選び方)×(２色のぬり方)を計算すればよい。**

３色から２色を選ぶ選び方は，使わない１色の選び方と同じだから，３通りである。

その１通りごとに色のぬり方は(1)のように２通りある。よって，できる旗は全部で，３×２＝６(通り)

(4)　**【解き方】(３色の選び方)×(３色のぬり方)を計算すればよい。**

４色から３色を選ぶ選び方は，使わない１色の選び方と同じだから，４通りある。

次に３色のぬり方を，赤，青，黄を例として考える。どれか１色は２か所にぬり，２か所にぬる色の選び方は３通りある。赤を２か所にぬる場合，赤にする場所の選び方は，アとウ，アとエ，イとエの３通りあり，それを決めれば残りの２か所のぬり方は青，黄の順か，黄，青の順の２通りある。したがって，赤，青，黄のぬり方は，３×３×２＝18(通り)ある。よって，できる旗は全部で，４×18＝72(通り)

6　(1)　**【解き方】この容器を，正面に見えるＬ字型の面を底面とする高さが 20 cmの角柱と考える。**

Ｌ字型の面の面積は，25×30－(25－10)×(30－10)＝750－300＝450(cm²)

よって，この容器の容積は，450×20＝9000(cm³)

(2)　**【解き方】水がたまる部分の底面積が大きいほど，水面までの高さが上がる速さはおそくなる。**

水がたまる部分の底面積は，容器の高さ０～10 cmの部分の方が，高さ 10～25 cmの部分よりも大きいので，水面までの高さが上がる速さは途《と》中《ちゅう》から速くなる。よって，(ウ)が正しい。

(3)　**【解き方】水が入っていない部分に注目する。**

水が入っていない部分の容積は，全体の 100－85＝15(%)だから，$9000\times\frac{15}{100}=1350$(cm³)

この部分の底面積は，20×10＝200(cm²)だから，この部分の高さは，1350÷200＝6.75(cm)

よって，底面から水面までの高さは，25－6.75＝18.25(cm)

7　向かい合って進んで６分 30 秒後＝$6\frac{30}{60}$分後＝$\frac{13}{2}$分後に出会ったことから，

(１周の道のり)＝(２人の速さの和)×(出会うまでの時間)＝$(80+90)\times\frac{13}{2}=1105$(m)である。

(1)　**【解き方】向かい合って進んだので，(２人の速さの和)＝(１周の道のり)÷(出会うまでの時間)である。**

５分 12 秒後＝$5\frac{12}{60}$分後＝$\frac{26}{5}$分後だから，２人の速さの和は，分速$(1105\div\frac{26}{5})$m＝分速 212.5m

よって，花子さんの速さは，分速(212.5－95)m＝分速 117.5m

(2)　４分 15 秒＝$4\frac{15}{60}$秒＝$\frac{17}{4}$分だから，太郎さんは $88\times\frac{17}{4}=374$(m)歩いたとき花子さんに追いつかれた。

このとき花子さんは，太郎さんよりも１周分(1105m)多く進んでいるから，374＋1105＝1479(m)走った。

よって，花子さんの速さは，分速$(1479\div\frac{17}{4})$m＝分速 348m

8　**【解き方】発言内容を右表１のように①～⑩に分ける。これらのうち，同時には成り立たない内容の組み合わせに注目する。**

⑥と⑦は同じであり，ともに②とは同時に成り立たない。⑥と⑦が間違っているとすると，⑤と⑧は正しいことになる。⑤が正しいから⑩は間違いとなり，⑧が正しいから，③は間違い→④は正しい→⑨は間違いとなって，⑨と⑩が両方とも間違いになるので，条件に合わない。したがって，⑥と⑦は正しいから，②，⑤，⑧は間違いである。これで２位はDに決まったから，③も間違いとわかり，そこからすべての発言の正誤について，右表２のようにわかる。

よって，１位から順に，C，D，B，A，Eである。

表１

発言者	内容	
A	①Aは４位	②Dは１位
B	③Bは２位	④Eは５位
C	⑤Cは５位	⑥Dは２位
D	⑦Dは２位	⑧Bは４位
E	⑨Eは４位	⑩Cは１位

表２

発言者	内容	
A	①Aは４位○	②Dは１位×
B	③Bは２位×	④Eは５位○
C	⑤Cは５位×	⑥Dは２位○
D	⑦Dは２位○	⑧Bは４位×
E	⑨Eは４位×	⑩Cは１位○

《2021　理科　解説》

1 (1)　(ア)(ウ)×…花粉が出てくるのはおしべの先である。おしべの先から出た花粉がめしべの先につくことを受粉という。

(3)　(ウ)×…どろからできている岩石をでい岩という。れき岩はれきからできている岩石である。なお，どろ(直径0.06㎜以下)，砂(直径0.06㎜～２㎜)，れき(直径２㎜以上)はつぶの大きさで区別される。

(4)　(イ)(ウ)×…こん虫のあしとはねはむねの部分についている。

(5)　(ア)×…ムラサキキャベツ液を加えて黄色になった水よう液Aはアルカリ性の水よう液である。アルカリ性の水よう液は，赤色リトマス紙の色を青色に変化させ，青色リトマス紙の色は変化させない。

(6)　(ア)×…ふりこの１往復にかかる時間はふりこの長さによって決まる。AとBはおもりの重さが異なるが，ふりこの長さが同じなので，１往復にかかる時間は同じである。　(イ)×…ある条件についてその影響《えいきょう》を確かめたいときは，その条件だけが異なるものを比べる。AとDでは，ふりこの長さだけでなく，おもりの重さも異なるため，ふりこの長さとふりこの１往復する時間の関係を正確に調べたことにならない。　(ウ)×…ふりこの長さは，糸をつるす点からおもりの重さがかかる点(重心)までの長さである。１つのおもりの重心はそのおもりの中心にあるが，Cのようにおもりを縦につないだ場合の重心は真ん中のおもりの中心にあるので，Cのふりこの長さはDのふりこの長さよりも長い。よって，CとDでは，おもりの重さだけでなく，ふりこの長さも異なるため，おもりの重さとふりこの１往復する時間の関係を正確に調べたことにならない。

2 (1)　ビーカーと水の重さはどれも同じだから，とかした物の重さに着目すればよい。もっとも重いものは，とかした物の重さがもっとも重い④，もっとも軽いものは，とかした物の重さがもっとも軽い②である。グラフは水100mLにとける量を表しているが，水50mLであればとける量を半分で考えればよいので，④(60℃)ではミョウバンが約58÷２＝29(ｇ)，②(20℃)ではミョウバンが約12÷２＝６(ｇ)とけたことになる。

(2)　(ア)×…とけた物は非常に小さなつぶになり，液全体に均一に広がっている。　(エ)×…一度とけた物は，(温度と水の量が変化しなければ)時間がたってもどこか１か所に集まるようなことはない。

(3)(4)　(1)解説と同様に考えると，①では食塩が約38÷２＝19(ｇ)とけたことになり，③でもほぼ同じである。よって，④のビーカーの液を20℃まで冷やすと，約29－６＝23(ｇ)のミョウバンが出てくるが，③のビーカーの液を20℃まで冷やしても，食塩はほとんど出てこない。

3 (1)　方位磁針①のN極が西の方角(図１では左)に動いたことから，電磁石(あ)の右はしがN極を引きつけるS極になったとわかる。よって，電磁石(あ)の左はしはN極だから，方位磁針②のS極は東，N極は西を指す。

(2)　コイルを流れる電流の向きに着目する。電磁石(い)では，電磁石(あ)とコイルを流れる電流の向きが逆になるから，両はしにできる極も逆になる。よって，電磁石(い)は右はしがN極だから，方位磁針③のN極は東を指す。

(3)　電磁石(う)のコイルに流れる電流の向きは電磁石(い)と同じだから，電磁石(う)の両はしにできる極も同じになる。よって，電磁石(う)は左はしがS極だから，方位磁針④のN極は東を指す。

4 (2)　発芽に必要な条件は，空気，水，適当な温度の３つである。(エ)を使うと低温の環境《かんきょう》をつくることができるが，(エ)の中に入れると光が当たらなくなるため，(オ)に対して光の条件も異なる。よって，(エ)と(オ)で比べるのではなく，(オ)と(カ)で比べる。なお，肥料は発芽に必要な条件ではない。

(3)　ヨウ素液はでんぷんに反応して青むらさき色に変化する。インゲンマメは子葉にでんぷんをたくわえている。

5 (2)　図１の月は，左半分が光って見える下弦《かげん》の月である。月は約１週間ごとに，新月→上弦の月(右半分が光って見える)→満月→下弦の月→次の新月…と形を変えていく。よって，下弦の月から３週間後には満月に近い形に見える。

⑶　満月は夕方に東の地平線からのぼり，真夜中に南の空で最も高くなり，明け方に西の地平線にしずむ。よって，午前９時には満月を見ることができない。

⑷　図２では，太陽の光を反射して光っている部分がすべて見えている。このようになるのは，地球から満月を見ているときと同じ位置関係になったときなので，月から見て太陽と地球が反対方向にあるときである。なお，地球から見た月の形と，同じ日に月から見た地球の形は，光って見える部分と欠けている部分を入れかえた形になる。例えば，地球から見た月が(キ)の位置にある新月のとき，月から見た地球は図２のように見えるということである。

《2021　社会　解説》

1　⑴　(エ)の岩手県を選ぶ。(ア)は青森県，(イ)は秋田県，(ウ)は山形県，(オ)は宮城県，(カ)は福島県。

⑵　(ア)信濃川は，新潟県と長野県にまたがる日本最長の川である。

⑶　(イ)北西季節風が日本海を渡るときに，暖流の対馬海流上空で蒸発した水分を大量に含むため，日本海側では冬の降水量が多くなる。一方，太平洋側では夏の南東季節風が大量の雨を降らせる。

⑷　日本海側では，冬の間に積もった雪が，春になって暖かくなるととけ出して河川に流れこむ。この雪どけ水が米作りに用いられ，夏に晴天の日が多いため，生産量が多くなる。

⑸①　(ウ)米作りの作業は，種まき→田おこし→しろかき(田んぼに水を張って表面を平らにする作業)→田植え→草取り→稲かりの順である。　②　(エ)が誤り。人の手で行われていた米作りは，機械で行われるようになったため，作業時間を大幅に短縮できるようになった。

2　⑴　(イ)が誤り。2016 年と 2000 年をくらべると，減少数は，「一般紙」が 7581，「スポーツ紙」が 2852 なので，「一般紙」より「スポーツ紙」の減少数のほうが少ない。

⑵　(ウ)が誤り。インターネットでは誰でも手軽に情報を発信できるため，間違った情報が含まれていることもある。そのため，インターネットで得られた情報をそのまま受け取らず，正しい情報かどうかを本で調べたり，詳しい人に聞いたりして確かめることが大切である。このような取り組みをメディアリテラシーと言う。

3　⑴　むら同士の争いがあった弥生時代には，敵の侵入を防ぐための濠や柵，見張りをするための物見やぐらがつくられた。

⑵　(ウ)古墳時代，大和(現在の奈良県)の豪族は強い勢力をほこり，やがて大和政権を中心にまとまるようになった。大和政権の中心となった者は，大王(後の天皇)と呼ばれるようになり，九州から関東北部まで支配した。

⑶　(イ)源頼朝は，敵の攻撃から守るのにつごうがよいなどの理由から，三方を山に囲まれて海に面している鎌倉に幕府を開いた。

⑷　雪舟の水墨画「秋冬山水図」なので，(ア)を選ぶ。室町時代，床の間を飾るため，生け花や水墨画の掛け軸などが発達した。(イ)の葛飾北斎の浮世絵「富嶽三十六景―神奈川沖浪裏」，(ウ)の歌舞伎，(エ)の人形浄瑠璃は江戸時代。

⑸　図Ｂは，将軍の代替わりごとに琉球王国が派遣した慶賀使である。図Ａは朝鮮通信使である。

⑹　明治政府は殖産興業政策として，生糸の品質や生産技術を向上させることを目的に，群馬県に富岡製糸場をつくった。外務大臣の井上馨は，条約改正の交渉を有利にしようと鹿鳴館で舞踏会を開いた。

⑺　与謝野晶子は詩人の立場から，内村鑑三はキリスト教徒の立場から，幸徳秋水は社会主義者の立場から日露戦争を批判した。

(8) 密集地に焼夷弾が落とされると一帯が焼け野原となったため，1945 年３月には東京大空襲により多数の犠牲者を出した。

4 (1) (イ)が正しい。(ア)は２月 11 日，(ウ)は５月３日，(エ)は４月 29 日。

(2) 若い世代の意見を積極的に吸い上げるため，公職選挙法が改正され，選挙権年齢が満 18 歳以上に引き下げられた。

(3) 立法権を持つ国会・行政権を持つ内閣・司法権を持つ裁判所の三権を分散・独立させることで，権力の集中やらん用を防いでいる。

(4) (ア)が正しい。条例は，都道府県や市区町村の議会が法律の範囲内で制定し，その地方公共団体にのみ適用される。(イ)は内閣の持つ権限である。(ウ)の予算案の作成は首長の持つ権限であり，提出先は議会である。(エ)は国会における二院制についての記述である。

★京都教育大学附属桃山中学校

《国　語》

一　⑴(あ)登校　(い)わるぎ　⑵声が暗 ～ くらい　⑶Ⅰ.（オ）　Ⅱ.（ウ）　⑷返事しなかったり、気のない返事をぼそっとしたりする　⑸りっとう　⑹(イ)　⑺せっかく映画に連れてきてもらったのに、感想を聞かれても思い浮かぶことがなくて困ってしまったから。　⑻私の声の出し方／私の声から伝わったもの　⑼(エ)　⑽(エ)　⑾ほんとうの気持ち　⑿声は、自分の意思を離れてはたらき、ことばよりもたくさんのことを相手に伝えるものだ

二　⑴(あ)意外　(い)ひと(り)　⑵二人で仲よくかくれがを作っていること。　⑶十人の　⑷友だちがたくさんいた　⑸(エ)　⑹(ウ)　⑺(ア)　⑻(B)　⑼(例文)私は五年生の時、自分が中学受験をすると友だちに話した。すると、何人かの友だちが少しよそよそしくなった。さみしく思っていた時、Aくんが「がんばってね。ちがう中学に行っても、英太は英太だよ。ずっと友だちだからね。」と言ってくれた。その時、Aくんを本当の友だちだと感じた。■同じことをしていっしょに過ごしているだけでは、本当の友だちとは言えない。自分とちがう部分があっても、それをふくめて理解してくれる人が、本当の友だちだと考える。場所や時間をへだてても、おたがいを大切にできるような友情を育んでいきたい。

《算　数》

1　⑴870　⑵200　⑶12.1　⑷$\frac{1}{84}$　⑸$1\frac{1}{12}$

2　⑴15　⑵12　⑶30　⑷1　⑸7500　⑹1　⑺8　⑻14　⑼95　⑽17

3　⑴5400m　⑵時速 10.8 km

4　⑴34 通り　⑵10 通り　⑶19 通り

5　⑴15 度　⑵2 ㎠

6　⑴1，2，6　⑵左…1　右…2〔別解〕左…2　右…1　⑶①6　②軽い

7　200.96 ㎠

8　⑴49 個　⑵220 本　⑶14 番め　⑷25 番め

《理　科》

1　⑴○　⑵(ア)　⑶(ウ)　⑷(イ)　⑸(イ)　⑹×

2　⑴(ア)　⑵(エ)　⑶①(ウ)　③(オ)　⑤(イ)　⑷①，④，⑤

3　⑴10 cm　⑵120 g　⑶(ウ)，(カ)　⑷(イ)

4　⑴(ア)，(カ)　⑵(ア)，(ウ)　⑶(オ)，(イ)，(エ)，(ア)，(ウ)

5　⑴(エ)　⑵①(ア)　②(ア)　⑶(イ)

《社　会》

1　⑴静岡県　⑵名古屋市　⑶(ウ)　⑷徳川家康　⑸兵庫県

2　⑴(ウ)　⑵(エ)　⑶(イ)　⑷翌日の天候に合わせて，売れ行きがのびそうな商品の仕入れを増やしている。

3　⑴(イ)　⑵(エ)　⑶ペリー　⑷A→C→B

4　⑴解体新書　⑵大名と将軍の主従関係の確認　⑶縄文土器

5　⑴(ウ)　⑵内閣　⑶国民　⑷平和

《2020 国語 解説》

一 (2) 直後に「あなたは、『何があったのかな』～と心配になりませんか」とあるので、この前の部分から、「いつも明るい声の先生や、大声の友だち」のことが心配になるような態度、「声が暗くぼそぼそとしていて、聞こえるかどうかくらい」を、ぬき出す。

(4) 何か別のことを考えていたり、とても疲《つか》れていたりするときに、相手にとってしまうかもしれない良くない態度のこと。前の段落の「相手が返事をしなかったり、気のない返事をぼそっとしたら」からまとめる。

(6) 「映画」(「画を映す」)と、(イ)の「登山」(「山に登る」)は、下から上に返って読むと意味がわかる。(ア)の「再開」(「再び開ける」)は、上の漢字が下の漢字を修飾《しゅうしょく》している。 (ウ)の「強弱」は、反対の意味の漢字の組み合わせ。 (エ)の「救助」は、同じような意味の漢字の組み合わせ。

(7) 直前の「ことばが思い浮《う》かびません」、6～7行後の「思い浮かぶことがなかったから思わずそう口にした」を参照。わざわざ映画に連れて来てくれた父の期待にそうようなことばが思い浮かばず、すぐに答えられなかった。

(8) 次の段落に「発せられた問いに正面から向き合って答えなかった私の態度に、許しがたいものを感じた」とある。具体的には、直後の「私の声の出し方と、私の声から伝わったもの」に腹を立てたのである。

(9) 「べつに」という答えに、父は「発せられた問いに正面から向き合って答えなかった」と感じ、許しがたく不快になった。しかしもし、「映画は期待はずれ」と正直な感想を言ったら、きちんと自分の思いを伝えているので、がっかりしても怒《いか》りを買うことはなかったと考えられる。

(10) 「つい」をつなげてみて、自然に意味が通るものを選ぶ。

(11) 声によって伝わることは何か。直前の「そこにこめられた思いを声から判断するでしょう」より、「思い」に近い言葉が入ると推測できる。――線7の直後の段落の「あなたは、その声の感じから～その告白にほんとうの気持ちが入っているのかを、すぐに見抜《ぬ》くでしょう」より、「ほんとうの気持ち」をぬき出す。

(12) 「べつに」と答えて怒《おこ》られた経験をふまえて筆者が伝えたかったことは、ことばの意味よりも、声から感じられる話し手の気持ちのほうが、相手にはたらきかけるということ。最後から2番目の段落の「ことばよりも声～のほうが、たくさんのことを相手に伝えたり、残したりしている」という要素を落とさずにまとめたい。

二 (2) 前書きから、こうすけがかくれがを作っていること、それが他の友人には秘密《ひみつ》であることがわかる。また本文から、二人で協力してかくれがを作り仲良く話をしているのに、二人の関係は学校や家庭では知られていないことが読みとれる。

(3) さとるは友だちがたくさんいるほうが楽しいと思っていたので、学校でだれとも話さないこうすけのことが不思議で、――線2のように聞いた。しかし、こうすけはそのようなさとるの考え方に賛同せず、「十人の友だちより、一人の友だち、一人の友だちより、自分自身だって」という、じいちゃんの言葉を伝えた。

(4) 友だちがたくさんいたほうがよいと言うさとるに、さらに反論するために、［ I ］のように言った。また、直後の「自分自身を守れなきゃ、ほかの人だって守れないんだぜ」もヒントになる。

(5) この前の「『えっ。』意外だった。だって友だちがたくさんいたほうがよいなんて、当たり前のことじゃないか」より、こうすけの問いかけが、予想外で思いがけないものだったことがうかがえる。今までの考えに自信がなくなったので、「念を押《お》すようにいった」のである。

(6) さとるは、こうすけに「十人の友だちより、一人の友だち～自分自身だって」と言われたときには、それを否定したくてもできない自分を自覚し、「何人守れるかじゃなくて、だれを守れるかが大切だろ」と言われたときには、自分自身がいやになっている。つまり、――線4のときにはすでに自分の価値観がゆらぎ、こうすけに言い返す気持ちはなかったと考えられるので、(ウ)が答え。

(7) 直前に「やがてこうすけは、川の音を断《た》ち切《き》るようにこういった」とあるから、聞き入っていた川の音をさえぎるように、はっきりとした声で読むのがよい。

(8) ぬけている文章の「こんなふうに、こうすけは人使いがあらかった」の具体的な様子が、最初の「『おい、さとる。ロープ取ってくれ。』〜『よし、サンキュウ。』」や、(B)の前の「『おーい、さとる。はり金、はり金。』〜『サンキュー。』」に書かれている。また、「かくれがでは、よく話をした」の「話」の内容が、(B)の後の「学校のこと、遊びのこと、とくに、魚つりの話」。よって(B)が適する。

《2020 算数 解説》

1

(1) 与式＝81＋789＝870

(2) 与式＝452－7×(53－17)＝452－7×36＝452－252＝200

(3) 与式＝29.7÷0.27×0.11＝110×0.11＝12.1

(4) 与式＝$\frac{8}{84}+\frac{14}{84}-\frac{21}{84}=\frac{1}{84}$

(5) 与式＝$\frac{39}{40}\div\{(\frac{35}{15}-\frac{17}{15})\times\frac{3}{4}\}=\frac{39}{40}\div(\frac{6}{5}\times\frac{3}{4})=\frac{39}{40}\div\frac{9}{10}=\frac{39}{40}\times\frac{10}{9}=\frac{13}{12}=1\frac{1}{12}$

2

(1) 与式より，$126\div\square-6=0.45\div\frac{3}{16}$　$126\div\square-6=\frac{12}{5}$　$126\div\square=\frac{12}{5}+6$　$\square=126\div\frac{42}{5}=15$

(2) 108を素数の積で表すと，108＝2×2×3×3×3となる。したがって108の約数は，2を0個〜2個と3を0個〜3個かけあわせてできる数である(2を0個と3を0個かけあわせてできる数は1と考える)。2の個数は3通り，3の個数は4通りあるから，108の約数は3×4＝12(個)ある。

(3) できる正方形の1辺の長さは，10と12の最小公倍数の60㎝である。したがって長方形の画用紙は，縦に60÷10＝6(枚)，横に60÷12＝5(枚)並ぶから，全部で，6×5＝30(枚)必要である。

(4) 一の位の数だけを考えればいいので，7を何回かかけあわせていくとき，計算結果の一の位だけに7をかけることをくり返し，一の位の数の変化を調べる。

一の位の数は，$\underline{7}$→7×7＝4$\underline{9}$→9×7＝6$\underline{3}$→3×7＝2$\underline{1}$→1×7＝$\underline{7}$→…，と変化するので，7，9，3，1という4つの数がくり返される。2020回かけると，2020÷4＝505より，7，9，3，1がちょうど505回くり返されるので，一の位の数は1になっている。

(5) 3000円の7割は，3000×0.7＝2100(円)であり，これは$2100\div\frac{28}{100}$＝7500(円)の28％と同じである。

(6) 1㎡＝1m×1m＝100㎝×100㎝＝10000㎠だから，

800㎠：0.32㎡＝800㎠：(0.32×10000)㎠＝800：3200＝1：4

(7) 立方体の1辺の長さを2倍にすると，縦の長さが2倍，横の長さが2倍，高さが2倍になるので，体積は，2×2×2＝8(倍)になる。

(8) 1つの頂点からは，となりあっていない7－3＝4(つ)の頂点に対して4本の対角線を引ける。7つの頂点それぞれから4本の対角線を引けるからといって，対角線の本数を4×7＝28(本)と計算すると，1つの対角線を2回ずつ数えていることになる。よって，七角形の対角線の本数は，28÷2＝14(本)

(9) 7人の平均点が79点のときの合計点は79×7＝553(点)，8人の平均点が81点のときの合計点は81×8＝648(点)だから，加わった1人の点数は，648－553＝95(点)

⑽　ももを25個買うと230×25＝5750(円)となり，実際より5750－3880＝1870(円)高くなる。もも１個をりんご１個におきかえると，代金は230－120＝110(円)低くなるから，りんごの個数は，1870÷110＝17(個)

3　⑴　兄は図書館から家まで10時37分－10時７分＝30分かかったのだから，ちょうど真ん中の地点までは，30÷２＝15(分)かかる。したがって，２人がすれちがったのは，10時７分＋15分＝10時22分であり，妹はすれちがうまでに10時22分－９時55分＝27分歩いたことになる。よって，妹は家から図書館まで27×２＝54(分)かかるので，家から図書館までの道のりは，100×54＝5400(m)

⑵　⑴の解説より，兄の速さは分速$\frac{5400}{30}$m＝分速180mだから，時速$\frac{180\times60}{1000}$km＝時速10.8km

4　⑴　まず，カードの枚数を考えずに０，１，２，３からできる３けたの整数の個数をしらべる。
百の位は１，２，３の３通り，十の位と一の位は０，１，２，３の４通りずつあるから，３×４×４＝48(通り)の数ができる。ここから，ア３つの位がすべて同じ数と，イ０が２つ使われている数と，ウ３が２つ使われている数を除けばよい。
アは，111，222，333の３通りある。イは100，200，300の３通りある。ウは330，331，332，303，313，323，133，233の８通りある。よって，６枚のカードからできる３けたの整数は，48－３－３－８＝34(通り)できる。

⑵　３の倍数は各位の数の和が３の倍数になる。したがって，６枚のカードから数の和が３の倍数になる３枚の組み合わせを探すと，「０，１，２」と「１，２，３」の２組が見つかる。
大きい位から順に数を決めるとする。「０，１，２」からできる３けたの整数は，百の位が１か２の２通り，十の位が残りの２通り，一の位が残りの１通りだから，２×２×１＝４(通り)ある。「１，２，３」からできる３けたの整数は，百の位が１か２か３の３通り，十の位が残りの２通り，一の位が残りの１通りだから，３×２×１＝６(通り)ある。よって，３の倍数は全部で，４＋６＝10(通り)できる。

⑶　４の倍数は下２けたが４の倍数になる(３けた以上ならば，十の位が０でもよい)。６枚のカードから２枚を選んで２けたの４の倍数を作ると，12，20，32ができる。下２けたがこれらの数になる，６枚のカードからできる３けたの整数は，112，212，312，120，220，320，132，232である。これらのうち下線を引いた数は３の倍数であり，これらを除くと４の倍数は５通りできるとわかる。
よって，３の倍数でも４の倍数でもない３けたの整数は，34－10－５＝19(通り)できる。

5　⑴　正方形ＡＢＣＤの１辺の長さを②とすると，
ＧＣ＝ＤＣ＝②，ＦＣ＝②÷２＝①だから，
三角形ＧＦＣは１辺が②の正三角形を半分にしてできる直角三角形とわかる(右図Ⅰ参照)。よって，角ＦＣＧ＝60度だから，角あ＝角ＧＣＤ÷２＝(90－60)÷２＝15(度)

図Ⅰ

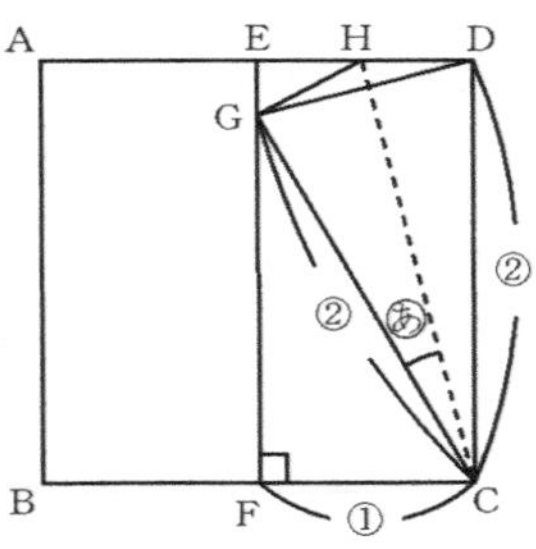

図Ⅱ

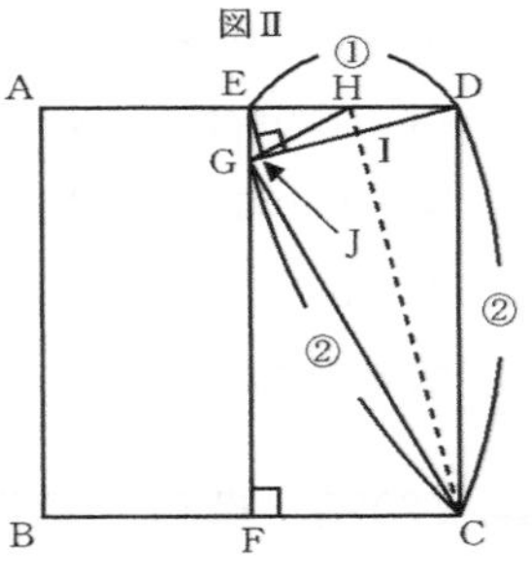

⑵　右図Ⅱのように ＧＤとＣＨが交わる点をＩとし，ＧＤに垂直でＥを通る直線とＧＤが交わる点をＪとする。
三角形ＤＥＧの底辺をＧＤとしたときの高さはＥＪだから，ＥＪの長さを求める。
ＣＨはＧとＤの対称の軸なので，角ＧＩＣ＝90度であり，ＧＩ＝ＩＤ＝４÷２＝２(cm)
長さがわかっているのはＧＤ，ＧＩ，ＩＤだけなので，これらとＥＧが対応するように同じ形の三角形を探す。
三角形ＣＧＤは角ＧＣＤ＝30度の二等辺三角形なので，角ＧＤＣ＝(180－30)÷２＝75(度)だから，
角ＥＤＧ＝90－75＝15(度)である。したがって，三角形ＧＣＩと三角形ＥＤＪは２つの内角が等しいので同じ形の三角形であり，対応する辺の比がＧＣ：ＥＤ＝２：１だから，ＥＪ＝ＧＩ×$\frac{1}{2}$＝２×$\frac{1}{2}$＝１(cm)

よって，三角形ＤＥＧの面積は，４×１÷２＝２(㎠)

6 (1) １回目に左にかたむいたのだから，１回目に左にのせた４つのうちの１つが重いか，右にのせた４つのうちの１つが軽いとわかる。２回目につりあわなかったのだから，２回目にのせた６つのうちのどれかの重さがちがうので，７と８はふつうの重さである。

１か２が重かった場合，２回目の結果に合う。３か４が重かった場合，２回目の結果と合わないので，３と４はふつうの重さである。５が軽かった場合，２回目の結果と合わないので，５はふつうの重さである。６が軽かった場合，２回目の結果に合う。

よって，２回目までの結果から，１か２か６の重さがちがうとわかる。

(2)(3) １と６，または２と６をのせると，１つだけ重いのが混ざっているのか１つだけ軽いのが混ざっているのかがわからない。よって，３回目は１と２をそれぞれ左右にのせるとよい。てんびんがどちらかにかたむいたら，かたむいた方にのせていたおもりが重いとわかる。てんびんがつりあったら，１と２はふつうの重さなので，６が軽いとわかる。

7 右図のように斜線《しゃせん》部分の一部を移動すると，斜線がない部分の面積の合計は，直径が20×$\frac{3}{5}$＝12(㎝)の円の面積と等しいとわかる。

よって，斜線部分の面積は，

10×10×3.14－６×６×3.14＝(100－36)×3.14＝200.96(㎠)

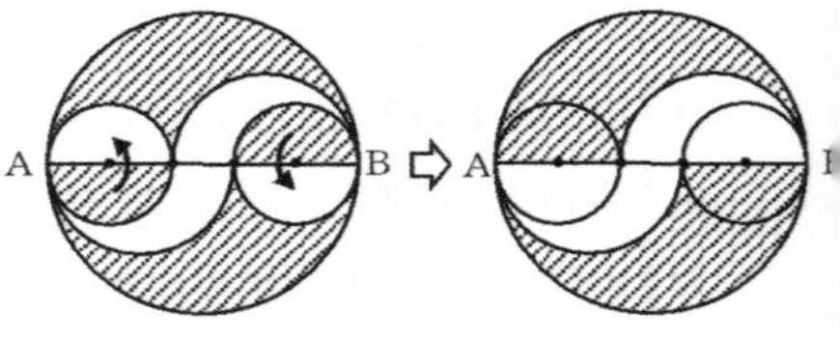

8 (1) １～３番目のご石の数を数えると右表のようになり，番目の数に１を足した数を２回かけあわせてできる数になっているとわかる。

番目	1	2	3	…
ご石(個)	4	9	16	…
つまようじ(本)	4	12	24	…

よって，６番目のご石の数は，(６＋１)×(６＋１)＝49(個)

(2) まず３番目の図を例にして，つまようじの本数の数え方を考える。たて向きにおかれているつまようじ(右図の〇印)は，３本が４列あるから３×４(本)，同じように横向きにおかれているつまようじも３×４(本)あるとわかる。したがって，３番目の図形に使われているつまようじの本数は，３×４×２＝24(本)となり，(1)の解説の表と一致《いっち》する。したがって，つまようじの本数は，(番目の数)×(番目の数＋１)×２で求められるとわかる。

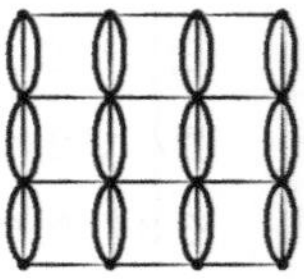

よって，10番目の図形に使われているつまようじの本数は，10×11×２＝220(本)である。

(3) (1)の解説をふまえる。225＝15×15だから，これは15－１＝14(番目)である。

(4) (2)の解説をふまえる。1300÷２＝650が連続する２数の積になればよい。650を素数の積で表すと，２×５×５×13となるから，650＝25×26が見つかる。よって，1300本のつまようじで作ることができるのは25番目である。

《2020 理科 解説》

1 (2) (ア)×…最初の操作は，ガス調節ねじと空気調節ねじが閉まっていることを確認することである。

(3) (ア)×…水50ｇに食塩10ｇを完全にとかした食塩水の重さは50＋10＝60(ｇ)である。 (イ)×…塩酸にアルミニウムや鉄などの金属がとけたときに発生する気体は水素である。

(4) (イ)×…でんぷんができたことを調べるには，ヨウ素液を使う。ヨウ素液はでんぷんに反応して青むらさき色に変化する。

(5) (ア)×…養分を一時的にたくわえるのは肝臓《かんぞう》のはたらきである。 (ウ)×…心臓の動きがはく動，血管の動きが脈はくである。

(6)　(ア)×…Aの位置にある月は，明け方の南の空で左半分が光って見える下弦《かげん》の月である。　(イ)×…⑤の形の月は，満月(G)が右側から欠けていき，下弦の月(A)に変化していくと中に見られる形だから，Hの位置である。　(ウ)×…日食は，太陽，月，地球の順に一直線にならぶ新月(C)のときに，太陽が月によってかくされることで欠けて見える現象である。なお，太陽，地球，月の順に一直線にならぶ満月(G)のとき，月が地球の影《かげ》に入ることで欠けて見える現象が月食である。

2　(1)　アルカリ性の水よう液は赤色リトマス紙を青色に変化させ，酸性の水よう液は青色リトマス紙を赤色に変化させる。よって，④と⑤はアルカリ性，②と③は酸性の水よう液であり，どちらのリトマス紙も変化しなかった①は中性の食塩水だとわかる。

(2)　試験管に入れただけで小さなあわがさかんに発生した③は炭酸水である。炭酸水は，水に二酸化炭素をとかしたものであり，小さなあわは二酸化炭素である。

(3)　(1)(2)解説より，①は食塩水，③は炭酸水だから，③以外で酸性の②はうすい塩酸である。また，実験Ⅲより，④は石灰水だから，残りの⑤はうすい水酸化ナトリウム水よう液である。

(4)　水にとけているものが固体の水よう液を選べばよい。①は食塩(固体)，②は塩化水素(気体)，③は二酸化炭素(気体)，④は水酸化カルシウム(固体)，⑤は水酸化ナトリウム(固体)がとけている。

3　(1)　支点の左右でてこをかたむけるはたらき〔おもりの重さ(g)×支点からの距離《きょり》(cm)〕が等しいとき，つり合う。図1と2では支点の位置が同じだから，図2ではてこの重さを考えなくてよい。図2で，60gのおもりがてこを左にかたむけるはたらきは60×(4×5)＝1200だから，40gのおもりがてこを右にかたむけるはたらきも1200であり，(か)(け)間の長さは1200÷40＝30(cm)，(か)(き)間の長さは30÷3＝10(cm)である。

(2)　(1)と同様に，てこを右にかたむけるはたらきを1200にすればよいから，(き)につるすおもりは1200÷10＝120(g)である。

(3)　(ア)～(カ)について，てこをかたむけるはたらきを(左にかたむけるはたらき，右にかたむけるはたらき)の形でまとめると，(ア)は(400，150)，(イ)は(480，200)，(ウ)は(240，300)，(エ)は(240，120)，(オ)は(600，400)，(カ)は(320，450)となる。よって，(ア)(イ)(エ)(オ)は左にかたむき，(ウ)(カ)は右にかたむく。

(4)　どの点をおさえても，指がてこをかたむけるはたらきは同じだから，てこをかたむけるはたらきを求める式より，支点に近い点をおさえたときほど大きな力が必要になることがわかる。

4　(1)　(イ)×…メダカのたまごには付着糸という糸のようなものがあり，それが水草などとからみやすくなっている(石にはからみつきにくい)。　(ウ)×…水温が上がりすぎるのを防ぐため，直射日光の当たらない明るいところに置く。　(エ)×…水は半分ずつ，くみおきした水ととりかえる。　(オ)×…ザリガニはメダカを食べる。

5　(2)　川の曲がっているところでは，外側(X)の流れが速く，しん食作用が大きくなるため，川底や川岸がけずられてがけができやすい。また，小さな土砂は流されるため，川底には大きな石が残っている。これに対し，内側(Y)の流れはおそく，たい積作用が大きくなるため，小さな土砂がたい積して川原ができやすい。

《2020　社会　解説》

1　(1)　静岡県の牧之原のあたりは日本有数の茶の生産地である。

(2)・(3)　濃尾平野の中にある愛知県名古屋市は，中京工業地帯の中心都市であり，周辺地域に自動車関連の工場が多い。

(4)　下線部③は岐阜県の関ヶ原である。西軍を率いたのは毛利輝元・石田三成ら，東軍を率いたのは徳川家康であった。

⑸　海上空港は神戸空港，人工島はポートアイランドや六甲アイランド，淡路島を経て四国へとつながる橋は明石海峡大橋である。

2　⑴　かたむきは等高線の間隔が広いほどゆるやかになる(等高線の間隔がせまいほど急になる)から，等高線の間隔が最も広い(ウ)を選ぶ。

⑵　(エ)神社の地図記号は「⛩」，東側は右側に位置する。「♁」は果樹園の地図記号なので，ぶどう畑と判断する。

⑶　(イ)を選ぶ。Bのグラフは冬の降水量が多いことから，日本海側の気候と判断して(イ)の五箇山《ごかやま》の合掌集落を選ぶ。なお，(ア)の漆喰で固められた屋根瓦は，台風対策で，南西諸島で見られる。(ウ)は一面に広がるビニルハウス，(エ)は大都市の様子である。

⑷　雨の予報の前日にビニールかさ，高温の晴れの前日にアイスクリームを多めに仕入れていることから判断する。

3　⑴　(イ)聖武天皇の治世のころ，全国的な伝染病の流行やききんが起きて災いが続いたので，聖武天皇と妻の光明皇后は仏教の力で国家を守るため，国ごとに国分寺や国分尼寺を，都には総国分寺として東大寺を建て，大仏をつくらせた。

⑵　(エ)が正しい。(ア)は板垣退助，(イ)は陸奥宗光や小村寿太郎など，(ウ)は桂太郎についての説明である。

⑶　1853年にペリー率いる黒船が神奈川県の浦賀に来航し，日本に開国を求めた。

⑷　A．奈良時代→C．江戸時代(幕末)→B．明治時代

4　⑴　杉田玄白と前野良沢はオランダ語で書かれた『ターヘル・アナトミア』を翻訳し，『解体新書』を出版した。

⑵　Bは加賀藩の参勤交代の様子である。参勤交代は，江戸幕府3代将軍徳川家光が武家諸法度に追加した。

⑶　縄目の文様がついていることから，縄文土器と判断する。黒褐色でもろいという特徴も持つ。

5　⑴　(ウ)が正しい。天皇が国家機関として行う形式的・名目的・儀礼的な行為を「国事行為」と言い，内閣総理大臣の任命，法律の公布，国会の召集，栄典の授与などがある。(ア)は国会，(イ)は内閣。(エ)について，裁判官は最高裁判所の長官は内閣に指名され，天皇に任命される。また，ほかの裁判官は内閣に任命される。

⑵・⑶　日本憲法では，天皇は日本国・日本国民統合の象徴であり，国政に関する権能をもっていないと規定している。

⑷　「平和主義」は日本国憲法の三つの基本原理の一つである。他の二つは「国民主権」と「基本的人権の尊重」。

■ ご使用にあたってのお願い・ご注意

（1）問題文等の非掲載

著作権上の都合により，問題文や図表などの一部を掲載できない場合があります。

誠に申し訳ございませんが，ご了承くださいますようお願いいたします。

（2）過去問における時事性

過去問題集は，学習指導要領の改訂や社会状況の変化，新たな発見などにより，現在とは異なる表記や解説になっている場合があります。過去問の特性上，出題当時のままで出版していますので，あらかじめご了承ください。

（3）配点

学校等から配点が公表されている場合は，記載しています。公表されていない場合は，記載していません。

独自の予想配点は，出題者の意図と異なる場合があり，お客様が学習するうえで誤った判断をしてしまう恐れがあるため記載していません。

（4）無断複製等の禁止

購入された個人のお客様が，ご家庭でご自身またはご家族の学習のためにコピーをすることは可能ですが，それ以外の目的でコピー，スキャン，転載（ブログ，ＳＮＳなどでの公開を含みます）などをすることは法律により禁止されています。学校や学習塾などで，児童生徒のためにコピーをして使用することも法律により禁止されています。

ご不明な点や，違法な疑いのある行為を確認された場合は，弊社までご連絡ください。

（5）けがに注意

この問題集は針を外して使用します。針を外すときは，けがをしないように注意してください。また，表紙カバーや問題用紙の端で手指を傷つけないように十分注意してください。

（6）正誤

制作には万全を期しておりますが，万が一誤りなどがございましたら，弊社までご連絡ください。

なお，誤りが判明した場合は，弊社ウェブサイトの「ご購入者様のページ」に掲載しておりますので，そちらもご確認ください。

■ お問い合わせ

解答例，解説，印刷，製本など，問題集発行におけるすべての責任は弊社にあります。

ご不明な点がございましたら，弊社ウェブサイトの「お問い合わせ」フォームよりご連絡ください。迅速に対応いたしますが，営業日の都合で回答に数日を要する場合があります。

ご入力いただいたメールアドレス宛に自動返信メールをお送りしています。自動返信メールが届かない場合は，「よくある質問」の「メールの問い合わせに対し返信がありません。」の項目をご確認ください。

また弊社営業日（平日）は，午前９時から午後５時まで，電話でのお問い合わせも受け付けています。

2025春

株式会社教英出版

〒422-8054　静岡県静岡市駿河区南安倍３丁目 12-28

TEL　054-288-2131　　FAX　054-288-2133

URL　https://kyoei-syuppan.net/

MAIL siteform@kyoei-syuppan.net

教英出版

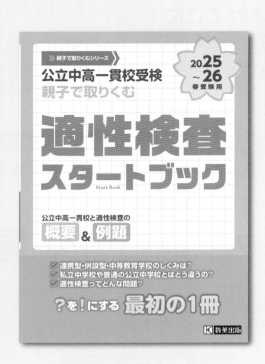

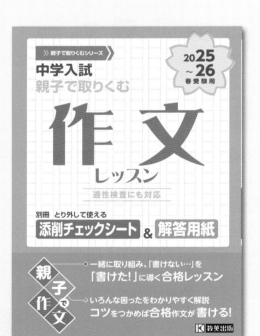

教英出版 2025年春受験用 中学入試問題集

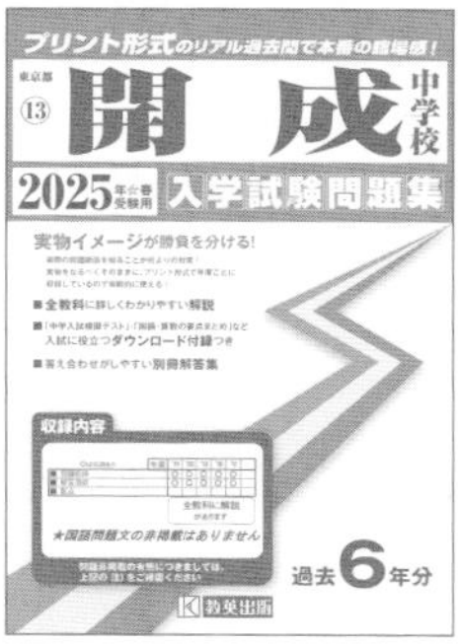

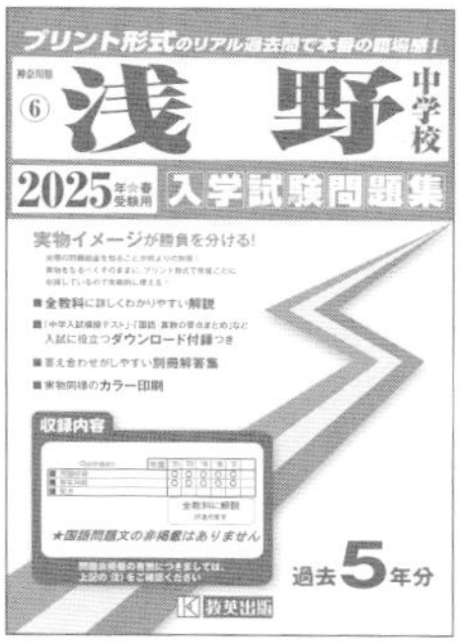

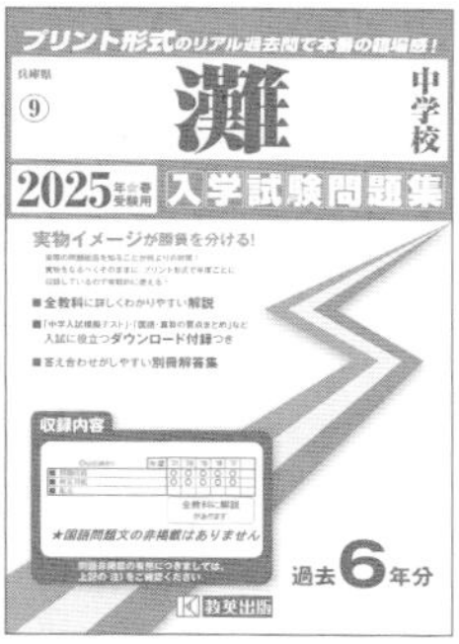

学校別問題集

✿はカラー問題対応

北海道

①[市立]札幌開成中等教育学校
②藤女子中学校
③北嶺中学校
④北星学園女子中学校
⑤札幌大谷中学校
⑥札幌光星中学校
⑦立命館慶祥中学校
⑧函館ラ・サール中学校

青森県

①[県立]三本木高等学校附属中学校

岩手県

①[県立]一関第一高等学校附属中学校

宮城県

①[県立]宮城県古川黎明中学校
②[県立]宮城県仙台二華中学校
③[市立]仙台青陵中等教育学校
④東北学院中学校
⑤仙台白百合学園中学校
⑥聖ウルスラ学院英智中学校
⑦宮城学院中学校
⑧秀光中学校
⑨古川学園中学校

秋田県

①[県立] 大館国際情報学院中学校
秋田南高等学校中等部
横手清陵学院中学校

山形県

①[県立] 東桜学館中学校
致道館中学校

福島県

①[県立] 会津学鳳中学校
ふたば未来学園中学校

茨城県

①[県立] 日立第一高等学校附属中学校
太田第一高等学校附属中学校
水戸第一高等学校附属中学校
鉾田第一高等学校附属中学校
鹿島高等学校附属中学校
土浦第一高等学校附属中学校
竜ヶ崎第一高等学校附属中学校
下館第一高等学校附属中学校
下妻第一高等学校附属中学校
水海道第一高等学校附属中学校
勝田中等教育学校
並木中等教育学校
古河中等教育学校

栃木県

①[県立] 宇都宮東高等学校附属中学校
佐野高等学校附属中学校
矢板東高等学校附属中学校

群馬県

① [県立]中央中等教育学校
[市立]四ツ葉学園中等教育学校
[市立]太田中学校

埼玉県

①[県立]伊奈学園中学校
②[市立]浦和中学校
③[市立]大宮国際中等教育学校
④[市立]川口市立高等学校附属中学校

千葉県

①[県立] 千葉中学校
東葛飾中学校
②[市立]稲毛国際中等教育学校

東京都

①[国立]筑波大学附属駒場中学校
②[都立]白鷗高等学校附属中学校
③[都立]桜修館中等教育学校
④[都立]小石川中等教育学校
⑤[都立]両国高等学校附属中学校
⑥[都立]立川国際中等教育学校
⑦[都立]武蔵高等学校附属中学校
⑧[都立]大泉高等学校附属中学校
⑨[都立]富士高等学校附属中学校
⑩[都立]三鷹中等教育学校
⑪[都立]南多摩中等教育学校
⑫[区立]九段中等教育学校
⑬開成中学校
⑭麻布中学校
⑮桜蔭中学校
⑯女子学院中学校
✿⑰豊島岡女子学園中学校
⑱東京都市大学等々力中学校
⑲世田谷学園中学校
✿⑳広尾学園中学校(第2回)
✿㉑広尾学園中学校(医進・サイエンス回)
㉒渋谷教育学園渋谷中学校(第1回)
㉓渋谷教育学園渋谷中学校(第2回)
㉔東京農業大学第一高等学校中等部(2月1日 午後)
㉕東京農業大学第一高等学校中等部(2月2日 午後)

神奈川県

①[県立]{相模原中等教育学校
　　　　 平塚中等教育学校
②[市立]南高等学校附属中学校
③[市立]横浜サイエンスフロンティア高等学校附属中学校
④[市立]川崎高等学校附属中学校
✿⑤聖光学院中学校
✿⑥浅野中学校
⑦洗足学園中学校
⑧法政大学第二中学校
⑨逗子開成中学校(1次)
⑩逗子開成中学校(2・3次)
⑪神奈川大学附属中学校(第1回)
⑫神奈川大学附属中学校(第2・3回)
⑬栄光学園中学校
⑭フェリス女学院中学校

新潟県

①[県立]{村上中等教育学校
　　　　 柏崎翔洋中等教育学校
　　　　 燕中等教育学校
　　　　 津南中等教育学校
　　　　 直江津中等教育学校
　　　　 佐渡中等教育学校
②[市立]高志中等教育学校
③新潟第一中学校
④新潟明訓中学校

石川県

①[県立]金沢錦丘中学校
②星稜中学校

福井県

①[県立]高志中学校

山梨県

①山梨英和中学校
②山梨学院中学校
③駿台甲府中学校

長野県

①[県立]{屋代高等学校附属中学校
　　　　 諏訪清陵高等学校附属中学校
②[市立]長野中学校

岐阜県

①岐阜東中学校
②鶯谷中学校
③岐阜聖徳学園大学附属中学校

静岡県

①[国立]静岡大学教育学部附属中学校
　　　　(静岡・島田・浜松)
②{[県立]清水南高等学校中等部
　 [県立]浜松西高等学校中等部
　 [市立]沼津高等学校中等部
③不二聖心女子学院中学校
④日本大学三島中学校
⑤加藤学園暁秀中学校
⑥星陵中学校
⑦東海大学付属静岡翔洋高等学校中等部
⑧静岡サレジオ中学校
⑨静岡英和女学院中学校
⑩静岡雙葉中学校
⑪静岡聖光学院中学校
⑫静岡学園中学校
⑬静岡大成中学校
⑭城南静岡中学校
⑮静岡北中学校
⑯{常葉大学附属常葉中学校
　 常葉大学附属橘中学校
　 常葉大学附属菊川中学校
⑰藤枝明誠中学校
⑱浜松開誠館中学校
⑲静岡県西遠女子学園中学校
⑳浜松日体中学校
㉑浜松学芸中学校

愛知県

①[国立]愛知教育大学附属名古屋中学校
②愛知淑徳中学校
③{名古屋経済大学市邨中学校
　 名古屋経済大学高蔵中学校
④金城学院中学校
⑤椙山女学園中学校
⑥東海中学校
⑦南山中学校男子部
⑧南山中学校女子部
⑨聖霊中学校
⑩滝中学校
⑪名古屋中学校
⑫大成中学校
⑬愛知中学校
⑭星城中学校
⑮名古屋葵大学中学校
　(名古屋女子大学中学校)
⑯愛知工業大学名電中学校
⑰海陽中等教育学校(特別給費生)
⑱海陽中等教育学校(Ⅰ・Ⅱ)
⑲中部大学春日丘中学校
新刊⑳名古屋国際中学校

三重県

①[国立]三重大学教育学部附属中学校
②暁中学校
③海星中学校
④四日市メリノール学院中学校
⑤高田中学校
⑥セントヨゼフ女子学園中学校
⑦三重中学校
⑧皇學館中学校
⑨鈴鹿中等教育学校
⑩津田学園中学校

滋賀県

①[国立]滋賀大学教育学部附属中学校
②[県立]{河瀬中学校
　　　　 守山中学校
　　　　 水口東中学校

京都府

①[国立]京都教育大学附属桃山中学校
②[府立]洛北高等学校附属中学校
③[府立]園部高等学校附属中学校
④[府立]福知山高等学校附属中学校
⑤[府立]南陽高等学校附属中学校
⑥[市立]西京高等学校附属中学校
⑦同志社中学校
⑧洛星中学校
⑨洛南高等学校附属中学校
⑩立命館中学校
⑪同志社国際中学校
⑫同志社女子中学校(前期日程)
⑬同志社女子中学校(後期日程)

大阪府

①[国立]大阪教育大学附属天王寺中学校
②[国立]大阪教育大学附属平野中学校
③[国立]大阪教育大学附属池田中学校

④[府立]富田林中学校
⑤[府立]咲くやこの花中学校
⑥[府立]水都国際中学校
⑦清風中学校
⑧高槻中学校（A日程）
⑨高槻中学校（B日程）
⑩明星中学校
⑪大阪女学院中学校
⑫大谷中学校
⑬四天王寺中学校
⑭帝塚山学院中学校
⑮大阪国際中学校
⑯大阪桐蔭中学校
⑰開明中学校
⑱関西大学第一中学校
⑲近畿大学附属中学校
⑳金蘭千里中学校
㉑金光八尾中学校
㉒清風南海中学校
㉓帝塚山学院泉ヶ丘中学校
㉔同志社香里中学校
㉕初芝立命館中学校
㉖関西大学中等部
㉗大阪星光学院中学校

兵庫県

①[国立]神戸大学附属中等教育学校
②[県立]兵庫県立大学附属中学校
③雲雀丘学園中学校
④関西学院中学部
⑤神戸女学院中学部
⑥甲陽学院中学校
⑦甲南中学校
⑧甲南女子中学校
⑨灘中学校
⑩親和中学校
⑪神戸海星女子学院中学校
⑫滝川中学校
⑬啓明学院中学校
⑭三田学園中学校
⑮淳心学院中学校
⑯仁川学院中学校
⑰六甲学院中学校
⑱須磨学園中学校(第1回入試)
⑲須磨学園中学校(第2回入試)
⑳須磨学園中学校(第3回入試)
㉑白陵中学校
㉒夙川中学校

奈良県

①[国立]奈良女子大学附属中等教育学校
②[国立]奈良教育大学附属中学校
③[県立] 国際中学校
　　　　 青翔中学校
④[市立]一条高等学校附属中学校
⑤帝塚山中学校
⑥東大寺学園中学校
⑦奈良学園中学校
⑧西大和学園中学校

和歌山県

①[県立] 古佐田丘中学校
　　　　 向陽中学校
　　　　 桐蔭中学校
　　　　 日高高等学校附属中学校
　　　　 田辺中学校
②智辯学園和歌山中学校
③近畿大学附属和歌山中学校
④開智中学校

岡山県

①[県立]岡山操山中学校
②[県立]倉敷天城中学校
③[県立]岡山大安寺中等教育学校
④[県立]津山中学校
⑤岡山中学校
⑥清心中学校
⑦岡山白陵中学校
⑧金光学園中学校
⑨就実中学校
⑩岡山理科大学附属中学校
⑪山陽学園中学校

広島県

①[国立]広島大学附属中学校
②[国立]広島大学附属福山中学校
③[県立]広島中学校
④[県立]三次中学校
⑤[県立]広島叡智学園中学校
⑥[市立]広島中等教育学校
⑦[市立]福山中学校
⑧広島学院中学校
⑨広島女学院中学校
⑩修道中学校
⑪崇徳中学校
⑫比治山女子中学校
⑬福山暁の星女子中学校
⑭安田女子中学校
⑮広島なぎさ中学校
⑯広島城北中学校
⑰近畿大学附属広島中学校福山校
⑱盈進中学校
⑲如水館中学校
⑳ノートルダム清心中学校
㉑銀河学院中学校
㉒近畿大学附属広島中学校東広島校
㉓AICJ中学校
㉔広島国際学院中学校
㉕広島修道大学ひろしま協創中学校

山口県

①[県立] 下関中等教育学校
　　　　 高森みどり中学校
②野田学園中学校

徳島県

①[県立] 富岡東中学校
　　　　 川島中学校
　　　　 城ノ内中等教育学校
②徳島文理中学校

香川県

①大手前丸亀中学校
②香川誠陵中学校

愛媛県

①[県立] 今治東中等教育学校
　　　　 松山西中等教育学校
②愛光中学校
③済美平成中等教育学校
④新田青雲中等教育学校

高知県

①[県立] 安芸中学校
　　　　 高知国際中学校
　　　　 中村中学校

福岡県

① [国立] 福岡教育大学附属中学校（福岡·小倉·久留米）
② [県立] 育徳館中学校
門司学園中学校
宗像中学校
嘉穂高等学校附属中学校
輝翔館中等教育学校
③西南学院中学校
④上智福岡中学校
⑤福岡女学院中学校
⑥福岡雙葉中学校
⑦照曜館中学校
⑧筑紫女学園中学校
⑨敬愛中学校
⑩久留米大学附設中学校
⑪飯塚日新館中学校
⑫明治学園中学校
⑬小倉日新館中学校
⑭久留米信愛中学校
⑮中村学園女子中学校
⑯福岡大学附属大濠中学校
⑰筑陽学園中学校
⑱九州国際大学付属中学校
⑲博多女子中学校
⑳東福岡自彊館中学校
㉑八女学院中学校

佐賀県

① [県立] 香楠中学校
致遠館中学校
唐津東中学校
武雄青陵中学校
②弘学館中学校
③東明館中学校
④佐賀清和中学校
⑤成穎中学校
⑥早稲田佐賀中学校

長崎県

① [県立] 長崎東中学校
佐世保北中学校
諫早高等学校附属中学校
②青雲中学校
③長崎南山中学校
④長崎日本大学中学校
⑤海星中学校

熊本県

① [県立] 玉名高等学校附属中学校
宇土中学校
八代中学校
②真和中学校
③九州学院中学校
④ルーテル学院中学校
⑤熊本信愛女学院中学校
⑥熊本マリスト学園中学校
⑦熊本学園大学付属中学校

大分県

① [県立] 大分豊府中学校
②岩田中学校

宮崎県

① [県立] 五ヶ瀬中等教育学校
② [県立] 宮崎西高等学校附属中学校
都城泉ヶ丘高等学校附属中学校
③宮崎日本大学中学校
④日向学院中学校
⑤宮崎第一中学校

鹿児島県

① [県立] 楠隼中学校
② [市立] 鹿児島玉龍中学校
③鹿児島修学館中学校
④ラ・サール中学校
⑤志學館中等部

沖縄県

① [県立] 与勝緑が丘中学校
開邦中学校
球陽中学校
名護高等学校附属桜中学校

もっと過去問シリーズ

北海道

北嶺中学校
7年分（算数・理科・社会）

静岡県

静岡大学教育学部附属中学校
（静岡·島田·浜松）
10年分（算数）

愛知県

愛知淑徳中学校
7年分（算数・理科・社会）
東海中学校
7年分（算数・理科・社会）
南山中学校男子部
7年分（算数・理科・社会）
南山中学校女子部
7年分（算数・理科・社会）
滝中学校
7年分（算数・理科・社会）
名古屋中学校
7年分（算数・理科・社会）

岡山県

岡山白陵中学校
7年分（算数・理科）

広島県

広島大学附属中学校
7年分（算数・理科・社会）
広島大学附属福山中学校
7年分（算数・理科・社会）
広島学院中学校
7年分（算数・理科・社会）
広島女学院中学校
7年分（算数・理科・社会）
修道中学校
7年分（算数・理科・社会）
ノートルダム清心中学校
7年分（算数・理科・社会）

愛媛県

愛光中学校
7年分（算数・理科・社会）

福岡県

福岡教育大学附属中学校
（福岡·小倉·久留米）
7年分（算数・理科・社会）
西南学院中学校
7年分（算数・理科・社会）
久留米大学附設中学校
7年分（算数・理科・社会）
福岡大学附属大濠中学校
7年分（算数・理科・社会）

佐賀県

早稲田佐賀中学校
7年分（算数・理科・社会）

長崎県

青雲中学校
7年分（算数・理科・社会）

鹿児島県

ラ·サール中学校
7年分（算数・理科・社会）

※もっと過去問シリーズは
国語の収録はありません。

教英出版
〒422-8054
静岡県静岡市駿河区南安倍3丁目12－28
TEL 054-288-2131
FAX 054-288-2133
詳しくは教英出版で検索
教英出版 検索
URL https://kyoei-syuppan.net/

令和六年度　国語科　(40分)

京都教育大学附属桃山中学校

二〇二四・一・一三　実施

六枚中の一枚め

※四十点満点　解答用紙・配点非公表

一　次の文章を読んで、あとの⑴～⑽の問いに答えなさい。

> 児童クラブの「キッズクラブ・ただいま」に勤《つと》めている「僕《ぼく》」は、子どもたちから「ぐるぐる先生」と呼《よ》ばれ、親しまれている。日々、児童クラブのリーダーの唐木《からき》先生や共に働くスタッフのホッシーたちと協力して、子どもたちに向き合っている。

三月になるとある日突然《とつぜん》、㋐空気の色が変わる。花も、梅の花から桃《もも》の花、そして桜へと、にぎわい豊かな風を体に受ける。鬼《おに》ごっこをする子どもたちの影《かげ》ですら、光で満たされて立派《りっぱ》になる。その手からはいつのまにか、黒やピンクの手袋《てぶくろ》が消えていた。

進級を控《ひか》え、子どもたちにも自覚が芽生えてきたのではないかと、(あ)キタイも込《こ》めて思う。

「次、どうするの？」

そうした会話も、子どもたちのあいだで増える。〝次〟というのは、新年度になっても、キッズクラブへくるのかという意味だ。

子どもたちにとって、仲良く遊んでいた友だちがくるかこないかは大問題だ。

外遊びの時間だった。牧村《まきむら》みさきがぽつんと一人、遠巻《とおま》きに、同じ一年生のグループを眺《なが》めていた。(注1)ショートカットで落ち着いた目つきはいつもと変わらないが、どこか寂《さび》しげだ。

いつもならみさきは、杉本《すぎもと》みなみと二人で縄跳《なわと》びをしたり、ミニハードルを跳んだりしている。

ところが今日、みなみが遊んでいる女児のグループは、同じ一年生だが、みなみたちより、よく言えば遊びが活発で、悪く言えば乱暴《らんぼう》な三人組だ。性格も着ているものもふわりとしているみなみが彼女《かのじょ》たちについていけるのだろうか。そして理由は不明だが、僕にはみさきが一人はぶかれているように見えた。

1彼女たちは鬼ごっこも男子や二、三年生と一緒《いっしょ》になってやる。そのくせすぐトラブルになる。タッチの仕方が強すぎるとか、まってと言ったのに、まってくれなかったとかで、泣いたり、怒《おこ》ったり、不満を示す態度をとったりする。

今はそのまとめ役の桃香《ももか》が、みなみを引っぱって、小さなお家《うち》の中で、なにやらごっこ遊びをしている。紫《むらさき》色の屋根に黄色い壁《かべ》。青色の窓《まど》に赤い玄関《げんかん》と色がはですぎる。

2みさきはその四人をさっきからチラチラ眺めるばかりで、近づこうとはしない。みさきとみなみが喧嘩《けんか》でもして、桃香のグループに入ったのか。

かといって、二対三ならともかく、一対四になってしまうのはまずい。

ホッシーは向こうで、ドッジボールをしている。3ちょっと聞いてみよう。小走りで近づくと、「ぐるぐる先生も入るの？」と、子どもたちから声がかかる。

「いや、ちょっと、ぎょーむれんらく」と、ホッシーをコートの外に呼び出し、声をかける。

「みさきちゃん、一人なんですけど、なにかありましたか？」

「さあ、別に」

ホッシーは、特に気にかける様子も見せない。

「声をかけた方が、いいですかね」

「別に、いいんじゃないですか。かけなくても」

あっさりと答えて、ホッシーはコートに戻《もど》った。

「入らないんだったら、ぐるぐる先生、じゃま」

僕を追い払《はら》おうと、子どもたちの声が飛んだ。

日頃《ひごろ》、唐木先生は、一人でぽつんとしている子がいたら、声かけをお願いしますと、話しているではないか。あとで「なぜ話しかけてあげなかったのですか？」と、注意されるのもいやだから、話しかけてみることにした。

「どうしたの、みさきちゃん？」

「えっ？　なにが？」

「［A］」

みさきはどちらかと言えば、すました感じの女児だ。一年生ながらにして、目もとに落ち着いた雰囲気《ふんいき》を持ち、口もとは薄《うす》く微笑《ほほえ》んでいる。そのせいで、宿題も、できているのか困《こま》っているのか、表情を見ているだけではわからないことがある。

4その目で、チラッと僕を見るが返事はない。

のけ者にされてるの？　とは聞けず、

5「仲間に入らないの？」(い)と努めて明るく振《ふ》る舞《ま》うが、

「ほっといて」と冷たい。

国語科

「なにかできること、ある?」

「関係ないから、あっちへ行って」

思い切り面倒臭《めんどうくさ》がられているのが伝わる。残念だがこういうときには、さっさとその場をはなれるのがよい。

三十分ほどすると、唐木《からき》先生が「交代しましょう」と外に出てきた。

僕《ぼく》はそっと視線《しせん》をみさきに向けた。唐木先生に聞くべきか、6一瞬《いっしゅん》迷ってやめた。あまり聞いてばかりいるのも情けない。就職《しゅうしょく》活動のためとはいえ、子どもが好きだからここで働きたいと面接を受けたくせに、子どもの心がまったくわからないとばらすみたいで恥《は》ずかしい。

室内では、おりがみをしたり、ままごと遊びをしたり、カードゲームをしていた。まだ宿題が終わっていない子も数人いる。

「ぐるぐる先生、入って」

立川明里《たちかわあかり》から声がかかった。

料理の材料を集めるカードゲームだ。わかりやすく、学年関係なく遊べる。明里は三年生。一年生の面倒をよく見てくれている。体が大きいせいもあって、一年生はすぐ抱《だ》きつきに行く。

「そうだ。外でみさきちゃんが一人でいたけど、一緒《いっしょ》に入れてあげたら?　呼《よ》んでこようか」

「呼ばなくていい」

明里がすぐに答えた。いつもしっかりとした物言いで、宿題をサボっている子を注意したりもする。僕も男児相手にくだらない冗談《じょうだん》を言っているとき、「うるさい。子どもと一緒にふざけるな」と、明里に叱《しか》られた。

「どうして呼ばなくていいの?」

「見守っているんだから」

「なにを?　えっ、誰《だれ》を?」

明里の言っている意味が、よくわからなかった。

「どういうことか、教えてくれますか」

明里は、勝ちほこった笑顔《えがお》になる。この笑顔があるから、なにを言われても許せる。

「みさきちゃんは、来週で、キッズクラブへはもうこなくなるの。そうすると、みなみちゃんが、一人になるでしょ。かわいそうだから、桃香《ももか》ちゃんたちのグループに入って、一緒に遊ぶ練習をしているの。みさきちゃんは、うまくいくか見守ってるの」

「遊ぶ練習!　えっ、マジ?」

と、思わず叫《さけ》んでしまった。

「それって、唐木先生に頼《たの》まれたの?」

「ちがう。自分たちで考えてやってる」

そんなすごいことが、こっそりと行われていたのか。さっき、今日は、一人がいいの?　なんて声をかけた自分は、なんて間抜《まぬ》けなんだ。

明里の隣《となり》にいた羽田佐絵《はねださえ》が、

「友だちなら、あたりまえ」

と、サラリと言った。胸《むね》にグッときた。

「友だちなら、あたりまえか。いい言葉だね」

僕が感動して言っているのに、7女児たちはきょとんとしている。

五時になり、外遊びの時間が終わると、みさきとみなみは、仲良くぬり絵に取りかかる。

（村上《むらかみ》しいこ『あえてよかった』を出題にあたって、一部書き改めたもの）

（注1）ショートカット…毛を短く切った髪型《かみがた》。

(1)　══線㋐「空」の部首名をひらがなで書きなさい。

(2)　══線㋤「キタイ」を漢字に直しなさい。また、══線㋑「努」のよみがなをひらがなで書きなさい。

(3)　――線1「彼女《かのじょ》たち」とありますが、文章中の誰のことですか。最も適当なものを、次の(ア)～(エ)から一つ選んで、記号で答えなさい。

(ア)　牧村《まきむら》みさきと杉本《すぎもと》みなみ

(イ)　桃香たち一年生三人組

(ウ)　四人の女児のグループ

(エ)　立川明里と羽田佐絵

(4) ――線2「みさきはその四人をさっきからチラチラ眺《なが》めるばかりで、近づこうとはしない」とありますが、なぜですか。次の□にあてはまるように、文章中の言葉を使って、五十字以内で書きなさい。

自分がいなくなったあとに、□から。

(5) ――線3「ちょっと聞いてみよう」とありますが、「僕《ぼく》」がこのように考えたのはなぜですか。最も適当なものを、次の(ア)～(エ)から一つ選んで、記号で答えなさい。

(ア) いつもはみさきと一緒《いっしょ》にいるみなみが、別の友だちと仲よく遊べるのか不安になったから。

(イ) 一人で寂《さび》しそうにしているみさきが、いつもと同じ落ち着いた目でいるのを不思議に思ったから。

(ウ) 子どもたちと遊んでいるホッシーが、みさきとみなみの様子を気にかけないことに腹が立ったから。

(エ) いつもは友だちと一緒にいるはずのみさきが、この日は一人でいることに心配になったから。

(6) A にあてはまる言葉を、文章中から十一字で探《さが》して、書きなさい。

(7) ――線4「その目で」はどの部分にかかっていますか。最も適当なものを、次の(ア)～(エ)から一つ選んで、記号で答えなさい。

(ア) チラッと

(イ) 僕を

(ウ) 見るが

(エ) 返事は

(8) ――線5「『ほっといて』と冷たい」とありますが、このときの「みさき」の気持ちとして最も適当なものを、次の(ア)～(エ)から一つ選んで、記号で答えなさい。

(ア) みなみと喧嘩《けんか》して仲直りのきっかけを探しているのに、じゃまをする「僕」にいらだつ気持ち。

(イ) 自分なりに考えがあって一人でいるのに、何度も話しかけてくる「僕」をうっとうしく思う気持ち。

(ウ) 桃香《ももか》たち四人のグループには入りたくないのに、むりやり入れようとする「僕」から逃《に》げたい気持ち。

(エ) 自分のことを心配したのではなく、先生の義務として話しかけてくる「僕」を信用ならないと思う気持ち。

(9) ――線6「一瞬《いっしゅん》迷ってやめた」とありますが、なぜですか。次の□にあてはまるように、「唐木《からき》先生」という言葉を使って、三十五字以内で書きなさい。

あまり聞いてばかりいると、□から。

(10) ――線7「女児たちはきょとんとしている」とありますが、なぜですか。最も適当なものを、次の(ア)～(エ)から一つ選んで、記号で答えなさい。

(ア) 自分たちにとってはごくふつうのことを言っているだけなので、なぜ「僕」が感動しているのか不思議に思っているから。

(イ) 遊ぶ練習は友だちの間ではあたりまえのことなのに、大きな声でわざとらしく叫《さけ》ぶ「僕」におどろいているから。

(ウ) 明里《あかり》が言っている意味がよくわからなかったり、みさきにおろかな声かけをしたりする「僕」にあきれているから。

(エ) 佐絵《さえ》がサラリと言ったのは恥《は》ずかしさからなのに、そうと知らずに「僕」が感動しているのを意外に思っているから。

二　次の文章を読んで、あとの(1)～(11)の問いに答えなさい。（①～⑳は段落《だんらく》番号を表します）

①[1]大人になるとはどういうことなのでしょうか。十八歳《さい》という年齢《ねんれい》を意識しつつ、その本質について考えてみたいと思います。大人になるとは、年齢や身体的な成長だけでなく、精神的な成熟《せいじゅく》（注1）を含《ふく》むとしたら、十八歳でも精神的成熟が(あ)カノウだということになります。

②逆にいうと、大人として求められる精神的な成熟とは、十八年も生きていれば身につけることができるということです。いや、その程度の成熟で足りるといった方が正確でしょうか。なぜなら、多くの人は十八歳で精神的に成熟するなんて無理だと思われているはずだからです。

③みなさんがまだ十八歳に(い)タッしていない年齢なら当然、そんなこと想像もできないでしょう。あるいは、十八歳以上の人にとってもそうです。たとえば私《わたし》は五十一歳ですが、まだ自分が精神的に成熟しているなどとは思えません。

④これは私だけがひかえめなのではなくて、誰《だれ》に聞いてもそんなふうに答えます。試《ため》しに周りの大人、というか十八歳よりも年齢が上の人に聞いてみてください。驚《おどろ》くことに、これは七十歳であろうと九十歳であろうと、実は何歳になってもそう答えるものなのです。

⑤かつて私も、人生の区切りごとに、常に自分がまだ精神的に成熟していないこと、［A］早く成熟しなければならないということを感じ続けてきました。成人した時、社会に出て働き始めた時、結婚《けっこん》を前にした時、教師になった時、役職が上がっていくにつれて……。でもまだだと感じてしまうのです。

⑥それでは誰も精神的成熟を実現できないのかというと、そうではありません。本当はどこかの時点で成熟しているのですが、[2]自分ではそうとは気づかないものなのです。人からいわれても、まだ信じられないでしょう。それほど精神的成熟というものはわかりにくいものなのです。

⑦そのわかりにくさの理由は、言葉の意味ではなく、その不安定性にあります。精神的成熟の言葉の意味自体はそんなに難《むずか》しいものではなくて、誰もが「あの人は精神的に成熟している」と感じることがあるように、割《わり》とわかりやすいものです。

⑧わかりやすい表現をすると、「あの人、大人だなぁ」という言葉になるでしょうか。これは他者に気配りできる人だとか、世の中全体のことを考えている人、怒《いか》りを抑《おさ》えることができる人などに対して使うと思います。

⑨そういうことができる人が精神的に成熟しているわけです。たしかに子どもはわがままで、世の中のことなんて考えておらず、感情に(う)任せて怒《おこ》ったりするものです。そんなことなら十八歳でもなんとかなりそうですし、ましてや五十歳も過ぎれば身につけていそうですよね。

⑩本当にそうでしょうか？　胸《むね》に手を当てて考えてみるとわかるのですが、何歳であってもこれができないこともあるのです。私だってわがままになることがありますし、世の中なんてどうでもいいと思うこともあります。［B］になるのはよくあることです。毎日ではありませんが。

⑪いかがでしょうか？　大人と言われている人も、時には子どものような振《ふ》る舞《ま》いや考え方をしてしまうことがあるということです。これが先ほど書いた不安定性です。つまり、人間というのは、精神的に成熟したとしても、時には未成熟になってしまう。その不安定性ゆえに、私たちはいつまでも大人になったと自覚（注2）することができないでいるのです。

⑫だから十八歳でも大人になれるけれど、常にそうでいられるわけではないということです。だから私たちは常に意識しておかなければならないのです。大人になること、そして大人としてふるまうべきことを。

⑬私たちを不安定にさせる原因はいったい何なんでしょうか？　まず思い浮《う》かぶのは感情だと思います。人間には感情があります。だから時に怒ってしまったり、落ち込《こ》んだりするわけです。それは自然なことでもあるので、ある程度は問題ないでしょう。でも、程度を超《こ》えると、大人という呼《よ》び名を返上（注3）しなければならない事態（注4）にもなりかねません。

⑭では、どうすれば感情をコントロールできるのか。それは[3]社会とうまく距離《きょり》をとることだと思います。[4]私たちの感情を刺激《しげき》するのは、私たちの外部にある原因です。たとえば皆《みな》さんはどんな時に怒りますか？　人からバカにされた時？　学校がおかしな校則を押《お》し付けてきた時？

⑮それらはいずれも社会からの影響《えいきょう》と表現することができるでしょう。私たちは常に誰か別の人たちと一緒《いっしょ》に暮《く》らし、その人たちとの関係の中で様々《さまざま》なことをしています。[5]そういう関係性を社会と呼ぶのです。つまり、人間は社会的動物なのです。これは古代（注5）ギリシアの哲学《てつがく》（注6）者アリストテレス（注7）の言葉としても知られています。彼《かれ》は「人間はポリス的動物だ」といいました。

⑯ポリスというのは、古代ギリシアの都市国家（注8）のことです。つまり社会だと思ってもらっていいでしょう。アリストテレスがいわんとしたのは、人間は社会の中でお互《たが》いに依存《いぞん》（注9）し合って生きていかざるを得ない存在《そんざい》だということです。それが他の動物とは違《ちが》う点です。他の動物の場合、群れをつくっているものもあれば、そうでない一匹《ぴき》オオカミ的なものもいます。

⑰人間の場合、その高度な依存関係のおかげで一人ではできないことをし、助け合い、高度な文明を築き上げることができたわけですが、そのせいで人間関係がとても複雑になってしまったという良くない面もあります。

⑱高度な依存関係は、自分次第《しだい》でどうにもならないことが増えるということでもあります。そうなると、他人次第の部分が出てき

て、自分の思い通りにならないと腹《はら》が立つのです。あるいは落ち込《こ》むのです。それが原因で精神の成熟《せいじゅく》が不安定になってしまうというわけです。

⑲　だから感情をコントロールして、できるだけ安定した状態でいるためには、他者との距離《きょり》をうまくとり続ける必要があるのです。それが私《わたし》のいう社会との距離をうまくとるということの意味です。X誰《だれ》かと、あるいは集団とうまくいかないなと思ったら、少し距離をとって冷静になってみる。そういうことがうまくできる人が大人なのです。

⑳　人間は基本的に個人《こじん》個人がバラバラの存在《そんざい》です。でも、6一人ひとりは弱い存在なので、他者と力を合わせてより善《よ》く生きて行こうとします。この調整はとても難《むずか》しくて、だからといって常にみんなといればいいかというとそうでもないのです。一人でいる時と、みんなでいる時のバランスをうまくとりながら、時にくっつき、時に離《はな》れ、それを繰《く》り返すことが求められます。子どもの時はいつもみんなといたいと思いがちです。でも、だんだん独立していく。それでいて、必要に応じてうまく一緒《いっしょ》に行動する。それが大人の生き方だと思うのです。

（小川《おがわ》　仁志《ひとし》『中高生のための哲学《てつがく》入門』を出題にあたって、一部書き改めたもの）

（注1）成熟《せいじゅく》…十分に成長すること。
（注2）自覚する…自分自身について、よく知ること。
（注3）返上する…手に入れたものを返すこと。
（注4）事態…状態、なりゆき。
（注5）古代ギリシア…今のギリシャがある地域《ちいき》で文明が栄えた古い時代。
（注6）哲学《てつがく》…世界や人生などの原理を追い求める学問。
（注7）アリストテレス…古代ギリシアの哲学者。
（注8）都市国家…一つの都市と周辺地域がまとまってうまれた小さな国。
（注9）依存《いそん》…他のものに寄りかかっていること。他のものに頼《たよ》って生活すること。

(1)　══線あ「カノウ」、══線い「タッ」を漢字に直しなさい。また、══線う「任」のよみがなをひらがなで書きなさい。

(2)　――線1「大人になるとはどういうことなのでしょうか」とありますが、文章中で筆者が挙《あ》げている大人の具体例にあてはまらないものを、次の(ア)～(エ)から一つ選んで、記号で答えなさい。

(ア)　他者に対して気配りのできる人物。
(イ)　怒《いか》りをコントロールできる人物。
(ウ)　誰《だれ》に対しても公平にふるまえる人物。
(エ)　世の中全体のことを考えられる人物。

(3)　[A] にあてはまるつなぎの言葉として、最も適当なものを、次の(ア)～(エ)から一つ選んで、記号で答えなさい。

(ア)　なぜなら
(イ)　そして
(ウ)　または
(エ)　ところで

(4)　――線2「自分ではそうとは気づかないものなのです」とありますが、なぜですか。「不安定性」という言葉を使って、五十字以内で書きなさい。

(5)　[B] にあてはまる言葉として、最も適当なものを、次の(ア)～(エ)から一つ選んで、記号で答えなさい。

(ア)　意図的
(イ)　否定《ひてい》的
(ウ)　現実的
(エ)　感情的

(6) ——線3「社会とうまく距離《きょり》をとる」とありますが、筆者はこれによってどのようなことができるようになると考えていますか。「感情」という言葉を使って、「〜こと」につながるように、二十五字以内で書きなさい。

(7) ——線4「私《わたし》たちの感情を刺激《しげき》するのは、私たちの外部にある原因です」とは、具体的にどういうことですか。次の文の□にあてはまる言葉を、文章中から十字以内で探《さが》して、書きなさい。

人間の感情は、□を受けているということ。

(8) ——線5「そういう関係性」とありますが、それによって生まれた良い点と悪い点を次のようにまとめました。①・②にあてはまる言葉を、文章中から、①は五字で探して書き、②は十二字で探して初めの五字を書きなさい。

良い点	・一人ではできないことを行って助け合うことで、①が築かれた。
悪い点	・他人次第《しだい》の部分で、②ことがあると感情が不安定になりやすくなった。

(9) ——線6「一人ひとりは弱い存在《そんざい》なので、他者と力を合わせてより善《よ》く生きて行こうとします」とありますが、このような特ちょうをもつ人間のことをひとことで言い表した言葉を、文章中から五字以内で探して、書きなさい。

(10) 筆者がこの文章を通して述べていることとして、最も適当なものを、次の(ア)〜(エ)から一つ選んで、記号で答えなさい。

(ア) 精神的に成熟《せいじゅく》して大人になっても、自分では精神的に成熟しているなどと思えないのが大人である。

(イ) 十八歳《さい》で大人になれるけれども、常に意識していなければ子どもに逆戻《ぎゃくもど》りしてしまうのが大人である。

(ウ) 時と場合に応じて他者との距離をうまくとり続けながら、社会の中で生きていけるのが大人である。

(エ) 子どものようにいつもみんなといたいと思わずに、独立して自分の思い通りにできるのが大人である。

(11) 〜〜線X「誰《だれ》かと、あるいは集団とうまくいかないなと思ったら、少し距離をとって冷静になってみる」について、次の①〜④の指示に従《したが》って、述べなさい。

① 「誰かと、あるいは集団とうまくいかない」と思った場合、あなたならどのようにして状況《じょうきょう》をよりよくしますか。あなたの考えを書きなさい。

② 文章中の「少し距離をとって冷静になってみる」とは別の方法をあげて書くこと。

③ 二百字以上二百五十字以内で書くこと。（句読点やかっこ、記号も字数に数えます）

④ 改行をしたい場合でも改行をしないこと。左の例のように■マークを一マスに書いて、そのまま次の文章を続けて書きなさい。■マークが書かれていると、そこで改行したものとみなします。

(例)　と思いました。■ところが

算　数　科 （40分）

※40点満点　解答用紙・配点非公表

注意：答えが分数のときは、約分すること。ただし、答えは仮《か》分数でも、帯《たい》分数でもよろしい。
また、円周率《えんしゅうりつ》を使う必要がある場合は3.14を用いること。

1　次の（1）～（4）の計算をしなさい。

（1）$123-10\times12$

（2）$3.14\times(13.5+7.5)\div7$

（3）$2024\times1+2024\times2+2024\times3+2024\times4+2024\times5+2024\times6-2024\times20$

（4）$\frac{1}{2}+\frac{1}{6}+\frac{1}{12}+\frac{1}{20}+\frac{1}{30}+\frac{1}{42}+\frac{1}{56}+\frac{1}{72}+\frac{1}{90}$

2　次の（1）～（10）の□にあてはまる数を答えなさい。

（1）3と7の公倍数の中で100にもっとも近いのは□です。

（2）白の絵の具10mLと、青の絵の具12mLを混ぜて水色の絵の具を作りました。次に、白の絵の具□mLと、青の絵の具4mLを混ぜて水色の絵の具を作るとまったく同じ色になりました。

（3）時速60kmで走っている自動車は、1秒に□m進みます。

（4）東京《とうきょう》タワーの高さは333m、東京スカイツリーの高さは634mです。小数第一位までのがい数で求めると、東京スカイツリーの高さは東京タワーの高さの□倍です。

（5）テストで4人の平均が80点のとき、3人の点数がそれぞれ、82点、79点、69点ならば残りの1人の点数は□点です。

（6）1から5の5個の整数を並《なら》びかえて5けたの整数をつくります。偶数《ぐうすう》は全部で□とおりつくることができます。

（7）日本のすべての都道府県から1チームずつが集まりトーナメント戦を行うと□試合で優勝チームが決定します。
トーナメント戦とは右の図のように試合をしていくものです。
図はA～Dの4チームの場合のトーナメント戦を表したものです。
ただし、引き分けはないものとします。

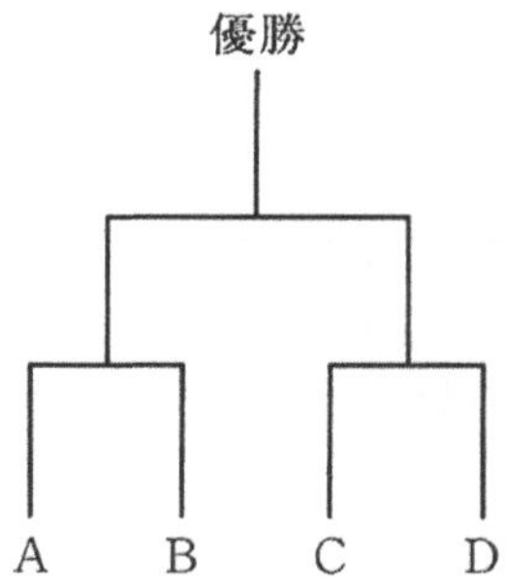

（8）A地点とB地点を往復します。行きは時速4km、帰りは時速6kmで移動すると、平均の速さは時速□kmです。

（9）正三角形、正方形、正五角形、正六角形、正七角形の中で、点対称《てんたいしょう》な図形は□個です。

（10）40人のクラスで、兄がいる人は15人、弟がいる人は18人、兄も弟もいない人は10人でした。兄も弟もいる人は□人です。

3　次の（1）・（2）の問いに答えなさい。

（1）60516の約数の中で10未満のものをすべて答えなさい。

（2）□×□＝60516となる□にあてはまる数を答えなさい。ただし、2つの□には同じ数が入るとします。

算　数　科

4　地球から月までの距離《きょり》は38万kmです。次の（1）・（2）の問いに答えなさい。

（1）光の速さは秒速30万kmです。地球から出た光は何秒後に月にとどきますか。小数第一位までのがい数で答えなさい。

（2）時速250kmの新幹線で行ったとすると、何日と何時間かかりますか。

5　右の図はたて２cm、横３cmの長方形ＡＢＣＤに、ＢＣのちょうど真ん中の点をＥ、ＣＦの長さが２cmとなるＣＤ上の点をＦとしたものです。次の（1）・（2）の問いに答えなさい。

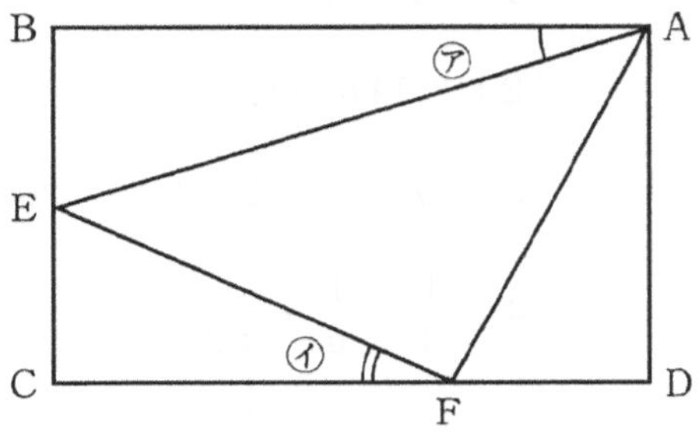

（1）三角形ＡＥＦの面積は何cm^2になりますか。

（2）㋐の角と㋑の角をたすと何度になりますか。

6　右の図は正三角形を６つ組み合わせた正六角形です。
㋐㋑㋒㋓㋔㋕の場所を、となりあう場所は異《こと》なる色で塗《ぬ》るとき、次の（1）・（2）の問いに答えなさい。
ただし、図全体（正六角形）を回転させたとき、同じ配置になるものは同じ塗り方であるとします。

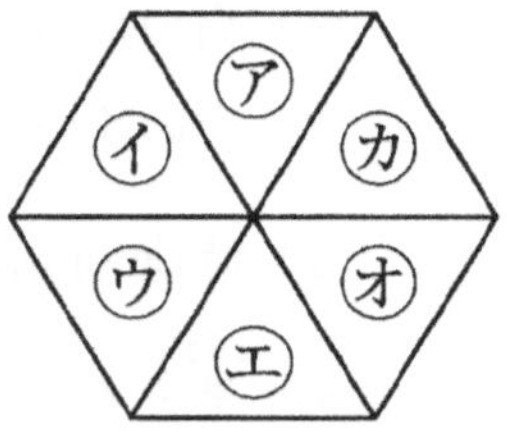

（1）赤・青の２色で塗り分ける方法は全部で何とおりありますか。

（2）赤・青・緑・黄・黒・白の６色で塗り分ける方法は全部で何とおりありますか。

7　オスとメス１ぴきずつのことを１つがいといいます。
ある年の１月に生まれたばかりのネズミがオスとメス１ぴきずついました。ネズミは生まれてから2ヶ月たつと、毎月オスとメスを１ぴきずつ計２ひきの子ども（1つがい）を産みます。生まれたネズミも同じように生まれてから2ヶ月たつと、毎月オスとメス１ぴきずつ計２ひきの子ども（1つがい）を産みます。次の表はネズミのつがいが増えていくようすを表したものです。
生まれたネズミは死ぬことはないとして、次の（1）～（3）の問いに答えなさい。

	1月	2月	3月	4月	5月	6月
つがいの数	1	1	2	3	5	㋐

（1）上の表の㋐にあてはまる数を答えなさい。

（2）この年の12月には何つがいのネズミがいますか。

（3）３月以降《いこう》はどのようにネズミのつがいが増えているか簡単《かんたん》に説明しなさい。

8　ＡさんとＢさんが、１周700mの池の周りを走ります。ふたりは同じ地点からスタートしてＡさんは分速120mで右回り（時計回り）、Ｂさんは分速90mで左回り（反時計回り）に走ります。このとき、次の（1）・（2）の問いに答えなさい。

（1）ふたりが最初に出会うのは、ふたりがスタートしてから何分何秒後ですか。

（2）ふたりが最初のスタート地点で出会うのは、ふたりがスタートしてから何分何秒後ですか。

理　　科　（理科・社会　２科目40分）　2024.1.13 実施　７枚中の１枚め

※20点満点　解答用紙・配点非公表

1　次の（1）～（6）の内容について、それぞれ（ア）～（ウ）のように説明しました。３つすべてが正しい場合は「○」、３つすべてがまちがっている場合は「×」と答えなさい。また、正しいものが２つでまちがっているものが１つであれば、まちがっているものの記号を、まちがっているものが２つで正しいものが１つであれば、正しいものの記号を、それぞれ答えなさい。

（1）人のたんじょうについて

（ア）男性の体内でつくられた精子と、女性の体内でつくられた卵《らん》（卵子《らんし》）が結びつくことを受精といいます。

（イ）子宮の中の子どもがいらなくなったものは、へそのおを通ってたいばんへ運ばれます。

（ウ）人の受精卵《じゅせいらん》は、メダカの受精卵よりも小さいです。

（2）水のすがたについて

（ア）水は、冷やされて０℃になるとこおり始め、すべて氷になるまで温度は下がり続けます。

（イ）水は、20℃や30℃のときは蒸発《じょうはつ》せず、ふっとうしたときだけ蒸発します。

（ウ）湯気は、水蒸気《すいじょうき》が冷やされて水のつぶになったもので、液体です。

（3）てこについて

（ア）図のはさみは、てこのはたらきを利用した道具で、Ａの点は、てこの３点のうちの力点になります。

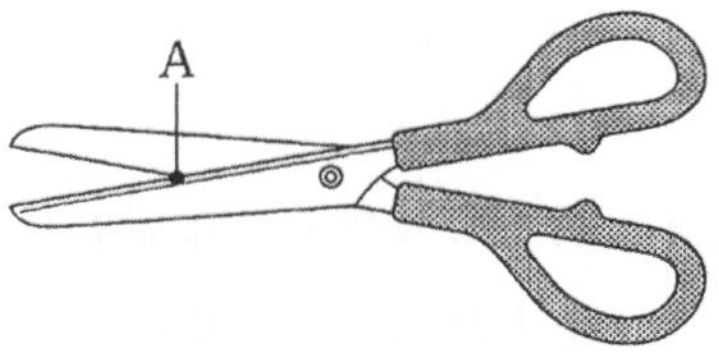

（イ）てこを使ってものを持ち上げるとき、支点と力点の間のきょりが長いほど、小さい力で持ち上げることができます。

（ウ）てこをかたむけるはたらきは、「おもりの重さ×支点からのきょり」で表すことができます。

（4）大地の変化について

（ア）断層《だんそう》とは、地下で大きな力がはたらいてできる大地のずれのことです。

（イ）れきの層《そう》や火山灰《かざんばい》の層は、火山のふん火によってできる地層《ちそう》です。

（ウ）がけなどで見られる地層は、表面だけでなく、おくにも広がっています。

（5）植物の体のはたらきや生物どうしの関わりについて

（ア）植物は、気温が高くなり葉があたたまると、成長するための養分を自分でつくります。

（イ）「食べる・食べられる」の関係で１本の線のようになっているつながりを食物連鎖《しょくもつれんさ》といいます。

（ウ）植物が根からとり入れた水は、おもに、くきから空気中に出ていきます。

（6）水よう液の性質について

（ア）アンモニア水を蒸発皿《じょうはつざら》に少量とって熱すると、蒸発皿には白い固体が残ります。

（イ）石灰水《せっかいすい》を青色リトマス紙につけると、リトマス紙は赤色に変わります。

（ウ）アルミニウムに塩酸を加えるとアルミニウムはとけてなくなりますが、アルミニウムがとけた液体の上ずみ液を蒸発皿にとって熱すると、アルミニウムをとり出すことができます。

2 ストローに導線を100回まいたコイルを用意しました。このコイルの中に鉄くぎを入れて電磁石《でんじしゃく》をつくり、図1のような装置《そうち》を組み立てました。スイッチを入れていないときは、方位磁針《ほういじしん》のN極は図1の向きを向いていましたが、スイッチを入れると、方位磁針のN極は図2の向きにふれました。これについて、あとの（1）～（4）の問いに答えなさい。

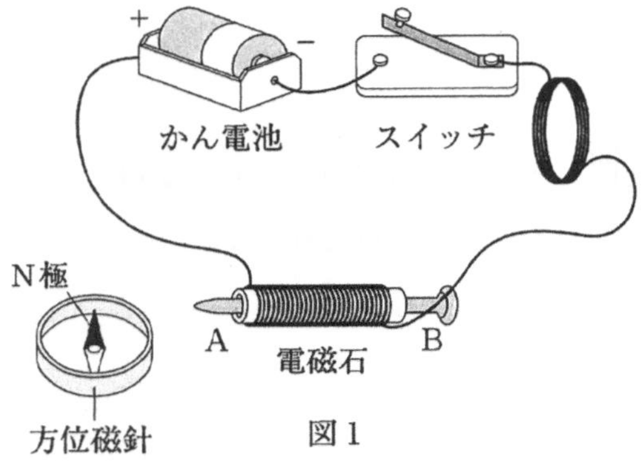

図1

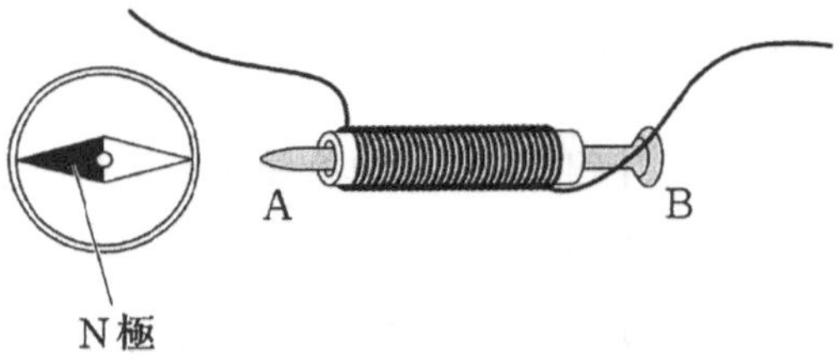

図2

（1）スイッチを入れたとき、電磁石のAとBの部分はそれぞれ何極になっていますか。もっとも適当なものを、次の（ア）～（エ）から1つ選んで、記号で答えなさい。

（ア）Aの部分とBの部分はどちらもN極になっている。
（イ）Aの部分はN極、Bの部分はS極になっている。
（ウ）Aの部分はS極、Bの部分はN極になっている。
（エ）Aの部分とBの部分はどちらもS極になっている。

（2）図1の装置で、電磁石はそのままで、かん電池の部分をかえてスイッチを入れると、方位磁針のN極は図3の向きにふれました。かん電池の部分をどのようにかえたと考えられますか。もっとも適当なものを、次の（ア）～（エ）から1つ選んで、記号で答えなさい。

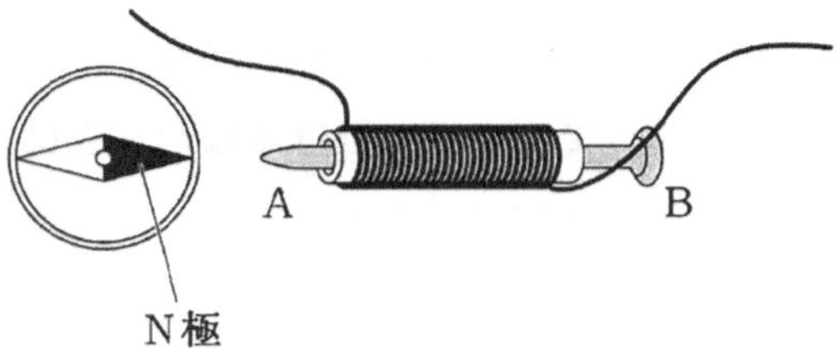

図3

（ア）かん電池を2個にして、直列つなぎにした。
（イ）かん電池を2個にして、並列《へいれつ》つなぎにした。
（ウ）かん電池をはずした。
（エ）かん電池の＋極と－極を反対にした。

（3）図1の装置で、スイッチを入れてBの部分をゼムクリップに近づけると、Bの部分にゼムクリップが8個つきました。ストローにまく導線の長さや太さはかえずに、Bの部分につくゼムクリップの数を8個より多くする方法として、適当なものを、次の（ア）～（カ）からすべて選んで、記号で答えなさい。

（ア）コイルのまき数を150回にして、かん電池2個を並列つなぎにする。
（イ）コイルのまき数は100回のままで、かん電池2個を直列つなぎにする。
（ウ）コイルのまき数は100回のままで、かん電池2個を並列つなぎにする。
（エ）コイルのまき数を50回にして、かん電池2個を並列つなぎにする。
（オ）かん電池は1個のままで、コイルのまき数を150回にする。
（カ）かん電池は1個のままで、コイルのまき数を50回にする。

（４）コイルのまき数が50回、100回、150回の電磁石《でんじしゃく》Ａ～Ｅをつくりました。これらの電磁石に大きさのちがう電流を流し、鉄くぎの先に鉄のクリップが何個までつけられるかを調べたところ、表のような結果になりました。流した電流の大きさが２番めに大きかった電磁石はどれですか。もっとも適当なものを、下の（ア）～（オ）から１つ選んで、記号で答えなさい。ただし、コイルをつくるストローや鉄くぎ、導線の長さや太さはすべて同じものとします。

電磁石	A	B	C	D	E
コイルのまき数	50回	150回	100回	50回	100回
ついたゼムクリップの数	12個	8個	12個	16個	8個

（ア）電磁石Ａ
（イ）電磁石Ｂ
（ウ）電磁石Ｃ
（エ）電磁石Ｄ
（オ）電磁石Ｅ

3 図1のような川で、山の中のAと海の近くの平地のBで、川の水の流れやまわりのようすを調べました。また、Cの川が曲がっているところのようすを調べました。これについて、あとの（1）～（4）の問いに答えなさい。

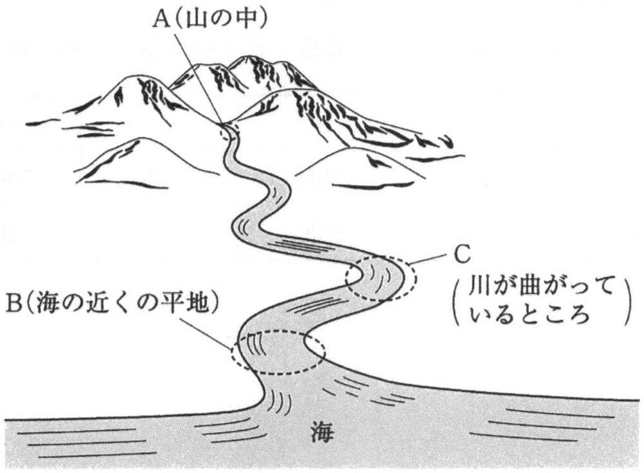

図1

（1）図1のAとBを比べたとき、Aにおける水の流れの速さと流れる水が地面をけずるはたらきの大きさの説明として、もっとも適当なものを、次の（ア）～（オ）から1つ選んで、記号で答えなさい。

（ア）Bより水の流れが速く、地面をけずるはたらきが大きい。
（イ）Bより水の流れが速く、地面をけずるはたらきが小さい。
（ウ）Bより水の流れがおそく、地面をけずるはたらきが大きい。
（エ）Bより水の流れがおそく、地面をけずるはたらきが小さい。
（オ）AとBの水の流れの速さはほぼ同じで、地面をけずるはたらきもほぼ同じである。

（2）図1のAとBを比べたとき、Bのまわりで見られる石のようすとして、もっとも適当なものを、次の（ア）～（オ）から1つ選んで、記号で答えなさい。

（ア）Aのまわりで見られる石よりも角ばっていて大きい。
（イ）Aのまわりで見られる石よりも角ばっていて小さい。
（ウ）Aのまわりで見られる石よりも丸みがあって大きい。
（エ）Aのまわりで見られる石よりも丸みがあって小さい。
（オ）Aのまわりで見られる石と同じような形をしていて、大きさもほぼ同じである。

（3）図2は、図1のCの川が曲がって流れているところのようすを表したものです。図2のX、Y、Zの川底の形はどのようになっていますか。もっとも適当なものを、次の（ア）～（エ）から1つ選んで、記号で答えなさい。

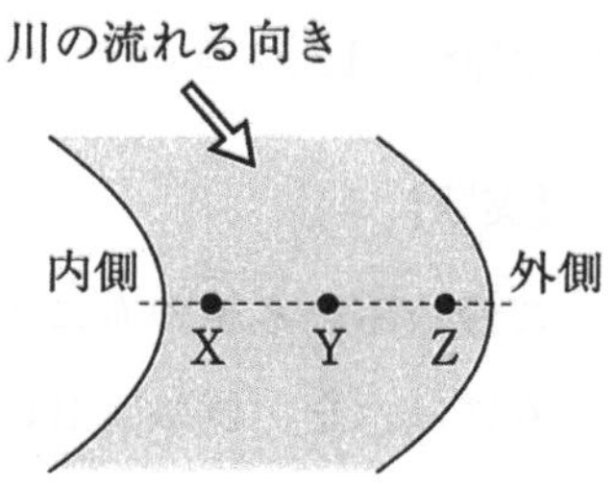

図2

（ア）

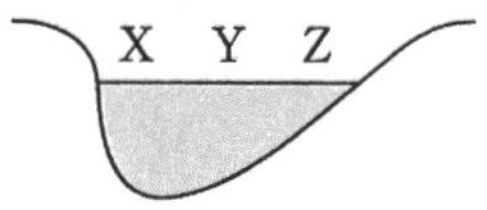

（イ）

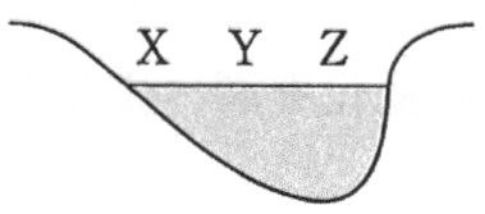

（ウ）

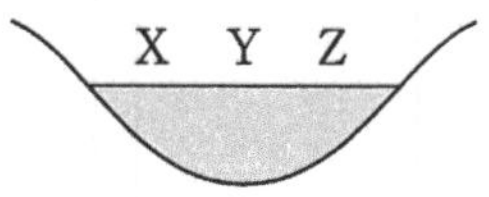

（エ）

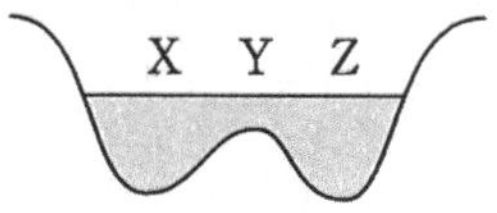

（4）大雨が降《ふ》って川を流れる水の量が増えたときの、水の流れと土を運ぶはたらきについての説明として、もっとも適当なものを、次の（ア）～（カ）から1つ選んで、記号で答えなさい。

（ア）水の流れがおそくなるので、土を運ぶはたらきは大きくなる。
（イ）水の流れがおそくなるので、土を運ぶはたらきは小さくなる。
（ウ）水の流れの速さは変わらないが、土を運ぶはたらきは大きくなる。
（エ）水の流れの速さは変わらないが、土を運ぶはたらきは小さくなる。
（オ）水の流れが速くなるので、土を運ぶはたらきは大きくなる。
（カ）水の流れが速くなるので、土を運ぶはたらきは小さくなる。

4 だ液のはたらきについて調べるために、次の実験を行いました。これについて、下の（1）～（3）の問いに答えなさい。

【実験】

ご飯つぶを木綿《もめん》の布に入れ、40℃ぐらいの湯にもみ出しました。次に、試験管A・Bに同量のもみ出した液を入れ、試験管Aには水を、試験管Bには水と同量のだ液を加えました。試験管A・Bを40℃ぐらいの湯につけて、10分間あたためたあと、ビーカーから取り出した試験管A・Bにヨウ素液を入れ、色の変化を調べました。

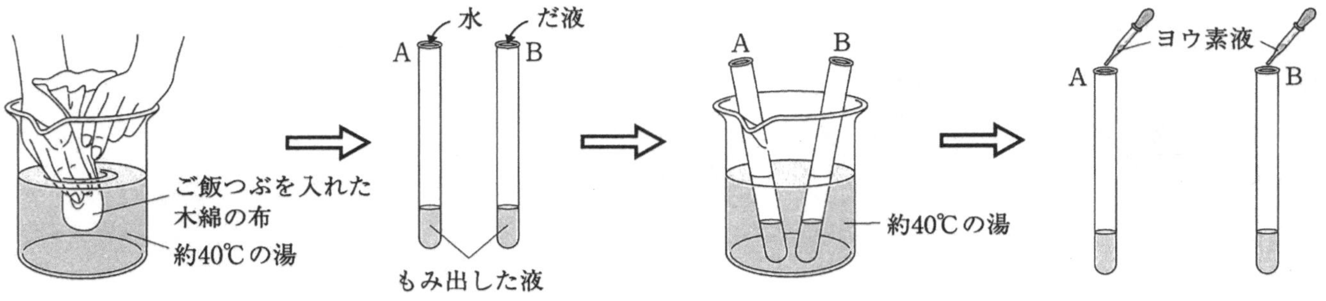

（1）実験で、試験管を40℃ぐらいの湯につけてあたためたのはなぜですか。その理由として、もっとも適当なものを、次の（ア）～（エ）から1つ選んで、記号で答えなさい。

（ア）液を白くにごらせるため。
（イ）液に残ったご飯つぶをやわらかくするため。
（ウ）液を体温に近い温度にするため。
（エ）液を気温に近い温度にするため。

（2）実験で、ヨウ素液を入れたとき、試験管A・Bの液の色はそれぞれどのようになりましたか。もっとも適当なものを、次の（ア）～（エ）から1つずつ選んで、記号で答えなさい。

（ア）液にでんぷんがふくまれているので、色は変化しなかった。
（イ）液にでんぷんがふくまれているので、青むらさき色に変化した。
（ウ）液にでんぷんがふくまれていないので、色は変化しなかった。
（エ）液にでんぷんがふくまれていないので、青むらさき色に変化した。

（3）次の文は、実験の結果からわかることを説明したものです。文中の（　①　）、（　②　）にあてはまる語句として、もっとも適当なものを、次の（ア）～（エ）から1つずつ選んで、記号で答えなさい。

（　①　）には、（　②　）を別のものに変えるはたらきがある。

（ア）でんぷん　　（イ）水　　（ウ）だ液　　（エ）ヨウ素液

5 もののとけ方について調べるために、次の実験を行いました。これについて、下の（１）～（３）の問いに答えなさい。

【実験】

30℃の水50mLが入ったビーカーA・Bを用意し、ビーカーAには食塩10.0gを、ビーカーBにはミョウバン10.0gをそれぞれ入れてよくかき混ぜたところ、食塩はすべて水にとけましたが、ミョウバンはとけ残りがありました。下の表は、食塩とミョウバンが10℃、30℃、60℃の水50mLにとける量をくわしく調べてまとめたものです。

	10℃	30℃	60℃
食　塩	17.9g	18.0g	18.5g
ミョウバン	3.8g	8.3g	28.7g

（１）ビーカーAに食塩を入れてすべてとかしたときの液のようすとして、もっとも適当なものを、次の（ア）～（エ）から１つ選んで、記号で答えなさい。

（ア）液はにごっていて、つぶが見える。
（イ）液はにごっていて、つぶが見えない。
（ウ）液はすき通っていて、つぶが見える。
（エ）液はすき通っていて、つぶが見えない。

（２）ビーカーBにとけ残っていたミョウバンの量として、もっとも適当なものを、次の（ア）～（カ）から１つ選んで、記号で答えなさい。

（ア）1.7g　（イ）3.8g　（ウ）6.2g　（エ）8.3g　（オ）10.0g　（カ）18.7g

（３）ビーカーBにとけ残ったミョウバンをすべてとかす方法として、適当なものを、次の（ア）～（オ）からすべて選んで、記号で答えなさい。

（ア）さらにかき混ぜる。
（イ）水の温度が10℃になるまで水よう液を冷やす。
（ウ）水の温度が60℃になるまで水よう液をあたためる。
（エ）30℃の水を50mL加える。
（オ）60℃の水を50mL加える。

社　　会　　科 （社会・理科 2科目40分） 2024.1.13 実施

※20点満点　解答用紙・配点非公表

注意　　語句《ごく》で答える問題は、漢字・ひらがなのどちらで答えてもかまいません。

1　次の資料1～3を読んで、下の（1）～（6）の問いに答えなさい。

資料1	資料2	資料3
一にいう、和を大切にし、争わないようにせよ。 三にいう、天皇《てんのう》の命令をうけたなら、必ず従《したが》え。	日本国民は、国の権力《けんりょく》がおこす（　　）と、武力によるおどし、武力を使うことは、国際紛争《ふんそう》を解決する手段《しゅだん》としては、永久に放棄《ほうき》する。	一、広く会議を開き、いつも話し合いで決定しよう。 一、天皇と国民が心を合わせて、産業をさかんにしていこう。

（1）資料1を定めた人物を答えなさい。

（2）（1）の人物は、どのような国づくりをめざしていたかを答えなさい。

（3）資料2の（　　）に当てはまる語句を答えなさい。

（4）資料2は日本国憲法《にほんこくけんぽう》の三大原則のどれについて述べたものかを答えなさい。

（5）資料3の説明として適当なものを、次の（ア）～（エ）から1つ選んで、記号で答えなさい。

（ア）徳川家康《とくがわいえやす》が、江戸幕府《えどばくふ》を開くときに朝廷《ちょうてい》に向けて宣言《せんげん》した。
（イ）聖武天皇《しょうむてんのう》が、公地公民制をおこなうために定めた。
（ウ）足利義満《あしかがよしみつ》が、南北朝《なんぼくちょう》を統一するために定めた。
（エ）明治天皇《めいじてんのう》が、神に誓《ちか》う形で国内外に宣言した。

（6）資料3の下線部に書かれていることを実行するためにおこなったものとして、最も適当なものを、次の（ア）～（エ）から1つ選んで、記号で答えなさい。

（ア）地租改正《ちそかいせい》　（イ）富国強兵《ふこくきょうへい》　（ウ）文明開化　（エ）殖産興業《しょくさんこうぎょう》

2　次の写真1～4について、あとの（1）～（8）の問いに答えなさい。

写真1

写真2

写真3

写真4

（1）写真1はどこの都道府県の写真だと考えられますか。
最も適当なものを、次の（ア）～（エ）から1つ選んで、記号で答えなさい。

（ア）山梨県《やまなしけん》　（イ）山形県《やまがたけん》　（ウ）沖縄県《おきなわけん》　（エ）東京都《とうきょうと》

（２）下の資料は、コメ、肉類、牛乳《ぎゅうにゅう》・乳製品、油脂類《ゆしるい》の年間一人当たり消費量《しょうひりょう》の移り変わりを示したものです。
写真１の作物にあたるものを、資料中の（ア）～（エ）から１つ選んで、記号で答えなさい。

コメ、肉類、牛乳・乳製品、油脂類の年間一人当たりの消費量の推移

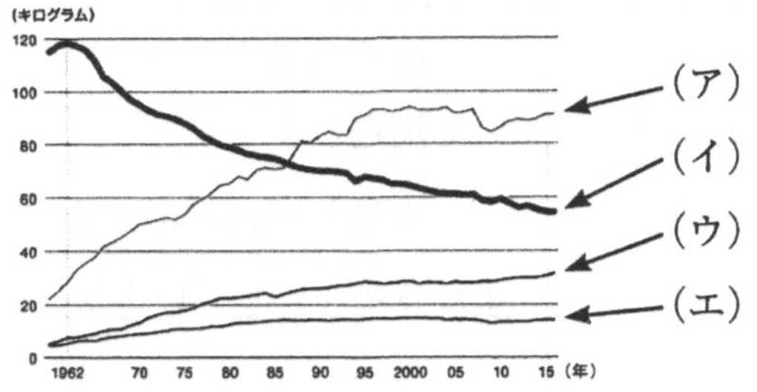

農林水産省「食品需給表」を基に作成

（３）写真２は弥生時代《やよいじだい》の大規模《だいきぼ》な遺跡《いせき》です。この遺跡を調べると、この時代に戦いがあったことが分かりました。
どのようなことから戦いがあったといえるかを説明しなさい。

（４）写真２の遺跡がある場所を、次の（ア）～（エ）から１つ選んで、記号で答えなさい。

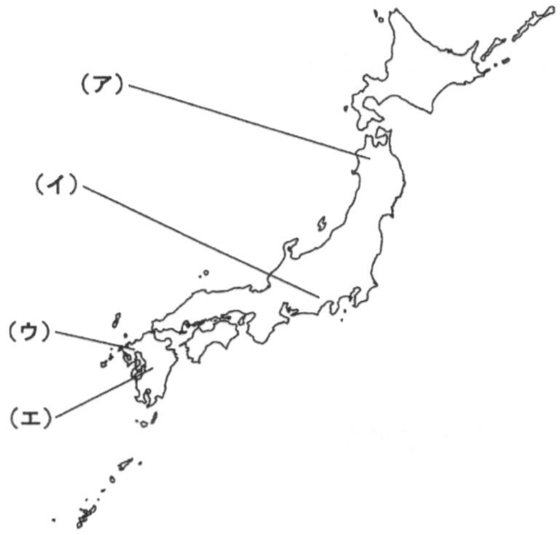

（５）写真３は愛媛県《えひめけん》のみかん畑です。これを表す地図記号を書きなさい。

（６）次の写真は和歌山県《わかやまけん》・長崎県《ながさきけん》のみかん畑です。どちらも写真３と似たような眺《なが》めです。その理由を説明しなさい。

和歌山県

長崎県

（７）写真４に収《おさ》められているものを、次の（ア）～（エ）から１つ選んで、記号で答えなさい。

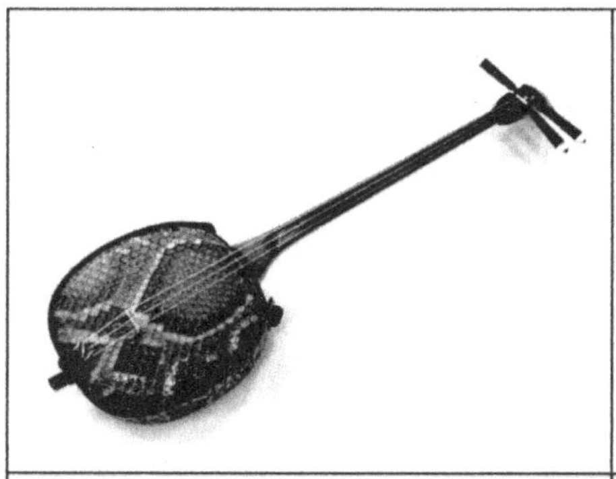

（ア）

（イ）

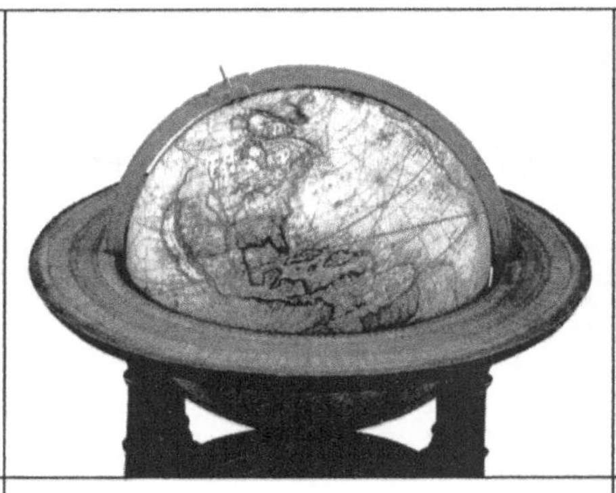

（ウ）

（エ）

（8）写真4に収《おさ》められている品物の中には、ペルシャから持ち込《こ》まれたと考えられるものがあります。しかし、この頃《ころ》の日本とペルシャには、直接の交易があったわけではないとされています。それにもかかわらず、写真4にペルシャの品物が収められている理由を説明しなさい。

3 次の資料1～4について、下の（1）～（4）の問いに答えなさい。

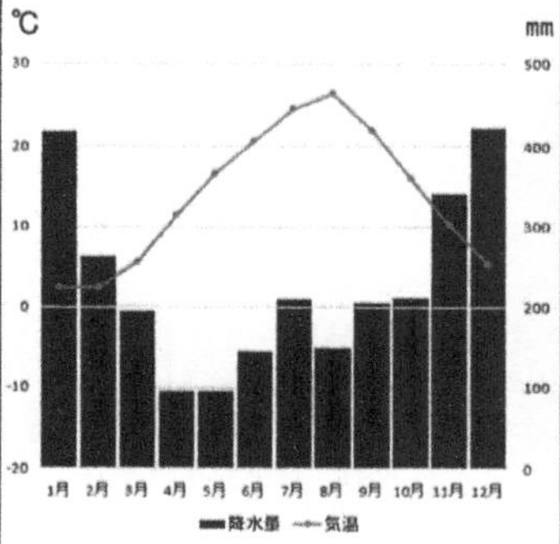

資料1

資料2

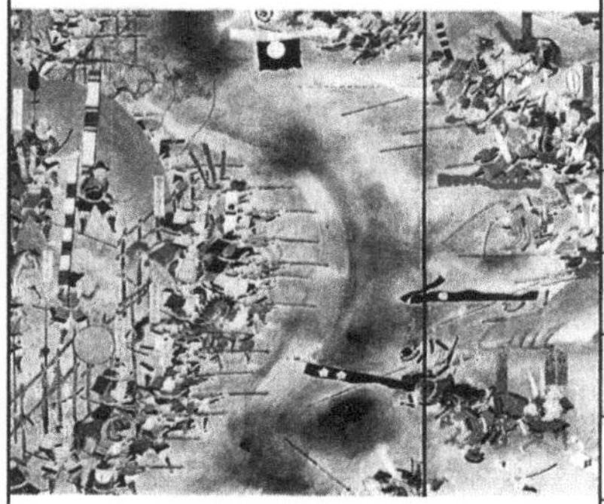

資料3

河川《かせん》名	長さ（km）	流域《りゅういき》面積《めんせき》（万km²）	源流《げんりゅう》の標高（m）
信濃川《しなのがわ》	367	1.2	2200
利根川《とねがわ》	322	1.7	1800
ロワール川	1006	12	1400
ライン川	1233	18.5	1600
ナイル川	6650	290	1100

資料4

（1）資料1の雨温図に関して、次の①、②の問いに答えなさい。

①資料1の雨温図は、どの都市のものですか。次の地図中の（ア）～（エ）から1つ選んで、記号で答えなさい。

②資料1の雨温図で表される気候の特徴に大きく影響している風の名前を答えなさい。

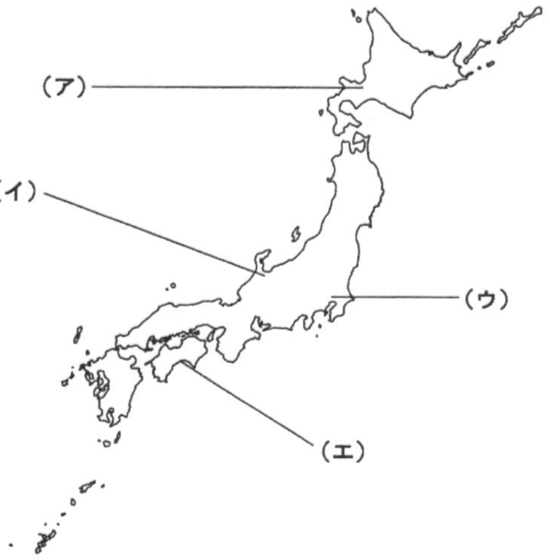

（2）資料2に関して、次の①、②の問いに答えなさい。

①資料2を用いて行使《こうし》される国民の権利《けんり》は何ですか。

② ①の権利を用いて国民が選ぶものを、次の（ア）～（エ）から1つ選んで、記号で答えなさい。

（ア）内閣総理大臣《ないかくそうりだいじん》　（イ）最高裁判所長官《さいこうさいばんしょちょうかん》　（ウ）参議院議員《さんぎいんぎいん》　（エ）衆議院議長《しゅうぎいんぎちょう》

（3）資料3は長篠《ながしの》の戦いの様子をえがいたものです。この戦いに勝利するために、織田信長《おだのぶなが》がどのような工夫をしたのかを説明しなさい。

（4）資料4は日本と世界の河川《かせん》についてまとめたものです。この表からわかる日本の河川の特徴《とくちょう》を説明しなさい。

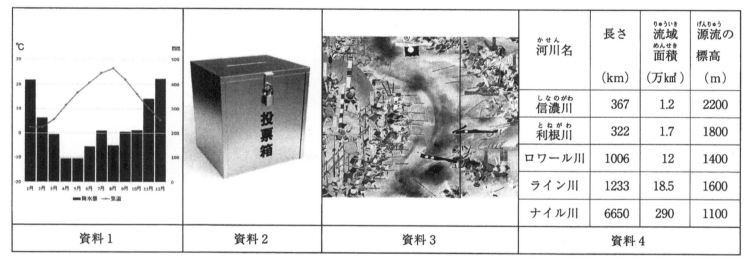

一　次の文章を読んで、あとの(1)～(11)の問いに答えなさい。

> 次の話は、筆者が、漫画《まんが》のヘンシュウ者である「彼《かれ》」から「感動する話」として聞いた内容を書いたものである。

「今のおれを作ってくれたできごとなんですよ」

直球勝負の漫画(あ)ヘンシュウ者らしくきっぱりと話してくれた。

「生まれた家は長野《ながの》の田舎《いなか》で、線路に踏切《ふみきり》もないような所だったんですよ。だからなのか、そこで自分の将来《しょうらい》を探《さが》す気になれなくて、大学受験のとき、東京《とうきょう》に行ったんです。そうしたら変な病気になっちゃって。最初は風邪《かぜ》だろうと思っていたんですけど治らずに、毎日毎日だるくて仕方なくて。もう受験どころじゃないよ、って思ってたら、急にうちの親が電話してきて『病気なんだろ。何やってんだ、帰ってこい。早く1主治医《しゅじい》に診《み》てもらえ』って言うんです。『主治医じゃないとお前は治らないんだ』って」

この「主治医」とは、つまり地元の町の医者のことで、地域《ちいき》の老若男女《ろうにゃくなんにょ》(注1)が世話になっていた。

2彼も幼《おさな》い頃《ころ》からずっと診てもらっていたが、さすがに主治医という意識はなかったし、そもそも自分が特殊《とくしゅ》な病気にかかっているかのような両親の態度についていけなかった。

しかし、いくらだいじょうぶだと言っても、両親ともに一刻《いっこく》も早く帰れと強く主張する。すでにその病院にも電話をして、今日のうちに診てもらうことになっているのだと。

「今日かよ」

3さすがにあきれた。

とっくに昼を回っており、どれだけ急いでも到着《とうちゃく》は夕方以降《いこう》になる。

だが、ずっと続く頭痛《ずつう》のせいで両親の言葉に抵抗《ていこう》する気力(注2)もなく、言われるがままに下宿《げしゅく》(注3)を出て駅へ向かった。

だるさのせいでひどいしんどさがあった。近くの病院に行けばいいじゃないかと、うんざりする思いで生まれた家のある街に辿《たど》り着《つ》いたときには、もう夜の八時を回っていた。当然、辺りは真っ暗である。

もはや診察《しんさつ》をしてもらえる時間ではない。そう思ったが、車で迎《むか》えに来た父親は彼を乗せるとそのまま病院に直行した。

到着すると、ちょっとした騒《さわ》ぎになっていた。

母親と兄弟が病院を閉《し》めないように頼《たの》み、(注4)おわびとしてミカンの入った段《だん》ボールをせっせと運んでいる。4そういう街だった。彼の目にその様子はいかにも田舎《いなか》っぽく見えた。

——なんだよ、ただの医者じゃないかよ。なんで患者《かんじゃ》がこんなヘコヘコしなきゃいけないんだよ。

しかし、受付の看護師《かんごし》は不満そうに彼をにらみ、

「なんでこんな時間になったの。先生、ずっと待ってるんですよ」

と、しつこく文句を言った。

家族全員、ずっとあやまっている。その騒ぎの真ん中にいるはずの彼は、具合の悪さと急な移動で、疲《つか》れきっていた。

5さっさと終わらせたい思いで診察室《しんさつしつ》に入り、

「遅《おく》れてすいません」

頭痛を我慢《がまん》しながらその医師に頭を下げた。

すると6医師はきょとんとなってこう聞いた。

「なんで謝《あやま》るの？」

「え？」

彼もきょとんとなった。おそらく説教(注5)されるだろうと思ってこう返した。

「いやこんなに遅《おそ》くなりましたから。受付の人にも怒《おこ》られたし。本当、すいません」

「誰《だれ》が君を怒ったの？」

医師が繰《く》り返《かえ》し聞いた。

「誰？」

彼が受付の看護師《かんごし》のことを話すと、医師はいきなりそばにいた別の看護師に、

「ちょっと呼《よ》んできて」

と言った。一分と経《た》たずに看護師が現れた。

「何か？」

と聞く彼女《かのじょ》をさえぎって、医師が叱《しか》り声を飛ばした。

国語科

「私《わたし》の患者《かんじゃ》に何をするんだ」
その看護師《かんごし》も彼もびっくりした。医師は続けて言った。
「私は、いつまででも待つと言ったはずだ。医者が必要だと言っている人を、君がそんな風に扱《あつか》ってどうする」
医師のおそろしく真剣《しんけん》な態度に、今度は看護師のほうが、ずっとあやまる番となった。
実に胸《むね》(注6)がすくような光景だった。受付の看護師のことではない。ひたすらその医師の態度にしびれきっていた。[7]こういう人だから家族が頼《たよ》りにするのだということがやっとわかった。頭痛《ずつう》のことすら吹《ふ》っ飛《と》び、目が覚める思いで医師を見つめていた。
やがて、心の底から、
「ああ、こういう大人にならなきゃいけないんだ」
という(い)強烈《きょうれつ》なカクシンが湧《わ》いた。それだけでなく、心の中で逆転（ものごとが反対になること）が起こった。
「将来《しょうらい》のことなんかいちいち考えなくてもいいじゃないか。そんなの、なんだっていいんだよ。こういう風に自分を必要としている相手に命をかけられる大人にならなきゃダメだ。そのために頑張《がんば》んなきゃダメなんだ」
それは何年経《た》ってもあざやかに思い出すことのできる、
「スイッチが入った一瞬《いっしゅん》でした」
と彼《かれ》は言った。
誰《だれ》かに押《お》されるまでは決して入らないスイッチであるのだと。誰でもそういうスイッチを持っているが、自分で押そうとしたってなかなか簡単《かんたん》にはいかない。
だが、いったんスイッチが入れば、それは一生、自分を動かし続けてくれる。彼の場合、その医師がスイッチを押してくれたのだ。
ただ、不思議とその後の記憶《きおく》はあまりなく、気づけば必死に勉強をして試験に受かっていたという感じだった。
しつこく自分を襲《おそ》っていた頭痛がどうやって治ったのかもよく覚えていない。
それどころか、あの頭痛の原因がなんだったのかすらわからなかった。何であれ、きっとあの医師がすっかり取《と》り除《のぞ》いてくれたのだし、家族が頑張《がんば》って自分をふるさとに呼《よ》び寄《よ》せたことで、一夜にしていろいろなものが解決したのだ。それだけは確かだった。
数年後、家族から「主治医《しゅじい》」である医師が、病院を息子《むすこ》にゆずったという話を聞かされた。
きっかけは、医師の幼《おさな》い孫が、重い肺炎《はいえん》(注7)になり、必死に看護《かんご》したが亡《な》くなってしまったことだった。
医師とその息子《むすこ》が、幼い子供《こども》を治すために全力を尽《つ》くしたことは簡単《かんたん》に想像できた。
そしてその分、[8]どんな慰《なぐさ》めも届《とど》かないような深い絶望(注8)を感じたであろうことも。
彼と彼の家族は、多くの街の住人達《じゅうにんたち》と同じく、医療《いりょう》の現場から退くことを決めた「主治医」に、長年の感謝を込《こ》めて贈《おく》り物《もの》をした。
【　Ⅰ　】を、今度は彼自身が運んだ。それからしばらくして、「主治医」もまた、世を去った。
「あの人がいなかったら絶対に今の自分はなかったですね。別にものすごい病気だったわけじゃないけど、おれを救ってくれた人ですよ。本当の意味で。どうですこの話。良くないですか？」
なんとも自信にあふれた様子で、彼は言ったものだった。
これまで大勢に何度も同じ話をしているのが、態度からも明らかである。
それほどまでに自分に自信をもたらしてくれたエピソードなのだ。
何を扱《あつか》うにせよ、こういうおそろしく真《ま》っ直《す》ぐな思いを、最も高い価値《かち》とする現場が、世に対して強い力を表すのは当然のことなのだ。
改めてそう思わされた夜だった。

（冲方《うぶかた》　丁《とう》『主治医とスイッチ』を出題にあたって、一部書き改めたもの）

（注1）老若男女《ろうにゃくなんにょ》…老人も、わかい者も、男も女もすべて。
（注2）気力…ものごとをやりとげようとする心の力。
（注3）下宿《げしゅく》…お金をはらって、生活している他人の家。
（注4）おわび…あやまること。
（注5）説教…下の者を教え導くために、言い聞かせる話。
（注6）胸《むね》がすく…気持ちがすっきりとさわやかになる。
（注7）肺炎《はいえん》…肺がウイルスに感染《かんせん》することでおこる病気。
（注8）絶望…すっかり望みをなくすこと。

国語科

(1) ═══線(あ)「ヘンシュウ」、═══線(い)「カクシン」を漢字に直しなさい。

(2) ――線1「主治医《しゅじい》」とありますが、ここで「おれ」の親が言う「主治医」とはどんな医者のことですか。文章中から十字で探《さが》して、書きなさい。

(3) ――線2「彼《かれ》」とありますが、文章中の誰《だれ》のことですか。最も適当なものを、次の(ア)～(エ)から一つ選んで、記号で答えなさい。

(ア) 筆者
(イ) 筆者の家族
(ウ) 主治医
(エ) 漫画《まんが》ヘンシュウ者

(4) ――線3「さすがにあきれた」とありますが、どんなことにあきれたのですか。五十字以内で書きなさい。

(5) ――線4「そういう街」とありますが、「彼」にとって、どのような「街」でしたか。文章中の言葉を使って、二十五字以内で書きなさい。

(6) ――線5「さっさと終わらせたい思いで」とありますが、なぜさっさと終わらせたかったのですか。あてはまらないものを次の(ア)～(エ)から一つ選んで、記号で答えなさい。

(ア) 看護師《かんごし》がおそくなったことにきげんを悪くして、文句を言っていたため。
(イ) 体調が悪い中、東京《とうきょう》から長野《ながの》まで帰ってきて、とてもしんどかったため。
(ウ) 親が言う病院への不信感や、主治医へのいらだちや怒《いか》りがあったため。
(エ) 親が無理に帰ってこさせたとはいっても、ずっと待たせてばつが悪かったため。

(7) ――線6「医師はきょとんとなって」とありますが、なぜ、「彼」の言葉を聞いてきょとんとなったのですか。三十字以内で書きなさい。

(8) ――線7「こういう人」とありますが、どういう人ですか。最も適当なものを、次の(ア)～(エ)から一つ選んで、記号で答えなさい。

(ア) 自分の評判があがるのであれば、どんな時でも仕事をしようと考える人。
(イ) 自分を頼《たよ》りにする人がいるならば、どんな時でも役に立ちたいと考える人。
(ウ) 周りの人の評価を気にして、自分が悪く言われることを気にする人。
(エ) 周りの人にたよりにされることを目標にして、努力を積み重ねる人。

(9) 「主治医」は、なぜ引退《いんたい》を決めたのですか。直接の原因となる事柄《ことがら》が書かれている一文を探して、初めと終わりの四字を書きなさい。

(10) ――線8「どんな」はどの部分を説明していますか。最も適当なものを、次の(ア)～(エ)から一つ選んで、記号で答えなさい。

(ア) 慰《なぐさ》めも
(イ) 届《とど》かないような
(ウ) 深い絶望を
(エ) 感じたであろう

(11) 【 Ⅰ 】にあてはまる言葉を、文章中から十一字で探して、書きなさい。

□二 次の文章を読んで、あとの(1)～(13)の問いに答えなさい。（①～⑫は段落《だんらく》番号を表します）

①「どのように生きるか」という問いは、(注1)哲学《てつがく》にとって非常に大きな問題の一つです。そしてむずかしい問題です。簡単《かんたん》に答えには行きあたりません。

②自分を中心にしてものごとを見ているだけでは、その(注2)本質が見えなくなってしまいます。もちろん、自分を中心にしてものごとを見ること自体が悪いわけではありません。それは非常に大切なことです。動物の子であれ、人間の子であれ、赤ちゃんは生まれてすぐに母親のお乳《ちち》を求めます。生きようとする意欲《いよく》に満ちています。この自分のなかからわきあがってくる意欲がわたしたちの成長を支えています。少し大きくなれば、子どもは言葉を覚えることにとても大きな興味を示します。小学校に入学したときのことを覚えているでしょうか。子どもはそこで学ぶものに大きな関心を示し、次々に吸収《きゅうしゅう》し、自分の世界を広げていきます。やがてスポーツでも音楽でも、少しでもうまくなりたい、少しでも力をつけたいと考えるようになります。1このよりよいものをめざす向上心がわたしたちを支えています。

③わたしたちはわたしたちのなかにある生きる意欲につき動かされ、さまざまなことに取り組みます。それは社会に出てからも変わりません。芸術の道に進んだ人は、自分し、自分の可能性を実現し、自分の世界を広げていきます。それは社会に出てからも変わりません。

③わたしたちはわたしたちのなかにある生きる意欲につき動かされ、さまざまなことに取り組みます。さまざまなことにチャレンジし、自分の可能性を実現し、自分の世界を広げていきます。それは社会に出てからも変わりません。芸術の道に進んだ人は、自分の作品を通して、できるだけ多くの人に感動を与《あた》えたいと思うでしょう。農業に携《たずさ》わる人は、より品質の高いものを消費者に届《とど》けたいと努力しますし、会社に入って営業に携わる人はより多くの(あ)セイヒンを販売《はんばい》して(い)セイセキをあげたいと考えます。このようにして自分自身が、そして家族が豊かな生活を送れるようにがんばります。また自分の作品や仕事を通して社会に貢献《こうけん》したいと考えます。

④このように日々努力することはとても尊《とうと》いことです。しかし2ここに3一つの大きな落《お》とし穴《あな》が待ちうけています。わたしたちの生きる意欲が、欲望《よくぼう》に変わってしまう可能性があるのです。生きる上で必要でないものでも、目の前にあればそれを手に入れたい、それだけでなく、できるだけ多くのものを手に入れたいと思うようになっていきます。欲望の(注3)特長は、いったんその対象になっているものを手に入れても、すぐにより多くのものを、より大きなものを追い求めようとする点にあります。欲望はいったん刺激《しげき》されると、かぎりなく大きくなっていきます。わたしたちは4欲望のつながりのなかに簡単にはまり込《こ》んでしまうのです。

⑤欲望のつながりのなかにはまり込んでしまうと、頭のなかが欲望追求のことでいっぱいになって、自分自身の中身が空《から》っぽになってしまいますし、他の人を気にかける余裕《よゆう》もなくなってしまいます。つまり、【　Ⅰ　】の奴隷《どれい》（人間としての自由をみとめられず、お金で売買されて、働かされた人）になってしまうのです。5自分を（あるいは自分だけを）中心にしてものごとを見ることのマイナスの面がここに現れてきます。

⑥それはわたし一人だけの問題ではありません。現代は(注4)グローバル化の時代です。欲望の追求が世界規模《せかいきぼ》でなされています。利益追求で(う)富を得る人とそうでない人のあいだに(注5)格差が生まれています。［A］利益を得ることをめぐって対立するグループのあいだに争いが生まれたりしています。自分の利益を守るために、自分のグループ以外の人たちを責めたり、(注6)排斥《はいせき》したり、あるいは攻撃《こうげき》したりすることも多くなっています。そのような対立や争いの結果、世界のあちこちで貧しさや飢《う》え、(注7)迫害《はくがい》などで苦しむ人が増えています。

⑦いま世界では6そういったことが大きな問題になっています。わたしたちはここで立ちどまって考えなければならないと思います。

⑧そのためには、大きな視点《してん》から見ることが大切です。たとえば欲望に振《ふ》りまわされている自分を見つめ直すこともその一つだと言えるでしょう。差別や偏見《へんけん》で苦しむ人々や、争いなどのために生きる手段《しゅだん》を失ったり、命を落としたりした人々のことを考えることもとても大切なことです。それも大きな視点から見ることの一つの例になるでしょう。

⑨このような問題について考えるときに浮《う》かびあがってくるのは、わたしたちは何のために生きているのか、という(注8)根本の問いです。わたしたちは何をめざして生きているのでしょうか。［A］何をめざして生きていけばよいのでしょうか。

⑩かなり以前、おもしろい話を耳にしたことがあります。ある日本の会社員が、どこか遠い南の国に行って、けんめいに働いていたら、現地の人から、「なぜ毎日そんなにせかせかといそがしく働くのか」と尋《たず》ねられたという話です。それに対して、「よいセイセキを残し、会社での地位を上げ、お金を貯《た》めるのだ」と答えると、「お金を貯めてどうするのか」と尋ねられます。「六十才で仕事を辞《や》めた後、どこか風景の美しいところに土地を買って、別荘《べっそう》でも建てる」と答えますと、さらに「そうしてどうするのか」と問われます。「そこでハンモック（太いひもであんだり、布で仕立てたりして、木の間などにつるす寝《ね》る所）でもつってゆっくり昼寝《ひるね》をする」と答えると、現地の人が、「われわれは最初からそうしている」と答えたという笑い話です。

国語科

⑪ わたしたちであれば、「7何のために働くのか」という問いを出されたとき、どう答えるでしょうか。みなさんもぜひ自分自身の問題として考えてみてください。

⑫ この問いや、「何をめざしていきていけばよいのか」という問いは、あらためて考えてみると、なかなかむずかしい問いで簡単《かんたん》には答えを見つけることができません。ただ、誰《だれ》であれ、自分の人生が意味のあるものであることを願うのではないでしょうか。人生を終えるときに、自分の人生は生きるかいのあったものだと言えたら、どんなにいいでしょう。それは簡単ではないかもしれませんが、できればそういう人生を歩んでみたいと思います。

（藤田《ふじた》　正勝《まさかつ》『はじめての哲学《てつがく》』岩波ジュニア新書を出題にあたって、一部書き改めたもの）

（注1）哲学《てつがく》…人生や世の中のことなど、すべてのものごとのあり方を追い求める学問。
（注2）本質…ものごとの一番もとになる、大切な性質。
（注3）特長…ほかのものより、とくにすぐれて良い点。
（注4）グローバル化…世界規模《せかいきぼ》になること。
（注5）格差…差のこと。
（注6）排斥《はいせき》…おしのけること。
（注7）迫害《はくがい》…弱い立場の者を追いつめて、苦しめること。
（注8）根本…ものごとのもとになる一番大事なことがら。

(1) ＝線(あ)「セイヒン」、＝線(い)「セイセキ」を漢字に直しなさい。また、＝線(う)「富」のよみがなをひらがなで書きなさい。

(2) ―線1「このよりよいものをめざす向上心」とは、どんなことを指していますか。文章中から一文を探《さが》して、初めの五字を書きなさい。

(3) ―線2「ここ」とありますが、どのようなことですか。「～こと」が後ろに続くように、文章中から十字以内で探して、書きなさい。

(4) ―線3「大きな落《お》とし穴《あな》」とは、どんなことですか。「～こと」が後ろに続くように、文章中から三十字程度で探して、初めと終わりの四字を書きなさい。

(5) ―線4「欲望《よくぼう》のつながりのなかに簡単にはまり込《こ》んでしまう」とありますが、そうなるとどうなりますか。文章中の言葉を使って、五十字以内で書きなさい。

(6) 【　Ⅰ　】にあてはまる言葉を、文章中から二字で探して、書きなさい。

(7) ―線5「自分を（あるいは自分だけを）中心にしてものごとを見ることのマイナスの面」とありますが、これに対して、「自分中心にしてものごとを見ることのプラスの面」とは、どんなことですか。③段落《だんらく》の言葉を使って書きなさい。

(8) [A] には同じつなぎ言葉が入ります。[A] にあてはまる言葉として、最も適当なものを、次の(ア)～(エ)から一つ選んで、記号で答えなさい。

(ア) そこで
(イ) そのうえ
(ウ) あるいは
(エ) しかし

(9) ――線6「そういったこと」とありますが、「そういったこと」について具体的に説明されているのは、どの段落《だんらく》ですか。段落を一つ探《さが》して、段落番号を数字で書きなさい。

(10) ⑩段落では、筆者が聞いた話が具体的に書かれています。筆者は何のためにこの具体例を出したのですか。「〜ため」につながるように、文章中の言葉を使って、三十五字以内で書きなさい。

(11) 筆者がこの文章で述べていることとして、最も適当なものを、次の(ア)〜(エ)から一つ選んで、記号で答えなさい。

(ア) 自分を中心にしてものごとを見ることは、良い面と悪い面がある。

(イ) 自分の可能性を実現して自分の世界を広げることは、子どものうちにしかできない。

(ウ) 世界中で様々な争いが起こっている今、自分のことより世界のことを考えるべきだ。

(エ) 「何をめざしていきていけばよいのか」という問いは、考える意味がない。

(12) この文章の書き方の特徴《とくちょう》として、最も適当なものを、次の(ア)〜(エ)から一つ選んで、記号で答えなさい。

(ア) 子どもと大人の視点《してん》を比較《ひかく》して、年齢《ねんれい》による特徴を伝えようとしている。

(イ) 世界規模《せかいきぼ》で起こっている問題を読者に伝え、他者を今すぐ救うよう、うったえている。

(ウ) どのような人生を歩みたいかを語り、読者にも生き方を考えてもらおうとしている。

(エ) 色々なデータを用いて、自分が述べている意見の説得力を高めている。

(13) ――線7「何のために働くのか」について、次の①〜④の指示に従《したが》って、述べなさい。

① あなたは、「何のために」働きたいですか。あなたの考えや意見を書きなさい。

② ①をふまえて、あなたはどのような仕事をしたいですか。あなたの思いを書きなさい。

③ 二百字以上二百五十字以内で書くこと。（句読点やかっこ、記号も字数に数えます）

④ 改行したい場合でも改行しないこと。左の例のように■マークを一マスに書いて、そのまま次の文章を続けて書きなさい。■マークが書かれていると、そこで改行したものとみなします。

(例)	と	思	い	ま	し	た	。	■	と	こ	ろ	が

算　数　科　(40分)

2023.1.14 実施　　**3枚中の1枚め**

※40点満点　解答用紙・配点非公表

注意：答えが分数のときは、約分すること。ただし、答えは仮《か》分数でも、帯《たい》分数でもよろしい。
また、円周率《えんしゅうりつ》を使う必要がある場合は3.14を用いること。

1　次の（1）～（5）の計算をしなさい。

（1）$2023-1000\times2$

（2）$8-2\div(4+2)$

（3）$\frac{2}{15}\times\frac{3}{4}\div\frac{9}{10}$

（4）$2.2\times(2.1-1.3)\div0.4$

（5）$\left(\frac{1}{2}-\frac{1}{3}\right)\times\left(\frac{1}{3}-\frac{1}{4}\right)\times\left(\frac{1}{4}-\frac{1}{5}\right)\times\left(\frac{1}{5}-\frac{1}{6}\right)\times(2\times3)\times(3\times4)\times(4\times5)\times(5\times6)$

2　次の（1）～（10）の □ にあてはまる数を答えなさい。

（1）$\frac{2}{3}$，$\frac{3}{4}$，0.6，$1\frac{1}{4}$，$\frac{4}{5}$の5個の数の中でもっとも小さい数ともっとも大きい数の和は □ です。

（2）1辺の長さの比が1：3である二つの立方体があります。大きい方の立方体の体積は小さい方の立方体の体積の □ 倍です。

（3）2004年には約50万台あった公衆電話《こうしゅうでんわ》は、2020年には □ 割《わり》の約15万台になりました。

（4）正六角形の対称《たいしょう》の軸《じく》は □ 本あります。

（5）7.3 a は □ ㎡です。

（6）新幹線《しんかんせん》の最高時速《さいこうじそく》が320kmで、リニアモーターカーの最高時速は500kmです。小数第一位までのがい数で求めると、リニアモーターカーは新幹線の約 □ 倍の速さといえます。

（7）0～5の6枚《まい》のカードから同時に2枚選んでたしたとき、和が6未満になるのは □ 通りあります。

（8）合唱コンクールで2分15秒の曲と3分52秒の曲を歌うと □ 分 □ 秒かかります。ただし、曲と曲の間の時間は考えないものとします。

（9）定価が1800円の商品を □ %引きで買うと1530円になりました。

（10）リンゴが24個入っている箱があります。その中から3個取り出して重さをはかると、それぞれの重さは、325ｇ，336ｇ，339ｇでした。箱の重さが1200ｇのとき、リンゴが24個入っている箱全体の重さは □ ｇであると考えられます。

3　たて80cm、横100cm、高さ60cmの直方体の水そうA、B、Cがあります。3つの水そうにはそれぞれ下から40cmまで水が入っています。次の（1）～（3）の問いに答えなさい。

（1）水そうAに1辺が40cmの立方体をしずめると、水面は何cm高くなりますか。
（2）水そうBに1辺が60cmの立方体をしずめると、何Lの水がすいそうからあふれますか。
（3）水そうCに1辺が50cmの立方体をしずめると、水面は何cm高くなりますか。

4　右の図1のような正三角形があります。
各辺を二等分する点をとり、その3点を結《むす》び図2をつくります。
次に、図2の真ん中の正三角形の各辺を二等分する点をとり、その3点を結び図3をつくります。
次に、図3の真ん中の正三角形の各辺を二等分する点をとり、その3点を結び図4をつくります。
この操作《そうさ》を6回繰《く》り返《かえ》します。（図7までできます）
次の（1）・（2）の問いに答えなさい。

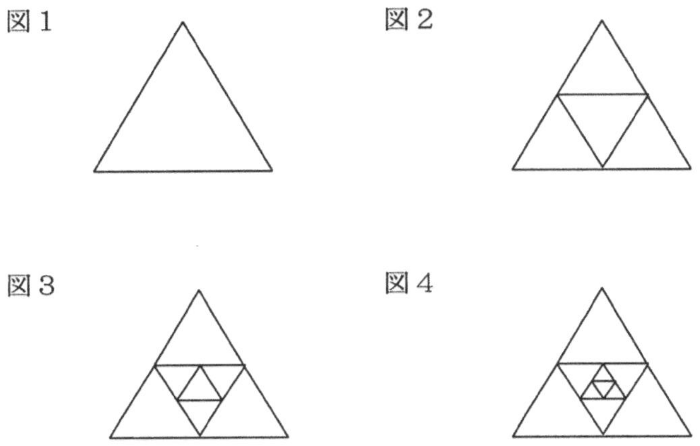

（1）図1の正三角形の面積が16㎠ のとき、図4の中心にあるもっとも小さい正三角形の面積は何㎠ですか。

（2）この操作を6回繰り返したあとの図形の中に、正三角形は何個ありますか。

5　太郎《たろう》さんはある年の1月から12月までの12カ月間の月ごとのおこづかいを、お母さんと相談して次のように決めました。
・1月のおこづかいは1円とする。
・2月以降《いこう》は前の月のおこづかいの3倍とする。
次の（1）・（2）の問いに答えなさい。

（1）7月のおこづかいは何円になりますか。
（2）1月から12月の1年間でおこづかいの合計は何円になりますか。

6　右の図のような旗《はた》があります。旗の（ア）（イ）（ウ）（エ）の場所を、となりあう場所は異《こと》なる色で塗《ぬ》るとき、次の（1）・（2）の問いに答えなさい。

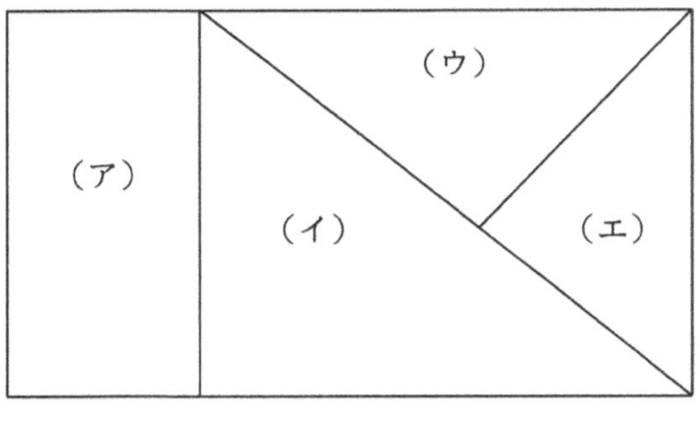

（1）赤・青・緑・黄の4色を<u>すべて</u>使って塗り分《わ》ける方法は全部で何通りありますか。

（2）赤・青・緑・黄・黒の5色から何色か選び塗り分ける方法は全部で何通りありますか。

7　10から1ずつ減らしていき1までの数をすべてかけると、10×9×8×7×6×5×4×3×2×1＝3628800となり答えに0は一の位から十の位まで連続して並《なら》びます。
次の式のように55から1ずつ減らしていき1までの数をすべてかけると、1の位から何の位まで0は連続して並びますか。位を答えなさい。

55×54×53×52×51×50×49×48×47×46×45×44×43×42×41×40×39×38×37×36×35×34×33×32×31×30×29×28×27×26×25×24×23×22×21×20×19×18×17×16×15×14×13×12×11×10×9×8×7×6×5×4×3×2×1＝

8　太郎《たろう》さん、二郎《じろう》さん、三郎《さぶろう》さんが草かり機で公園の草かりをしました。１時間に太郎さんは40㎡、二郎さんは30㎡、三郎さんは25㎡の草をかることができます。草かり機は２台しかないので３人で交代しながら８時間で510㎡の草をかることができました。太郎さんと三郎さんが草をかっていた時間は同じとするとき、二郎さんが草をかっていた時間は何時間ですか。ただし、２台の草かり機は２台とも８時間草をかっていたとします。

9　太郎さんの自宅《じたく》から図書館までは2100ｍあります。太郎さんの自宅前からは図書館行きのバスが10時から10分間隔《かんかく》で出発します。次のグラフはバスの運行《うんこう》のようすを時刻《じこく》と道のりであらわしたものです。下の（１）・（２）の問いに答えなさい。

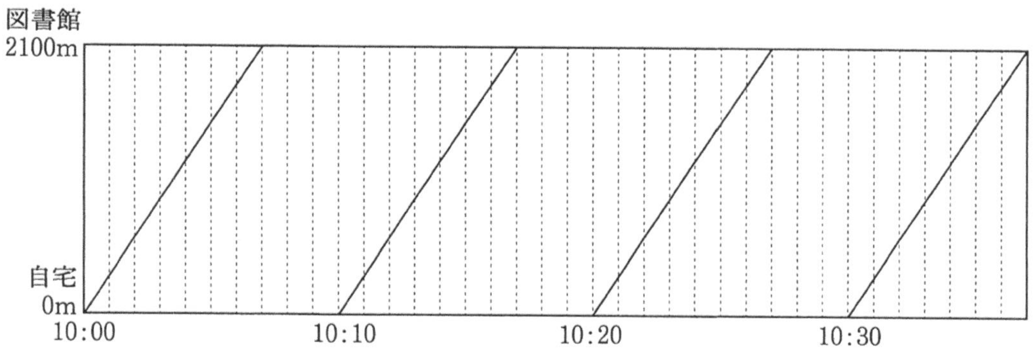

（１）バスの速さは分速何ｍですか。

（２）太郎さんは自転車で自宅を10時に出発して一定の速さで図書館に向かいましたが、出発して16分10秒後にバスに追《お》い抜《ぬ》かれました。16分10秒後に追い抜いたバスは図書館から何ｍの地点にいますか。

10　右の図のように面積が40㎠の正方形ＡＢＣＤがあります。辺ＡＢを３：２に分ける点をＥ、辺ＣＥを４等分に分ける点をＦ、Ｇ、Ｈとします。
辺ＡＦと辺ＡＨを延長《えんちょう》して辺ＢＣと交わった点をそれぞれＩ、Ｊとします。
次の（１）・（２）の問いに答えなさい。

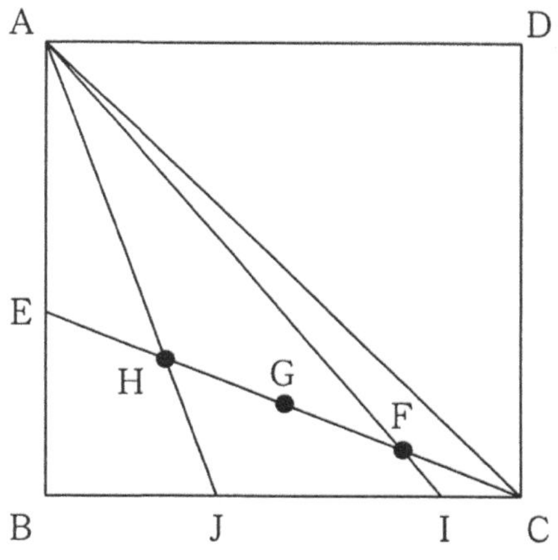

（１）三角形ＡＦＨの面積は何㎠ですか。

（２）ＢＩ：ＩＣをもっとも簡単《かんたん》な整数の比で表しなさい。

1 次の（１）～（６）の内容について、それぞれ（ア）～（ウ）のように説明しました。３つすべてが正しい場合は「○」、３つすべてがまちがっている場合は「×」と答えなさい。また、正しいものが２つでまちがっているものが１つであればまちがっているものの記号を、まちがっているものが２つで正しいものが１つであれば正しいものの記号を、それぞれ答えなさい。

（１）さまざまな物質の体積について

（ア）とじこめた空気は、おされると（外から力が加わると）体積が小さくなり、やがて体積はなくなります。
（イ）とじこめた水は、おされると（外から力が加わると）もとの体積より小さくなります。
（ウ）水は、氷になると体積が小さくなります。

（２）メダカのようすや、メダカのたまごの変化について

（ア）図１のＡはメダカのメスで、Ｂはメダカのオスです。
（イ）メダカのこどもはたまごの中にいるとき、たまごの中の養分を使って育っていきます。
（ウ）かえったばかりのメダカのこどもは、親からエサを与《あた》えられて育ちます。

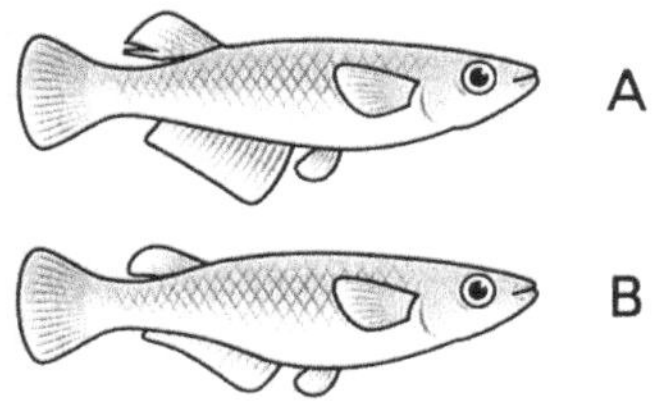

図１

（３）台風について

（ア）台風は、日本の南の方で発生し、その多くは、はじめは西の方へ動き、やがて北や東の方へと動きます。
（イ）台風が進む方向の左側は、台風の進む方向と風の向きが同じになるので、特に強い風がふきます。
（ウ）台風のうずまきの中心である「台風の目」では、特に強い風がふいたり強い雨がふったりします。

（４）ふりこのきまり・実験について

（ア）おもりを10 gから20 gにすると、ふりこの１往復する時間は短くなります。
（イ）ふりこの長さを15 cmから30 cmにすると、ふりこの１往復する時間は短くなります。
（ウ）おもりを１個から３個に増やすときは、図２のように上下につるします。

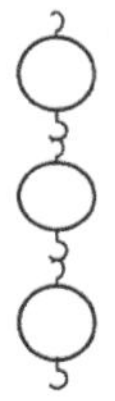
図２

（５）消化と吸収《きゅうしゅう》について

（ア）消化された食べ物の養分は、水とともに、主に大腸から吸収されます。
（イ）口からこう門までの食べ物の通り道を、食道といいます。
（ウ）かん臓は、運ばれてきた養分の一部を一時的にたくわえ、必要なときに、全身に送るはたらきをしています。

（６）電気とわたしたちのくらしについて

（ア）コンデンサーは、電気を発電するというはたらきがあります。
（イ）電気を熱に変える電熱線を使った電気製品には、オーブントースター、ドライヤー、電気ストーブがあります。
（ウ）手回し発電機を同じ回数だけ回して、コンデンサーに電気をため、豆電球と発光ダイオードの明かりがついていた時間を調べると、豆電球のほうが長い時間、明かりがつきました。

2 インゲンマメの種子を用いて、図1の実験①～実験⑤の５つの実験を行い、５日後に発芽しているかどうかを調べました。また表1は、それぞれの実験の条件をまとめたものです。これについて、あとの（1）～（4）の問いに答えなさい。

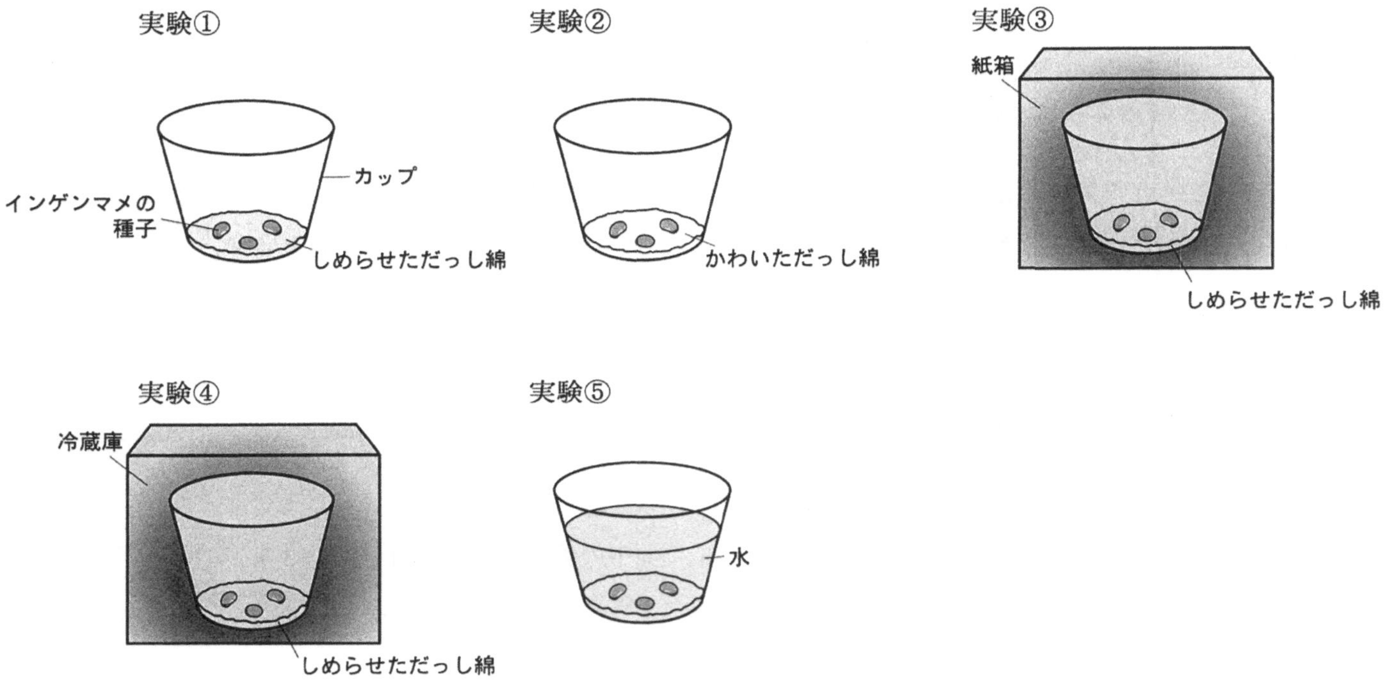

図1

表1

	実験①	実験②	実験③	実験④	実験⑤
だっし綿	しめらせる	かわいたまま	しめらせる	しめらせる	水につかっている
室温	25℃	25℃	25℃	4℃（冷蔵庫内）	25℃
その他の条件	なし	なし	紙箱をかぶせる（暗くなる）	冷蔵庫に入れる（暗くなる）	インゲンマメの種子が水につかるようにする

（1）図1の①～⑤の実験で、発芽するものはどれですか。①～⑤の中からすべて選んで、番号で答えなさい。

（2）実験③と④の結果からわかることとして、もっとも正しいものを次の（ア）～（ク）から１つ選んで、記号で答えなさい。

（ア）種子の発芽には、水が必要である。
（イ）種子の発芽には、水は必要でない。
（ウ）種子の発芽には、肥料が必要である。
（エ）種子の発芽には、肥料は必要でない。
（オ）種子の発芽には、空気が必要である。
（カ）種子の発芽には、空気は必要でない。
（キ）種子の発芽には、適当な温度が必要である。
（ク）種子の発芽には、適当な温度は必要でない。

（3）「種子の発芽には、光は必要でない」ことを示すには、どの実験を比べればよいですか。もっとも適当なものを次の（ア）～（オ）から１つ選んで、記号で答えなさい。

（ア）実験①と実験②
（イ）実験①と実験③
（ウ）実験②と実験③
（エ）実験③と実験⑤
（オ）実験④と実験⑤

（4）インゲンマメの種子に養分が含《ふく》まれているかどうかを確かめるために、インゲンマメの種子を半分に切り、その切り口に液体Ａをたらして色の変化を観察しました。液体Aの特徴《とくちょう》を述べたものとして正しいものを、次の（ア）～（エ）から１つ選んで、記号で答えなさい。

（ア）うすいアンモニア水にたらすと赤色になる。
（イ）うすい塩酸に反応して黄色になる。
（ウ）反応前の色は無色で、つんとしたにおいがある。
（エ）炊《た》いたご飯にたらすと青紫色《あおむらさきいろ》になる。

3 音について、次の（1）～（3）の問いに答えなさい。

（1）右のようにたいこをたたいて音を出したとき、音を出しているものはどうなっていますか。もっとも適当なものを次の（ア）～（エ）から1つ選んで、記号で答えなさい。

（ア）たいこのAの部分がふるえている。
（イ）たいこのBの部分がふるえている。
（ウ）ばちがふるえている。
（エ）ふるえているものはない。

（2）音の大きさをかえると、もののふるえ方はどのようになるかを調べるために、下の図1、図2のようなたいこと輪ゴムを使って実験しました。実験結果を正しく表しているのはどれですか。次の（ア）～（エ）から1つ選んで、記号で答えなさい。

	たいこ		輪ゴム	
	音を小さくしたとき	音を大きくしたとき	音を小さくしたとき	音を大きくしたとき
（ア）	ビーズが小さく動いた。	ビーズが大きく動いた。	輪ゴムが小さくふるえた。	輪ゴムが大きくふるえた。
（イ）	ビーズが小さく動いた。	ビーズが大きく動いた。	輪ゴムが大きくふるえた。	輪ゴムが小さくふるえた。
（ウ）	ビーズが大きく動いた。	ビーズが小さく動いた。	輪ゴムが小さくふるえた。	輪ゴムが大きくふるえた。
（エ）	ビーズが大きく動いた。	ビーズが小さく動いた。	輪ゴムが大きくふるえた。	輪ゴムが小さくふるえた。

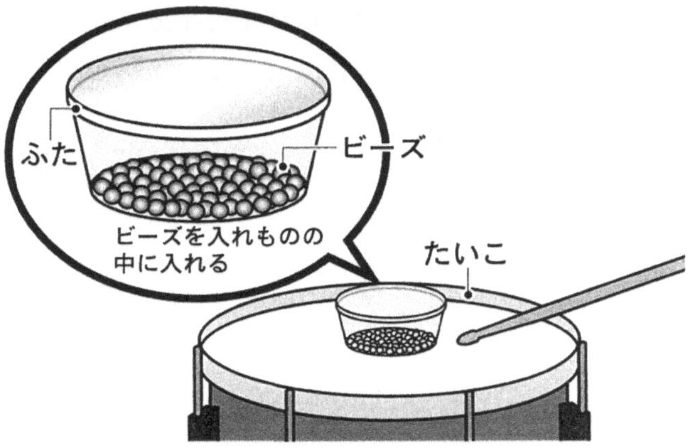

図1

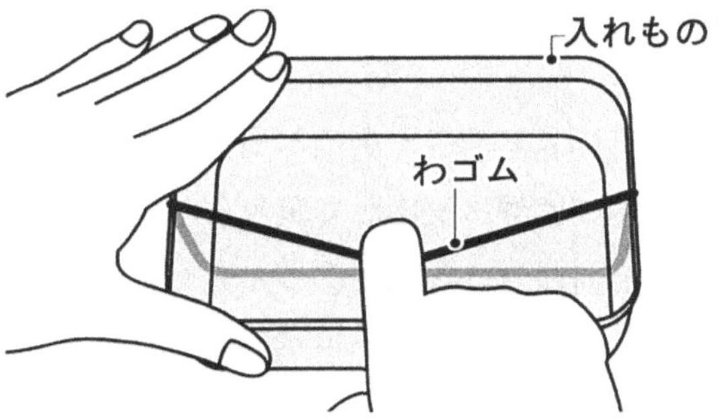

図2

（3）音の伝わり方を調べるために糸電話をつくりました。糸電話が音を伝えていることを示すにはどのように調べたらよいですか。適当なものを次の（ア）～（エ）からすべて選んで、記号で答えなさい。

（ア）糸電話の糸を指でさわってみる。
（イ）糸電話の糸に電子オルゴールをつなぐ。
（ウ）糸電話の糸にスパンコール※を通してスパンコールの動きを見る。
（エ）糸電話の糸に磁石《じしゃく》を近づける。

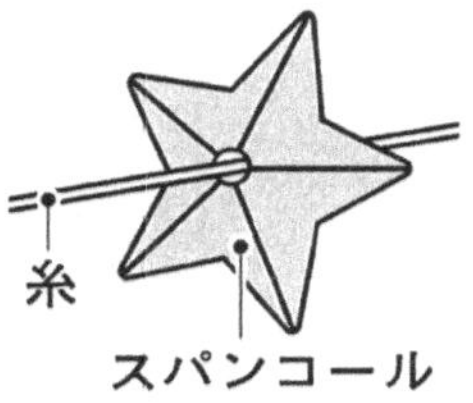

※スパンコールとは、上の図のようなかざりに使われるプラスチックなどで作られたものです。

4 びんの中のろうそくが燃えるようすを調べるために、下の図１～４のろうそくに火をつけて、実験をしました。これについて、下の（１）～（３）の問いに答えなさい。

図１　図２　図３　図４

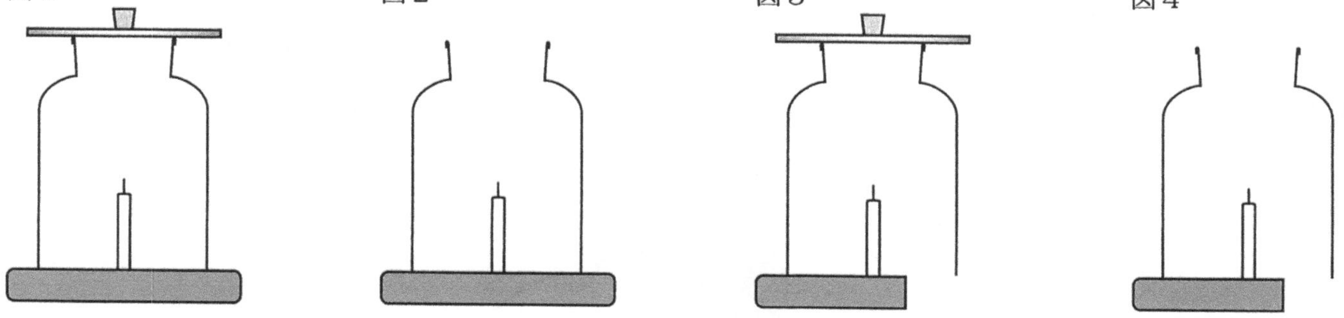

（１）図１～４のうち、ろうそくの火が途中《とちゅう》で消えてしまうものがあります。なぜろうそくの火は消えたのですか。その理由を次の（ア）～（オ）からすべて選んで、記号で答えなさい。

（ア）ろうそくの火がビンの中の酸素にふれたから。
（イ）ろうそくの火がビンの中のちっ素にふれたから。
（ウ）ろうそくの火がビンの中の二酸化炭素にふれたから。
（エ）ビンの中の酸素が少なくなったから。
（オ）ビンの中の空気の出入りがないから。

（２）上の図１で、ろうそくを燃やす前と、ろうそくの火が消えた後で、びんの中の気体の割合《わりあい》はどのようになりますか。もっとも近いと考えられるものを次の（ア）～（エ）から１つ選んで、記号で答えなさい。ただし、図の○、△、●は酸素、二酸化炭素、ちっ素のいずれかを表します。

燃やす前　（ア）　（イ）　（ウ）　（エ）

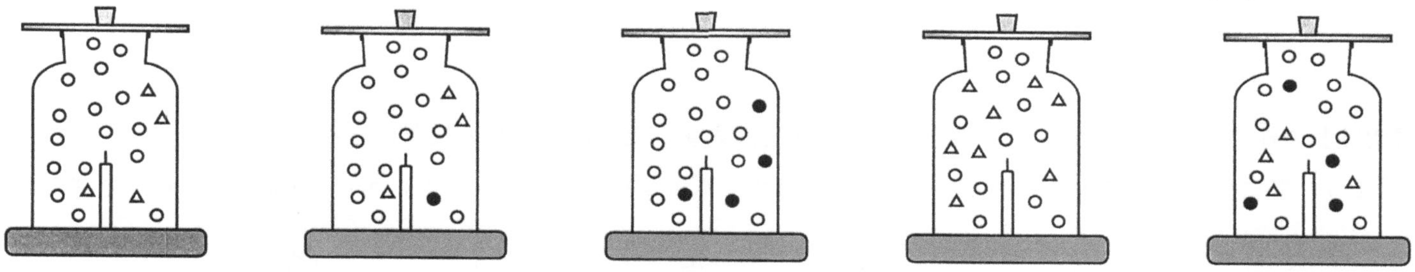

（３）ろうそくが燃えたときに発生する気体について正しいものを、次の（ア）～（カ）からすべて選んで、記号で答えなさい。

（ア）地球温暖化《おんだんか》の原因の一つになっている。
（イ）水にとけた水溶液は、ムラサキキャベツ液を黄色に変える。
（ウ）塩酸に多く含《ふく》まれている。
（エ）石灰水を白くにごらせる。
（オ）水にとけた水溶液を蒸発《じょうはつ》皿に入れて蒸発させると、白い粉が残る。
（カ）水にとけた水溶液は青色リトマス紙を赤色に変える。

5 月の位置と月の形の変化を調べるために、次のような【実験】と【観察】を行いました。これについて、あとの（1）～（4）の問いに答えなさい。

【実験】

暗くした部屋で、月に見立てたボールに、太陽に見立てた光を当てました。その後、図1のA～Hのように、ボールの位置を動かして、図1のPの地点からボールを観察し、明るく照らされた部分の形の変化を調べました。

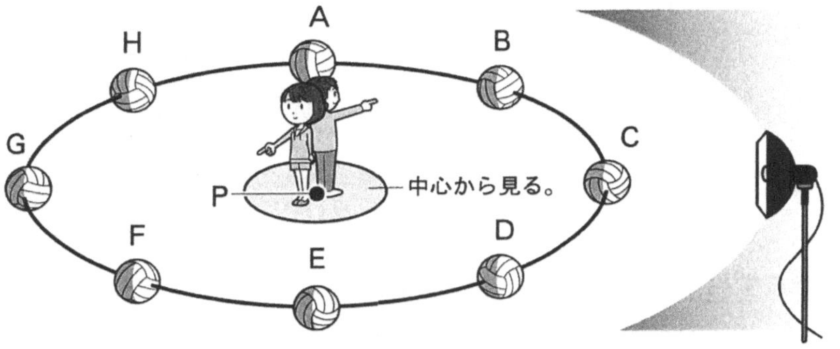

図1

【観察】

ある日の午後3時から1時間ごとに、午後5時まで、空に見える月の形と位置（方位と高さ）を記録しました。

（1）【実験】について、図1のBとHの位置にある月は、それぞれどのような形に見えると考えられますか。もっとも適当なものを次の（ア）～（カ）から1つずつ選んで、記号で答えなさい。

（ア）　（イ）　（ウ）　（エ）　（オ）　（カ）

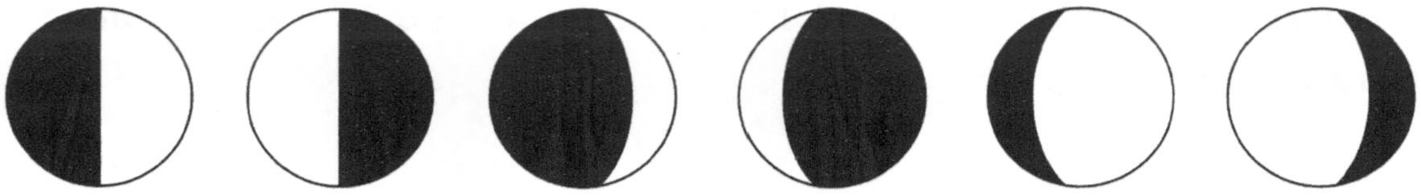

（2）【実験】の途中《とちゅう》で、P地点に地球に見立てたボールを置きました。図1のDの位置に立って、このボールを見たとき、どのような形に見えると考えられますか。もっとも適当なものを次の（ア）～（カ）から1つ選んで、記号で答えなさい。

（ア）　（イ）　（ウ）　（エ）　（オ）　（カ）

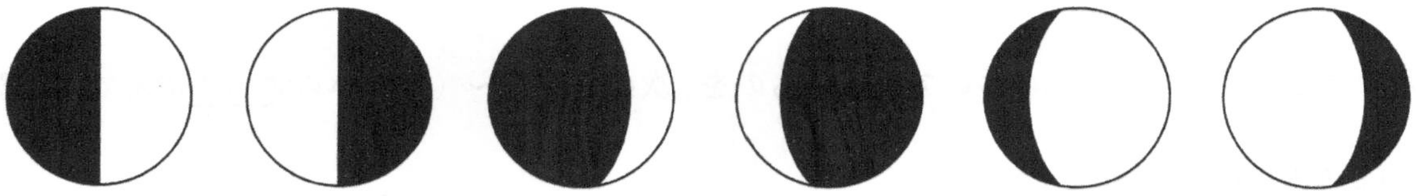

（３）【観察】について、図２は午後３時に見えた月の形と位置を記録したものです。午後５時になると、この月はどのように見えると考えられますか。もっとも適当なものを下の（ア）～（エ）から１つ選んで、記号で答えなさい。

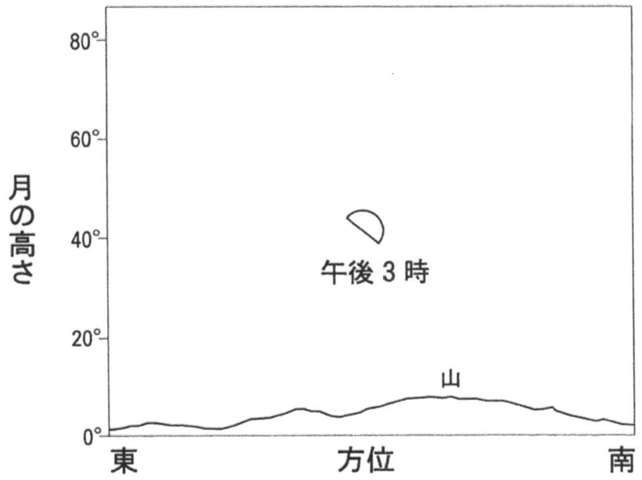

図２

（ア）

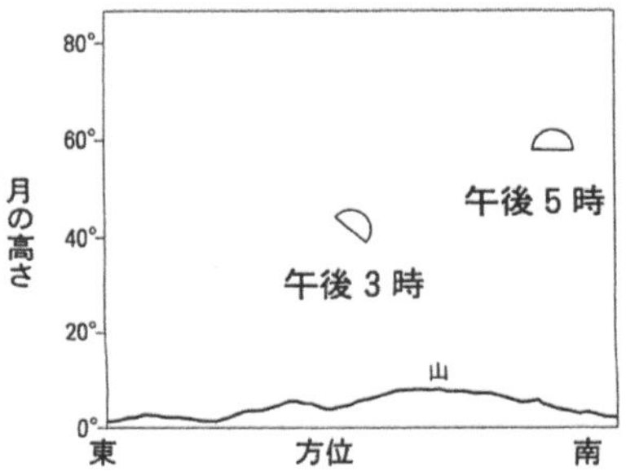

（イ）

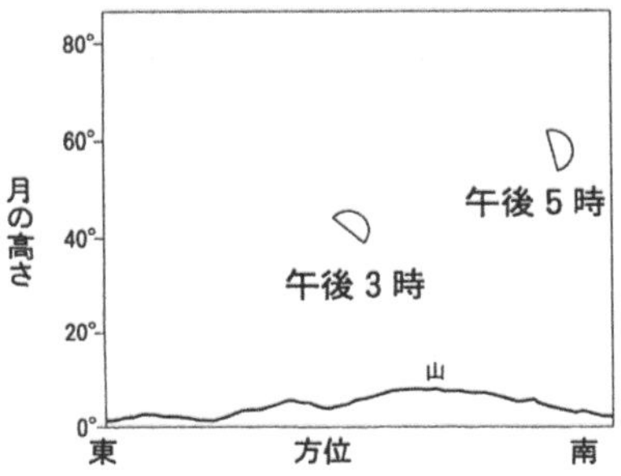

（ウ）

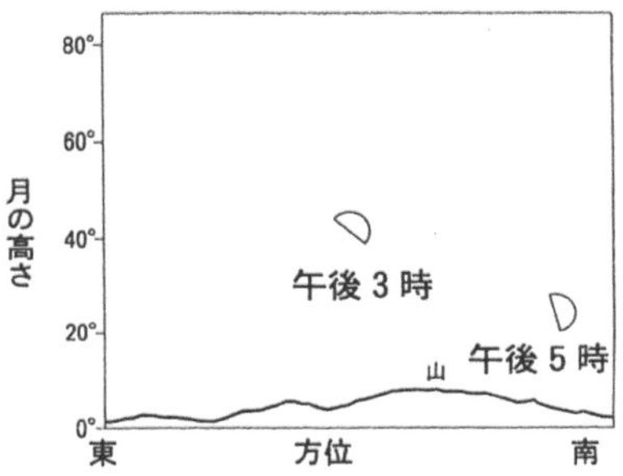

（エ）

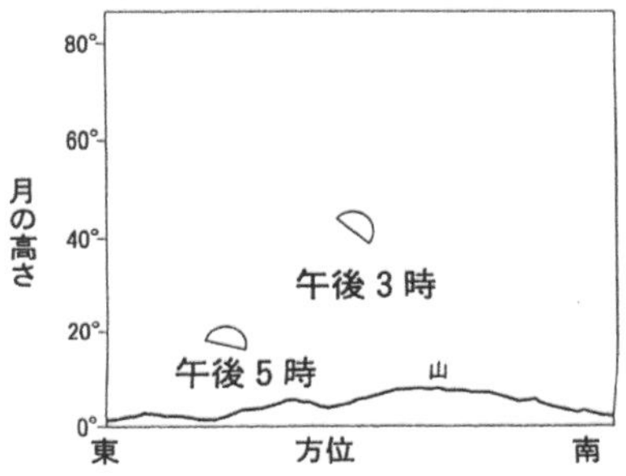

（４）（３）を観察した一週間後の月の形はどのような形に見えると考えられますか。また、この月が南の空高くのぼるのはいつごろだと考えられますか。形は（ア）～（エ）、時刻《じこく》は（オ）～（ク）からもっとも適当なものを１つずつ選んで、記号で答えなさい。

（ア）

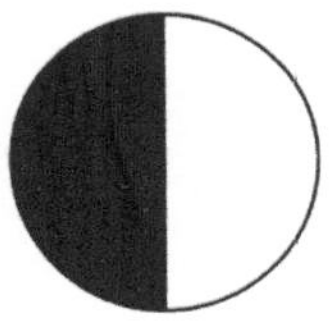

（イ）

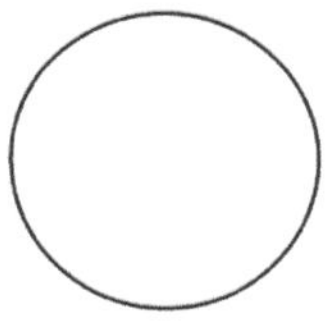

（ウ）

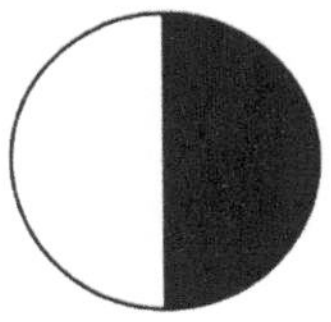

（エ）

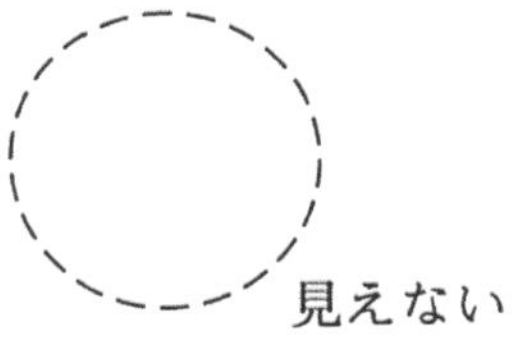

（オ）明け方ごろ

（カ）正午（午後０時）ごろ

（キ）夕方ごろ

（ク）真夜中（午前０時）ごろ

社　　会　　科（社会・理科　２科目40分）2023.1.14 実施

※20点満点　解答用紙・配点非公表

注意：語句で答える問題は、解答方法に指定のない場合、漢字・ひらがな・カタカナのどれで答えてもかまいません。

1　次の２つの資料を見て、下の（１）・（２）の問いに答えなさい。

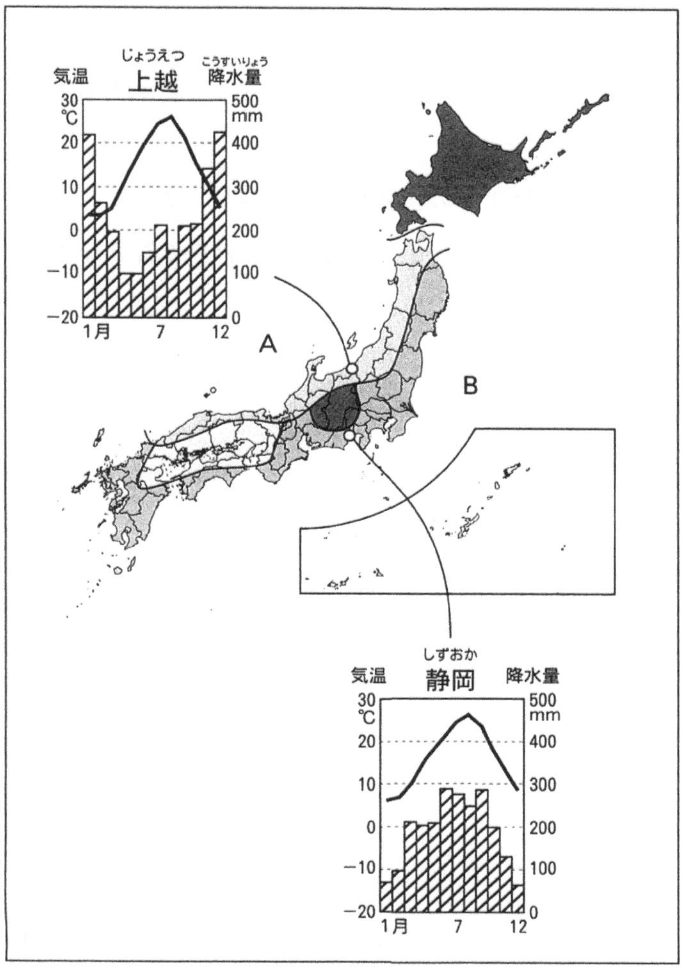

資料１　日本海側と太平洋側の気候

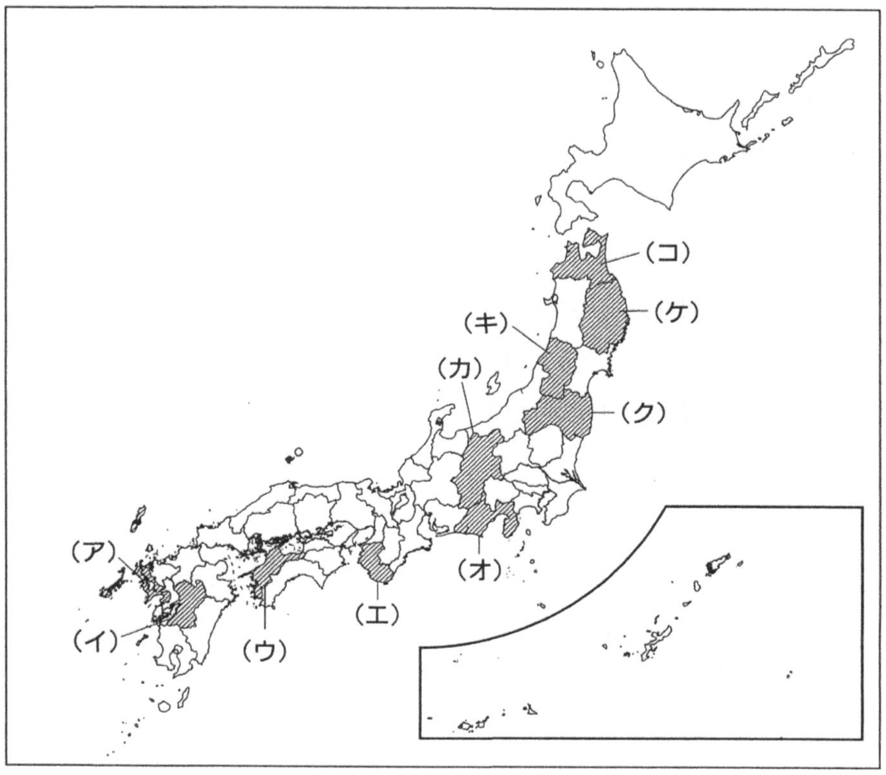

資料２　りんごの生産量上位５県とみかんの生産量上位５県

（１）上の資料１は、Aの気候区にふくまれる新潟県上越市《にいがたけんじょうえつし》と、Bの気候区にふくまれる静岡県静岡市《しずおかけんしずおかし》の気温と降水量《こうすいりょう》のグラフです。この２つのグラフを比べるとAの気候区とBの気候区で、特に冬の降水量にちがいがあることがわかります。Aの気候区とBの気候区で冬の降水量にちがいがある理由としてもっとも適当なものを、次の（ア）～（エ）から１つ選んで、記号で答えなさい。

（ア）日本列島は背骨《せぼね》のように山地や山脈が連なっているため。

（イ）日本列島のまわりには、暖流《だんりゅう》と寒流が流れこんでいるため。

（ウ）AよりもBのほうが海岸線が長いため。

（エ）AよりもBのほうが人口が多いため。

（２）上の資料２は、りんごの生産量の上位５県（青森県《あおもりけん》、長野県《ながのけん》、岩手県《いわてけん》、山形県《やまがたけん》、福島県《ふくしまけん》）と、みかんの生産量の上位５県（和歌山県《わかやまけん》、愛媛県《えひめけん》、静岡県《しずおかけん》、熊本県《くまもとけん》、長崎県《ながさきけん》）に斜線（　　）をいれたものです。

資料２について、次の①・②の問いに答えなさい。

① 上の資料２の（ア）～（コ）の県のうち山形県を記号で答えなさい。

② りんごとみかんの生産を分ける大きな要因としてもっともふさわしいものを、次の（ア）～（エ）から１つ選んで、記号で答えなさい。

（ア）地形　（イ）気温　（ウ）降水量　（エ）気候区

2 日本の産業について、次の（1）～（3）の問いに答えなさい。

（1）日本の農家は、おいしい農作物を生産するためにいろいろなくふうをしています。米の品種改良もその1つです。品種改良はおいしい米を開発するだけが目的ではありません。ほかにどのような目的があるか答えなさい。

（2）品種改良のような努力が続けられるいっぽうで、農業で働く若《わか》い人が減っているという課題があります。その理由の1つとして考えられることを、「自然を相手にするので」という書き始めで答えなさい。

（3）農業だけでなく、工業をとりまく様子も変わってきています。次の(ア)～(エ)は工業の変化について説明したものですが、あやまっているものが1つあります。あやまっているものを、次の（ア）～（エ）から1つ選んで、記号で答えなさい。

（ア）現在、海外で生産する日本の企業数《きぎょうすう》は減少傾向《けいこう》にある。

（イ）現在、日本の工場で働く人の数は減少傾向にある。

（ウ）現在、日本の輸出の中でいちばん額が多いのは機械類である。

（エ）現在、原材料の多くは輸入にたよっている。

3 森林の役割《やくわり》と保全について、次の（1）・（2）の問いに答えなさい。

（1）森林は木材を生み出すだけでなく、森林があることでわたしたちの生活に役立っていることが多くあります。森林の役割としてふさわしくないものを、次の（ア）～（エ）から1つ選んで、記号で答えなさい。

（ア）山くずれを防ぐ。

（イ）水をたくわえる。

（ウ）落雷《らくらい》を防ぐ。

（エ）二酸化炭素を吸収《きゅうしゅう》する。

（2）わたしたちの住む住宅《じゅうたく》の多くは木材で建てられています。木材を生み出す人工林は、天然林とはちがい手入れが必要です。手入れの1つに、太陽の光を木の根元にとどかせるために余分な木を切りたおすという作業があります。この作業を何というか答えなさい。

4　次のＡ～Ｆのカードは、さまざまな時代の日本の農村のようすについて書いたものです。それぞれのカードを見て、下の問いに答えなさい。

Ａ　田畑の広さや土地のよしあし、耕作している人物などを調べ、予想される収穫高《しゅうかくだか》を検地帳《けんちちょう》に記入する(あ)太閤検地《たいこうけんち》がおこなわれた。

Ｂ　百姓《ひゃくしょう》は、名主《なぬし》（庄屋《しょうや》）とよばれる有力者を中心に、自分たちで村を運営した。また、農具を改良したり肥料をくふうして、農業技術を進歩させた。

Ｃ　倉庫にたくわえられた食料や種もみ、田や用水、鉄の道具などをめぐって、むらとむらとの間で争いが起こった。

Ｄ　土地は、国から貸《か》し与《あた》えられ、租《そ》・調《ちょう》・庸《よう》といった税を納《おさ》めるとともに、役所や寺を建てたり、都や九州《きゅうしゅう》を守る兵士の役をつとめた。

Ｅ　これまでの身分制度が改められ、百姓は、平民となった。
(い)輸出用の生糸《きいと》の生産に必要な「まゆ」をつくるための養蚕《ようさん》がさかんになった。

Ｆ　戦乱《せんらん》が続くようになり、村人たちは自分たちの手で村を守るため、団結を強めた。祭りや盆《ぼん》おどりなども、さかんに行われ、田植えの時には田楽《でんがく》がおどられた。

（１）下線部(あ)を行った人物と関係のないものを、次の（ア）～（エ）から１つ選んで、記号で答えなさい。

（ア）２度にわたって朝鮮《ちょうせん》に大軍を送った。

（イ）村に住む人々が一揆《いっき》を起こさないように、刀や鉄砲《てっぽう》などの武器を取り上げた。

（ウ）徳川家康《とくがわいえやす》と関ヶ原《せきがはら》でたたかった。

（エ）全国の大名を従《したが》え、一向宗《いっこうしゅう》の勢力もおさえて、全国を統一した。

（２）カードＤの時代の説明としてもっとも適当なものを、次の（ア）～（エ）から１つ選んで、記号で答えなさい。

（ア）平清盛《たいらのきよもり》は、武士としてはじめて太政大臣《だじょうだいじん》になり、中央の政治を行った。

（イ）行基《ぎょうき》は、人々に熱心に仏教の教えを広めていた。また、ため池や道路、橋などをつくる土木工事をすすめた。

（ウ）足利尊氏《あしかがたかうじ》は、北条氏《ほうじょうし》をたおしたあと、京都《きょうと》に幕府《ばくふ》を開いた。

（エ）聖徳太子《しょうとくたいし》は、十七条の憲法《けんぽう》を定めて、新しい国づくりに向けての役人の心構えを示した。

（３）次の文章は、下線部(い)がさかんになったころのわが国の経済《けいざい》や社会のようすについて書いたものです。この文章を読み、下の①・②の問いに答えなさい。

政府は富岡製糸場《とみおかせいしじょう》などの官営工場をつくり、産業の育成をすすめた。その後、製糸業は、アメリカ向けの輸出産業として発展《はってん》した。また、八幡製鉄所《やはたせいてつしょ》などが建設され、重工業もしだいに発達した。一方、急速な工業の発達は、労働問題や公害問題を引きおこした。足尾銅山《あしおどうざん》の鉱毒事件では、衆議院議員《しゅうぎいんぎいん》の（　　　　）が、鉱山の操業《そうぎょう》停止と被害民《ひがいみん》救済《きゅうさい》を政府に訴《うった》えた。

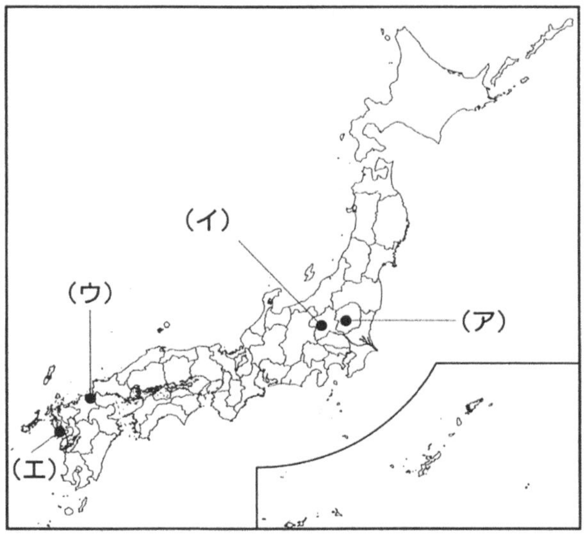

① 文章中の（　　）にあてはまる人名を答えなさい。

② 文章中の富岡製糸場の所在地を、右の地図中の（ア）～（エ）から１つ選んで、記号で答えなさい。

（４）Ａ～Ｆのカードを年代の古い順に並《なら》べたとき、２番めと４番めにくるカードを選んで、記号で答えなさい。

5　資料1～3をみて、次の（1）～（3）の問いに答えなさい。

（1）資料1の日露《にちろ》戦争に関する風刺画《ふうしが》の説明としてもっとも適当なものを、次の（ア）～（エ）から1つ選んで、記号で答えなさい。

（ア）ロシアが、日本とイギリスとアメリカの連合軍をおそれているようすを描《えが》いている。

（イ）イギリスが、日本にロシアとの戦争をけしかけているようすを描いている。

（ウ）アメリカが、日本とイギリスの対立を喜んでいるようすを描いている。

（エ）アメリカが、イギリスと日本の対立を見物しているようすを描いている。

資料1

（2）資料2は、10円硬貨《こうか》のイラストです。硬貨に描かれた建物が建てられたころの文化に関係するものを、次の（ア）～（エ）から1つ選んで、記号で答えなさい。

（ア）中国《ちゅうごく》や朝鮮《ちょうせん》半島からわたってきた渡来人《とらいじん》は、建築や土木工事、焼き物などの進んだ技術をもたらした。

（イ）国づくりのよりどころとして仏教が重んじられ、法隆寺《ほうりゅうじ》などの大きな寺が建てられた。

（ウ）かな文字がつくられ、日本古来の言葉や日本人の感情を自由に表現できるようになり、すぐれた文学作品が書かれた。

（エ）町人たちが中心となって、新しい文化が生まれた。人形浄瑠璃《にんぎょうじょうるり》や歌舞伎《かぶき》が、人々の楽しみとして広まった。

資料2

（3）資料3の建物ができた頃におこったできごとを、次の（ア）～（エ）から1つ選んで、記号で答えなさい。

（ア）平氏《へいし》が滅《ほろ》び、源氏《げんじ》のかしらが鎌倉《かまくら》に幕府《ばくふ》を開いた。

（イ）キリスト教が禁止され、貿易船の出入りを長崎《ながさき》のみとした。

（ウ）元《げん》の大軍が、2度にわたり九州《きゅうしゅう》北部にせめてきた。

（エ）幕府の力がおとろえ、戦国大名《せんごくだいみょう》とよばれる人たちがあらわれた。

資料3

6　次の図と文章を参考にして、下の（1）～（4）の問いに答えなさい。

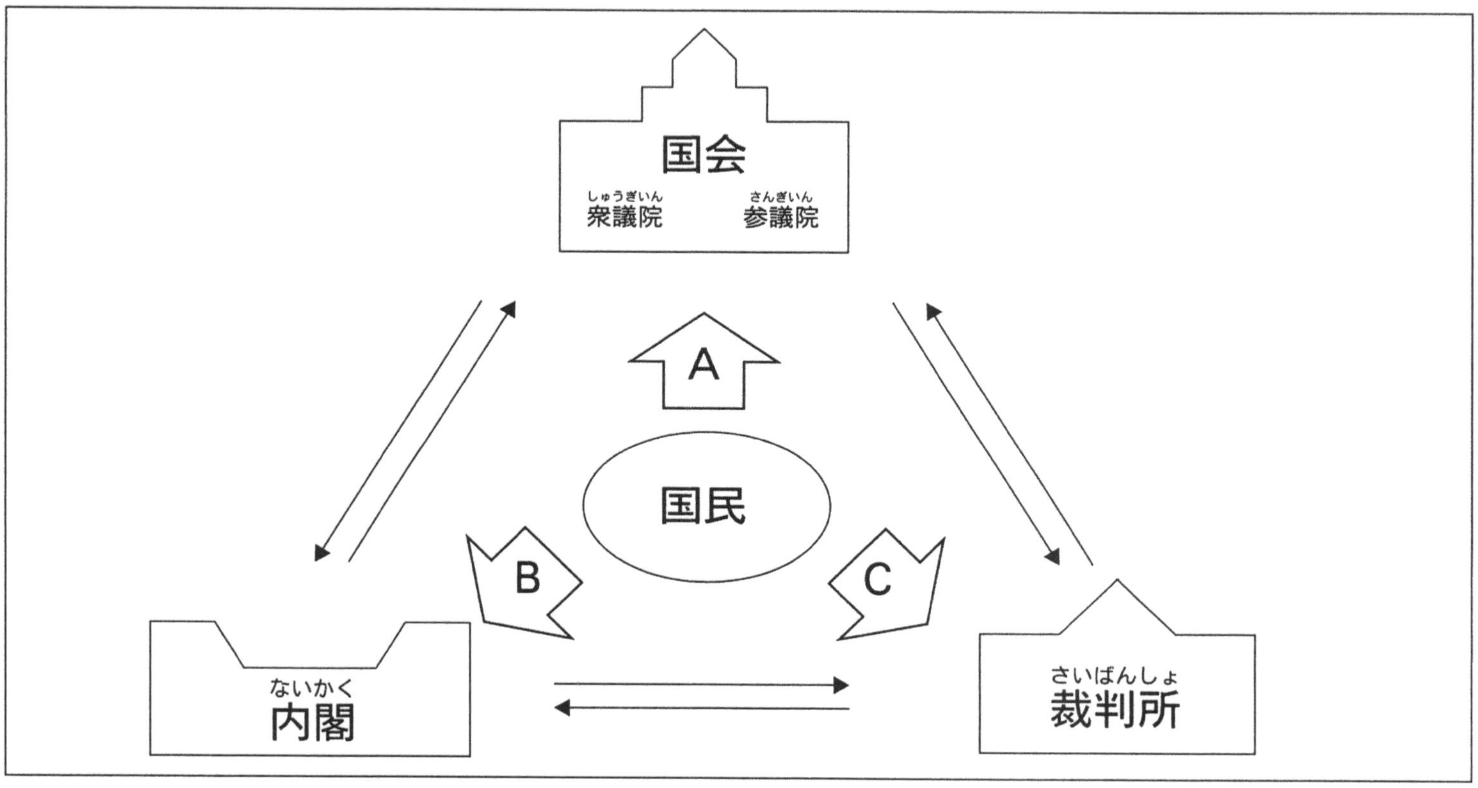

民主政治の基本は、国民主権《しゅけん》です。そして民主政治は憲法《けんぽう》をはじめとする法に従《したが》い、議会を通じて行われます。政治の働きは、国会、内閣《ないかく》、裁判所《さいばんしょ》が持つ、①それぞれの権力《けんりょく》が強くなりすぎないように、たがいに確認《かくにん》し合う仕組みになっています。これを三権分立《さんけんぶんりつ》と呼《よ》びます。

（1）国会、内閣、裁判所が持つ三権のうち、裁判所が持つ権力を何というか、答えなさい。

（2）国会の仕事について、あやまっているものを、次の（ア）～（エ）から１つ選んで、記号で答えなさい。
（ア）法律《ほうりつ》を定める　（イ）外国と条約を結ぶ　（ウ）裁判所の裁判官《さいばんかん》を裁判する　（エ）国の予算を決める

（3）図のＣは、最高裁判所の裁判官が適任《てきにん》かどうか投票を行い、やめさせたほうがよいとする票が多数を占《し》めた裁判官は、やめさせられるという制度《せいど》である。この制度を何というか、答えなさい。

（4）下線部①について、国の権力を分けていないと、どのような心配があるか。具体的な例を挙げて答えなさい。

令和四年度　国語科　（40分）

二〇二二・一・一五　実施

京都教育大学附属桃山中学校

六枚中の一枚め

※40点満点　解答用紙・配点非公表

一　次の文章を読んで、あとの(1)～(10)の問いに答えなさい。（①～⑳は段落《だんらく》番号を表します）

①直接的に目に入ってくる「活字」に気をとられてよくわからないことが多いのですが、1本を読むことの価値《かち》とは、じつは筆者との「対話」にあるのです。

②読書で何がすばらしいかというと、たとえば極端《きょくたん》な話、万葉集でも平家物語でも何でもいいのですが、千年以上前の人間、しかも歴史を代表する知識や感覚を持った人物とだって対話ができるということなのです。あるいはドストエフスキー(注1)やトルストイを読むということは、時代が百年以上違《ちが》う、しかも外国の、直接には決してコミュニケーションをとることがまったく不可能な天才たちと対話をしているということです。

③目で活字を追いながらも、筆者の声が聞こえてくる感じがつかめることが、本を読めばいつでもというわけにはいきませんが、確かにあります。

④2そのことを本当に実感したことがあります。

⑤私はゲオルク・ジンメルという約百年前ドイツで活躍《かつやく》した学者の研究を専門《せんもん》にしていて、数年前に『ジンメル・つながりの哲学《てつがく》』(注2)という本を書きました。その作業中、まさに百年前にドイツで生きたジンメルという人間と、「どうなの？これどうなの？」という会話をしている実感があったのです。たしかにそこまでいたるには相当（あ）な集中力が必要です。でも、真剣《しんけん》にあるテイド（い）耳を傾《かたむ》けようとすれば、〔いま・ここ〕にはいない筆者と、いつのまにか直接対話しているような感覚を味わえることもあるのです。

⑥みなさんでしたら、大好きな小説家、詩人、歴史上の人物でもいいでしょう。本の世界に入っていくと、文字を通して、書き手や登場人物の声がなんとなく聞こえてくるような感覚、コミュニケーションがだんだん両方の方向になっていく感覚が生まれてくることがあるのです。

⑦もちろん本を読めばいつでも［A］、というわけにはいきません。でも、私が『つながりの哲学』を書いていたときは、「ジンメルだったら今の日本をどういうふうに見るんだろうな」というようなことを、ずっと考えながら書いていたので、なんとなく彼がいつのまにか今の時代にタイムスリップ(注3)してきて、今の日本を見ながら私に語りかけてくれているような気分になっていました。

⑧コミュニケーションの価値って、じつはこういうところにあるんじゃないかと思います。

⑨具体的な人との関係でも、何となく言葉を交わしているだけではだめなのです。

⑩ちょっと心地よくなると、すぐその場を放棄《ほうき》(注4)できてしまう言葉がいくつも準備されていて、自分の感覚的な調子とかリズムとか、そういうものの心地よさだけで親しさを確認していると、やはり関係は本当の意味で深まっていきません。3料理でいうと「苦み」のない、ただ甘《あま》いだけの料理を求めてしまう感じですね。

⑪調子とリズムだけの親しさには、深みも味わいもありません。そればかりか、友だちは多いのに寂《さび》しいとか、いつ裏切《うらぎ》られるかわからないとか、調子がちょっと合わなくなってきたらもうダメだとか、そういう薄《うす》い不安定な関係しか築けなくなるのではないかと思います。

⑫読書のよさは、一つには今ここにいない人と対話をして、自分の感情を豊かにできること。しかも二つ目として、くり返し読み直したりすることによって、自分が納得《なっとく》するまで時間をかけ理解を深められること（実際の会話では「えっ、今なんて言ったの。もう一度言ってみて」、なんて何度も聞きなおすことはできませんものね）。あと三つ目としては、多くの本を読むということは、いろんな人が語ってくれるわけですから、小説にしても論説《ろんせつ》(注5)にしても、「あ、こんな考え方がある」「ナルホド、そういう感じ方があるのか」というように、色々な発見を自分の中に取り込《こ》めること。実際のつき合いではそんなにいろいろなキャラクターの人とコミュニケーションすると疲《つか》れることがありますよね。でも本を読む上では作者でも登場人物でも、いろいろな性格の人と比較的《ひかくてき》楽に対話することができます。その結果、少しずつ自分の感じ方や考え方を作り変えていくことができるわけです。そういう体験を少しずつ積み重ねることは、多少シンドイ面もありますが、慣れてくると、じつはとても楽しい作業になるのです。

⑬こうしたことに関係がある大事な言葉として、4「楽（ラク）」と「楽しい」という二つの言葉を対比させて考えることができると思います。

⑭「楽（ラク）」も、「楽しい」も、漢字は同じですよね。

⑮この二つの意味するところは、一致《いっち》する場合もあるけれど、でも必ずしもまったく重なるというわけではありません。

⑯ラクして得られる楽しさはたいしたことはなくて、むしろ苦しいことを通して初めて得られる楽しさのほうが大きいことがよくあるのです。

⑰苦しさといっても、別に大げさなことである必要はありません。

⑱私は青森県《あおもりけん》の弘前市《ひろさきし》に住んでいたことがあるのですが、弘前公園《ひろさきこうえん》は桜《さくら》が有名で、どうせなら一番きれいな桜を見たいなと思ったことがありました。でも夜は花見でシートを敷《し》いて、ご飯を食べたり、昼は昼で人が多い。桜そのものの美しさと静かに向き合いたいのにそれができない。いっそ思い切って早朝五時ごろに見に行こうと思い立ちました。じつは私は早起きはとても苦手なのですが、その日だけはなんとか頑張《がんば》って早起きすることができました。眠《ねむ》い目をこすりながら公園に行ってみると、きれいな澄《す》んだ空気と静かな中に、ソメイヨシノがふわっと咲《さ》いて浮《う》かび上がる姿《すがた》が、なんとも立派《りっぱ》で美しいものでした。静かな雰囲気《ふんいき》で本当に美しい桜を見てみようと思い立ち、ラクをせずに早起きするというちょっとだけ苦しい思い（じつは私としてはとても頑張ったのですが！）をしてみると、「なるほどこういうすばらしい体験が待っているんだなあ」と、そのときつくづく思ったものです。

⑲「ちょっと苦しい思いをしてみる」ことを通して、本当の楽しさ、生のあじわいを得るという経験はとても大切なんじゃないかと思うんです。ラクばかりして得られる楽しさにはどうも早く限界（あきること）が来るような気がします。けれどちょっと無理して頑張ってみることで得られた楽しさは、その思いがとても長続きして、次に頑張る力を支えるエネルギーにもなります。かといって、ものすごく大変な苦しみばかりでは、疲《つか》れて嫌《いや》になってしまいますよね。どれくらいの努力、どのくらいの頑張りが、本当の楽しさをあじわうきっかけや力になるのかということを若い人たちにアドバイスしたり、自分で手本となって示せることも、「大人」といわれる人びとのとても大切な［B］役割《やくわり》だと思うのです。

⑳こうしたことは、人間関係にだってあてはまると考えられます。他の人への恐《おそ》れの感覚や自分を表現することの恐れを多少乗り越《こ》えて、少々苦労して人とぶつかりあいながらも理解を深めていくことによって、「この人と付き合えて本当によかったな」という思いを込《こ》めて、人とつながることができるようになると思うのです。

（菅野《かんの》　仁《ひとし》『友だち幻想《げんそう》―人と人の「つながり」を考える―』ちくまプリマー新書を出題にあたって、一部を書き改めたもの）

（注1）ドストエフスキーやトルストイ…二人とも19世紀のロシアを代表する小説家。
（注2）哲学《てつがく》…全ての物事の真理について考える学問。
（注3）タイムスリップ…現在の時間、空間から過去や未来に移動すること。
（注4）放棄《ほうき》…すててしまうこと。
（注5）論説《ろんせつ》…意見を述べて説明する文章。

(1)　＝線あ「相当」のよみがなをひらがなで書きなさい。また、＝線い「テイド」を漢字に直しなさい。

(2)　―線1「本を読むことの価値《かち》とは、じつは筆者との「対話」にある」とありますが、このことについて具体例を示して説明しているのは、どの段落《だんらく》ですか。②〜⑪の段落から一つ抜《ぬ》き出して、段落番号を数字で書きなさい。

(3)　―線2「そのこと」とありますが、どのようなことですか。「〜こと」が後ろに続くように、文章中から三十字で探《さが》して、初めと終わりの三字を書きなさい。

(4)　［A］にあてはまる内容を、文章中の言葉を使って十字以内で書きなさい。

(5)　―線3「料理でいうと「苦み」のない、ただ甘《あま》いだけの料理を求めてしまう」とありますが、これは、人との関係でいうと、どういうことになりますか。文章中の言葉を使って書きなさい。

(6) ――線4「「楽（ラク）」と「楽しい」」とありますが、この二つの言葉はどのような例として取り上げられていますか。この二つの言葉について、説明されている一文を探《さが》して、初めの五字を書きなさい。

(7) 筆者は桜《さくら》の花見のエピソードのことを通して、どのようなことを言おうとしていますか。最も適当なものを、次の(ア)～(エ)から一つ選んで、記号で答えなさい。

(ア) 自分にとって少し苦しい経験をすることで、本当の楽しさを得ることができるということ。

(イ) 人が多いときよりも、人が少ないときの方が物事の素晴《すば》らしさを感じられるということ。

(ウ) 頑張《がんば》って早く起きることは、いろいろと自分にとって利益を得ることが多いということ。

(エ) どうしたらできないことができるようになるか、知恵をしぼることが大切だということ。

(8) B にあてはまる言葉として、最も適当なものを、次の(ア)～(エ)から一つ選んで、記号で答えなさい。

(ア) 基本的な

(イ) 生物的な

(ウ) 理想的な

(エ) 社会的な

(9) 筆者は文章中で、「読書のよさ」を三つ述べています。三つの内容を、文章中の言葉を使って、それぞれ三十字以内で書きなさい。（解答用紙にはどの順番で書いてもよい）

(10) この文章の書き方の特徴《とくちょう》として、最も適当なものを、次の(ア)～(エ)から一つ選んで、記号で答えなさい。

(ア) 文末を「です・ます」でまとめることによって、筆者がていねいな人物であることを伝えようとしている。

(イ) 筆者が体験したことのある例を取り上げて、具体的に読者が想像しやすいように説明をしている。

(ウ) 読者に筆者の考えていることをおしつけるように、強く考えや意見を主張したり、説明したりしている。

(エ) 客観的なさまざまな資料を読者に示すことによって、筆者の意見についての説得力を高めている。

2022(R4) 京都教育大学附属桃山中
教英出版 国6の3

国　語　科

二　次の文章を読んで、あとの(1)～(12)の問いに答えなさい。

ひまでしかたがない、小学校五年生の圭太《けいた》は、弟の広太《こうた》を誘《さそ》い、以前通った「バスの図書館」へ行ってみた。管理人のおじいさんが亡《な》くなってから、使われずにいた「バスの図書館」は、かつての面影《おもかげ》を失い荒《あ》れ果《は》てていた。二人は、こっそりとバスに入り込《こ》んだ。

おじいさんが死んだ日から、だれも歩かなかった床《ゆか》に、二人の足跡《あしあと》が、てんてんとついていきます。

何冊《なんさつ》か、床に置きっぱなしの本がありました。だれかが、こっそり返していった本かもしれません。そんな本は、床と区別がつかないくらい、埃《ほこり》で真っ白になっています。

圭太は、本棚《ほんだな》を見てまわりました。

どの本にも、見おぼえがありました。どれが読んだことのある本で、どれが読んだことのない本か、一目《ひとめ》でわかります。まだ読んだことのない本が、たくさんありました。高学年向きの本が読めるようになる前に、図書館が休みになってしまったからです。

「これ、おじいさんがよく読んでくれた本だ。」

圭太が指で、そっと本の表紙をなでました。

広太が、後ろからのぞきこみます。

「ぼくも、おじいさんのこと、ちょっとだけ、おぼえているよ。」

広太が、言いました。

窓《まど》から、陽《ひ》がさしこんでいます。床に㋐開いた穴《あな》から、ひょろっと伸《の》びた草に、光があたっています。

圭太は、バスの天井《てんじょう》にある小さい窓のことを思いだしました。

(あ)オりたたみ椅子《いす》を出してきて、広太に支えてもらいながら、天井の窓を開けてみました。

「わあ。」

広太が、声をあげました。

「兄ちゃん、空が、見える。」

後ろ向きにたおれそうになりながら、広太が、バスの小さな天井の窓から、空を眺《なが》めて大喜びです。

それから、バスにある窓という窓をぜんぶ、二人で開けてまわりました。

錆《さ》びついた窓は、接着剤《せっちゃくざい》でくっつけたみたいにかたかったけれど、力をふりしぼって、一つずつ開けました。

一つ開けるたびに、すぅーっと風が入ってきます。むうっとしていたバスの中が、少しずつ気持ちよくなっていきます。光も、いっぱい入ってきます。

「ひゃっほー。」

声をあげてふざけてはねると、埃が、きらきら光の中で回りました。

「けほっ、けほっ。」

圭太が埃にせきこんで、広太は大笑いです。

流れる雲が、天井の窓から天井の窓へと移っていきます。ぴちぴちさえずる鳥の声や、木のざわざわする音が聞こえます。草や木や土の匂《にお》いが、少ししています。

「いいね、いいね。」

広太が、興奮《こうふん》してバスを駆《か》けまわります。

「すっごく、いいよ。」

[1]「もっと、もっと、このバス、よかったんだぞ。」

まるで自分のことのように、圭太が言いました。

圭太は、[2]少しだけ元気を取りもどしたバスのことが、嬉《うれ》しくてたまりませんでした。

持ってきた本を本棚に返したあと、圭太と広太は、暗くなるまでバスで過ごしました。圭太が広太に本を読んでやったり、おもしろい本をおしえ合ったり、それぞれがおりたたみ椅子を出してきて読んだり、退屈《たいくつ》することはありませんでした。

広太が、「暗くて、読めないよ、兄ちゃん、電気つけて」と言うのを聞いて、やっと圭太は、夕方になっていたことに気づきました。

外はもうだいぶ暗くなっています。

おじいさんは、暗くなる前に、みんなを帰すようにしていました。おじいさんのいないときは、大きい子が代わりをしていました。

バスの電気がともるころ、子どもたちはバスをあとにします。一人残ったおじいさんが、あとかたづけをしていました。

圭太《けいた》は、一度だけ、暗くなってからバスに来たことがあります。そこだけ明るいバスの中で、おじいさんが掃除機《そうじき》をかけていました。圭太を見ると、おじいさんが、「おっ」と、手をあげました。それから、少し話をして、本を取りかえてもらったことをよくおぼえています。

「帰ろっか。」

圭太が、電気をつけないでそう言うと、広太《こうた》がむっとした顔をしました。

「あとすこしで、読みおわるのに。」

「電気をつけたら、まずいよ。目立つだろ。ないしょで、入り込《こ》んでるのに、見つかっちゃうよ。」

「めだつもんか。」

「家にいるおばあさんが、気づくよ。」

「こんな裏《うら》のほうまで、ぜったい見ないよ。それに、見たでしょ。すごい(い)雑草だったじゃない。こっちのほうまで気にしてないってことだよ。」

そう言われてみれば、そんな気もします。【A】、こっそり入り込んでいるには、違《ちが》いないのだから、あまり長くいてはいけないのではないでしょうか。

薄暗《うすぐら》いバスの中で、圭太は考えました。

「やっぱり帰ろう。その本、借りて帰ったらいいじゃないか。」

「えっ。いいの。図書館、やってないのに。」

【I】

圭太は、悩《なや》みました。ずっとお休みがつづいている図書館の本を、黙《だま》って借りていくのは、いけないことなのでしょうか。

【II】

おばあさんに、貸してくださいと頼《たの》みに行くのは、おっくうです。

圭太は心の中で、おじいさんに、貸してくださいと頼むことにしました。必ず、すぐに返しますから。

「借りて帰ろう。ちゃんと返せばいいよ。ここは、【　a　】なんだから。」

「兄ちゃんも、借りていく?」

「二冊《さつ》、借りる。これ、もう、読みおわるとこだし。」

「じゃぁ、ぼくも、二冊、借りる。これ、もう、読みおわるとこだし。」

広太が、二冊目の本を選んでいる間に、圭太は、窓を閉めてまわりました。

【III】

[3]圭太は、二冊目の本が決まっています。おじいさんがよく読んでくれた、冒険《ぼうけん》物語です。大きくなったら読もうと、ずっと思っていました。今なら、一人で読みとおせるはずです。

広太が、本を選びおわって、[4]最後に天井の窓を二人で閉めてまわりました。

【IV】

「あっ、星。」

小さなバスの天井の窓から、星がひとつ、のぞいていました。

空は、いつのまにか、藍色《あいいろ》になっていました。

（大島真寿美《おおしまますみ》『ぼくらのバス』を出題にあたって、一部を書き改めたもの）

(1)　＝＝線㋐「開」の部首名をひらがなで書きなさい。

(2)　＝＝線(あ)「オ」を漢字に直しなさい。また、＝＝線(い)「雑草」のよみがなをひらがなで書きなさい。

(3) ――線1「もっと、もっと、このバス、よかったんだぞ。」とありますが、このバスは圭太《けいた》にとって、どのようなものでしたか。「おじいさん」という言葉を使って、二十字以内で書きなさい。

(4) ――線2「少しだけ元気を取りもどしたバス」とありますが、なぜ、少しだけ元気を取りもどしたのですか。次の(ア)～(エ)から一つ選んで、記号で答えなさい。

(ア) バスの中の窓を開けることで、風や光が入って、自然の音やにおいがしてきたため。

(イ) おじいさんが死んでから、だれも歩いていなかったバスの床に二人が足跡《あしあと》をつけたため。

(ウ) 圭太の見覚えのある本や、まだ読んだことのない本がそのままバスの中にあったため。

(エ) 埃《ほこり》で真っ白になったバスの床の開いた穴から、ひょろっとした草が伸《の》びていたため。

(5) [A] にあてはまるつなぎ言葉を、次の(ア)～(エ)から一つ選んで、記号で答えなさい。

(ア) そして　(イ) しかし　(ウ) また　(エ) ところで

(6) 【 a 】にあてはまる言葉を、文章中から五字以内で探《さが》して書きなさい。

(7) 次の一文が文章中から抜《ぬ》けています。[Ⅰ]～[Ⅳ]のどこに入れるとよいですか。[Ⅰ]～[Ⅳ]の記号で答えなさい。

だいいち、それでは、こっそり入り込《こ》んだことを、説明しなくてはなりません。

(8) ――線3「圭太は、二冊目の本が決まっています。おじいさんがよく読んでくれた、冒険《ぼうけん》物語です。大きくなったら読もうと、ずっと思っていました。今なら、一人で読み通せるはずです。」とありますが、ここから圭太はこの後どうなっていくことが予想されますか。次の(ア)～(エ)から二つ選んで、記号で答えなさい。

(ア) 圭太が日々の生活を充実させて、一回り大きく成長していくことが予想される。

(イ) 圭太はおじいさんとの思い出にひたり、過去にもどりたいとを願うことが予想される。

(ウ) 圭太がどんどん色々な新しいことにチャレンジしていくことが予想される。

(エ) 圭太は広太《こうた》と二人で図書館を再開して、引き継《つ》いで運営していくことが予想される。

(9) ――線4「最後に」はどの部分を説明していますか。次の(ア)～(エ)から一つ選んで、記号で答えなさい。

(ア) 天井《てんじょう》の　(イ) 窓を　(ウ) 二人で　(エ) 閉めて

(10) 圭太と広太の二人が、時間がたつのを忘《わす》れて長い時間、本を読むのに夢中《むちゅう》になっていたことがわかる一文を、文章中から探して、初めと終わりの三字を書きなさい。

(11) 本文中には、主人公が心の中でおじいさんに言ったセリフが二つあります。それぞれ十字以内（①）と十五字以内（②）で探して書きなさい。

(12) 次の①～③の指示に従《したが》って、述べなさい。

① あなたの心を動かした人との関わりについて、「だれとの」「どういった関わり」が「あなたにどのような影響《えいきょう》を与えたか」を書きなさい。

② 二百字以上二百五十字以内で書くこと。（句読点やかっこ、記号も字数に数えます）

③ 改行をしたい場合でも改行をしないこと。左の例のように■マークを一マスに書いて、そのまま次の文章を続けて書きなさい。■マークが書かれていると、そこで改行したものとみなします。

（例）と思いました。■ところが

京都教育大学附属桃山中学校

算　数　科　(40分)

2022.1.15 実施

※40点満点　解答用紙・配点非公表

注意：答えが分数のときは、約分すること。ただし、答えは仮分数でも、帯分数でもよろしい。
また、円周率を使う必要がある場合は３．１４を用いること。

1　次の（１）～（５）の計算をしなさい。

（１）$15-5\div15\times(21-9)$

（２）$3.7+4.5\div0.5-12.7$

（３）$\frac{3}{4}-\frac{1}{6}-\frac{1}{3}-\frac{1}{12}$

（４）$\frac{5}{9}\times\frac{4}{15}\div\frac{2}{9}\div\frac{2}{3}$

（５）$\frac{1}{2}+\frac{1}{6}+\frac{1}{12}+\frac{1}{20}+\frac{1}{30}+\frac{1}{42}+\frac{1}{56}+\frac{1}{72}+\frac{1}{90}$

2　次の（１）～（10）の［　　　］にあてはまる数を答えなさい。

（１）１個［　　　］円のミカンを12個買いました。１割引《わりびき》にしてもらったので540円払《はら》いました。

（２）1024の約数は全部で［　　　］個あります。

（３）百のくらいまでのがい数で表したとき、5400になる数のうち、もっとも大きい整数は［　　　］です。

（４）面積が314cm²の円の直径は［　　　］cmです。

（５）音の伝わる速さが秒速340mのとき、1190m先で音が聞こえるのは［　　　］秒後です。

（６）全校生徒1200人の学校で携帯電話《けいたいでんわ》を持っている人の割合《わりあい》を調べると［　　　］％でした。
携帯電話を持っている人は876人です。

（７）1.2Lの重さが１kgの油があります。油９Lの重さは［　　　］kgです。

（８）姉はコインを72個、妹は［　　　］個持っています。姉が妹に12個あげると、２人のコインの数は等しくなりました。

（９）２つの整数があります。その２つの整数の和は19で差は３です。この２つの整数の積は［　　　］です。

（10）１辺が６cmの立方体の体積は、１辺［　　　］cmの立方体の体積の27倍です。

京都教育大学附属桃山中学校

3　次の図は３つの正方形を組み合わせたものです。面積の合計を求めなさい。

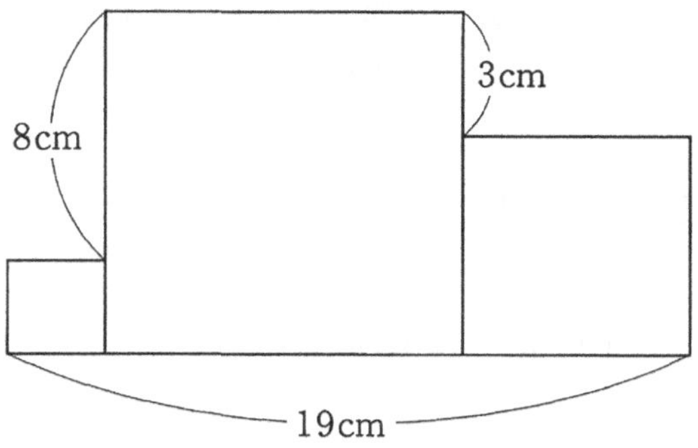

4　次の図は同じ正方形４つと同じ正三角形８つを組み合わせたものです。面積の合計を求めなさい。

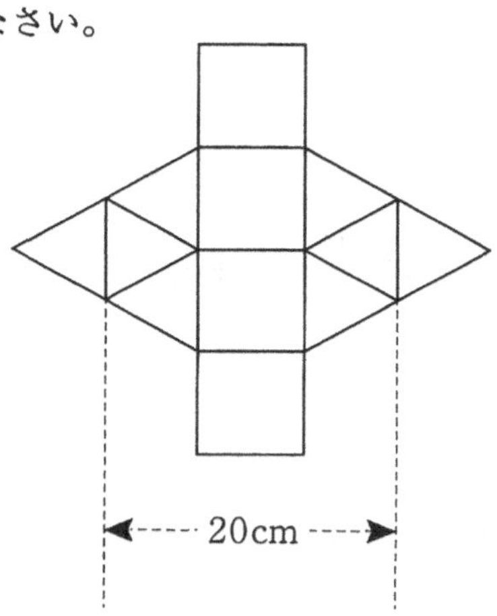

5　右の図のような直方体があります。次の（１）・（２）の問いに答えなさい。
ただし（あ）の面の面積は54cm^2、（い）の面の面積は216cm^2、（う）の面の面積は144cm^2とします。

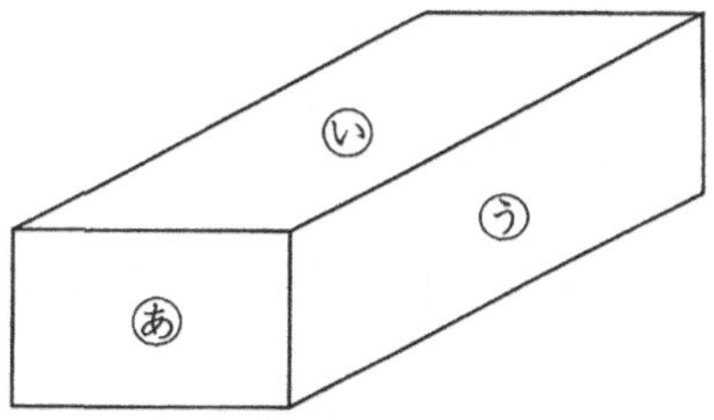

（１）直方体の体積を求めなさい。

（２）この直方体を同じ向きにすきまなく組み合わせて、できるだけ小さい立方体をつくります。この直方体は何個必要ですか。

6　色の異《こと》なる玉が６つあります。これらの玉にひもを通して輪をつくります。玉のならびかたは何通りあるか答えなさい。

7　次のようなカードが６枚あります。それぞれに０から５の整数がかかれています。このカードから４枚を選んで４ケタの整数をつくります。これについて下の（１）～（４）の問いに答えなさい。

0	1	2	3	4	5

（１）４ケタの整数は、全部で何通りありますか。

（２）偶数《ぐうすう》は、何通りありますか。

（３）2410より大きい整数は、何通りありますか。

（４）６の倍数になる整数は、何通りありますか。

8　Ａ君は、図書館から4000mはなれた学校まで徒歩で移動し、50分後に学校に着きます。
Ａ君が図書館を出発して６分30秒後に、Ｂ君は自転車で、学校から図書館まで毎分220mの速さで移動します。
これについて次の（１）・（２）の問いに答えなさい。

（１）２人がすれちがったのはＡ君が出発して何分何秒後ですか。

（２）２人がすれちがったのは図書館から何mの地点ですか。

9　白色のご石を１個、３個、５個、７個、９個・・・、黒色のご石を２個、４個、６個、８個、10個・・・と次の図のように並べていきます。これについて下の（１）・（２）の問いに答えなさい。

○●●○○○●●●●○○○○○●●●●●●○○○○○○○●●●●●●●●・・・

（１）78個並べたとき、白色と黒色のご石はそれぞれ何個ありますか。

（２）500個並べたとき、白色と黒色のご石の個数の比をもっとも簡《かん》単な整数の比で表しなさい。

10　太郎《たろう》さんと花子《はなこ》さんが階段《だん》でじゃんけんをします。グーで勝てば３段上がり、チョキで勝てば２段上がり、パーで勝てば１段上がるルールです。ただし、あいこも１回として、どちらもそこから動かないこととします。
これについて次の（１）・（２）の問いに答えなさい。

（１）二人は同じ段から、２回じゃんけんをしました。その結果、太郎さんも花子さんも同じ段にいました。
太郎さんと花子さんが出したグー、チョキ、パーの出し方は何通りありますか。

（２）二人は同じ段から、今度は３回じゃんけんをしました。その結果、太郎さんは花子さんよりも６段上にいました。
太郎さんと花子さんが出したグー、チョキ、パーの出し方は何通りありますか。

11 太郎《たろう》さんは、えん筆、シャープペンシル、ボールペンの3本を持っています。それぞれの色は赤色、青色、黄色が1本ずつです。
その3本について太郎さんのクラスメートは次のように説明をしましたが、1人だけウソをついています。
このとき、正しいものを次のA～Eから選びなさい。

> 一郎《いちろう》さん：えん筆は赤色ではありません。
> 二郎《じろう》さん：えん筆は青色ではありません。
> 三郎《さぶろう》さん：シャープペンシルは黄色です。
> 四郎《しろう》さん：シャープペンシルは青色です。

A：ボールペンは赤色

B：シャープペンシルは赤色

C：えん筆は青色

D：シャープペンシルは黄色

E：ボールペンは黄色

K 教英出版　算4の4

1 次の（１）～（６）の内容について、それぞれ（ア）～（ウ）のように説明しました。３つすべてが正しい場合は「○」、３つすべてがまちがっている場合は「×」と答えなさい。また、正しいものが２つでまちがっているものが１つであれば、まちがっているものの記号を、まちがっているものが２つで正しいものが１つであれば、正しいものの記号を、それぞれ答えなさい。

（１）水よう液の性質について

（ア）炭酸水にアルミニウムを入れると、あわが出てとけます。

（イ）赤色のリトマス紙にうすい塩酸を少量つけると、青色に変化しました。このことから、うすい塩酸は酸性であるといえます。

（ウ）うすい塩酸にアルミニウムがとけた液を蒸発《じょうはつ》させると固体が出てきました。この固体に水をそそぐと、固体は水にとけます。

（２）流れる水のはたらきについて

（ア）流れる水が地面をけずるはたらきをしん食といい、そのはたらきは流れる水の量が多いほど大きくなります。

（イ）山の中で見られる川は、水の流れが速いため、川原には、まるみのある大きな石が多く見られます。

（ウ）平地で見られる川は、流れがゆるやかになり、川はばが広くなります。

（３）電磁石《でんじしゃく》について

（ア）図のような回路において、コイルのまき数を多くすると、回路に流れる電流が大きくなり、電磁石は強くなります。

（イ）図のような回路において、かん電池を２つに増やして直列につなぐと、電磁石は強くなります。

（ウ）図のような回路において、コイルに流れる電流の向きが反対になると、方位磁針《じしん》のはりのさす向きも反対になります。

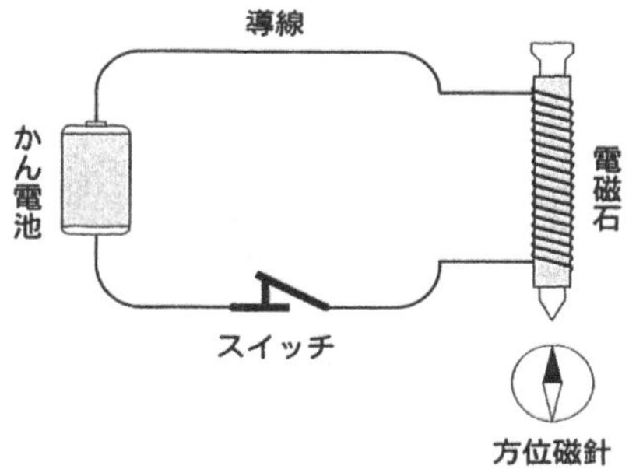

（４）夜空の星について

（ア）冬の大三角は、オリオン座《ざ》のベテルギウス、こいぬ座のプロキオン、おおいぬ座のシリウスの３つの星をむすんだものをいいます。

（イ）夏の大三角は、こと座のベガ、わし座のアルタイル、はくちょう座のデネブの３つの星をむすんだものをいいます。

（ウ）星座は、季節によって位置や星のならび方が変わります。

（５）附属桃山《ふぞくももやま》中学校の理科室で水を熱したときに、得られたグラフについて

（ア）Ａ点の水のようすを観察すると、水の中からさかんにあわが出ていました。これをふっとうといいます。

（イ）Ｂ点の温度は、約100℃です。

（ウ）水を熱すると出てくる湯気《ゆげ》の正体は、水蒸気《すいじょうき》です。

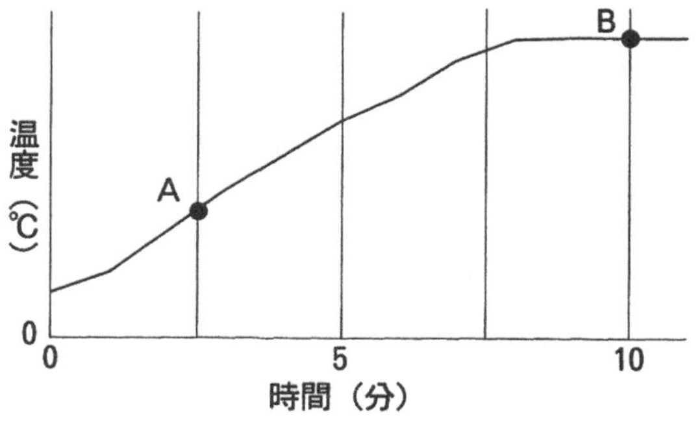

（6）植物のからだのはたらきについて

（ア）植物のからだの中の水が、水蒸気《すいじょうき》となって出ていくことを、蒸散《じょうさん》といいます。

（イ）葉の表面には、水蒸気が出ていくあながたくさんあります。このあなを気こうといいます。

（ウ）植物の葉に日光が当たると、でんぷんができます。それはヨウ素液で確かめることができます。

2 右の図1、図2は、ヘチマやツルレイシのように植物のからだに2種類の花がさくなかまの花のつくりを表しています。この花を使って、次の【実験1】【実験2】のそうさをおこないました。これについて、あとの（1）～（7）の問いに答えなさい。

図1　　図2

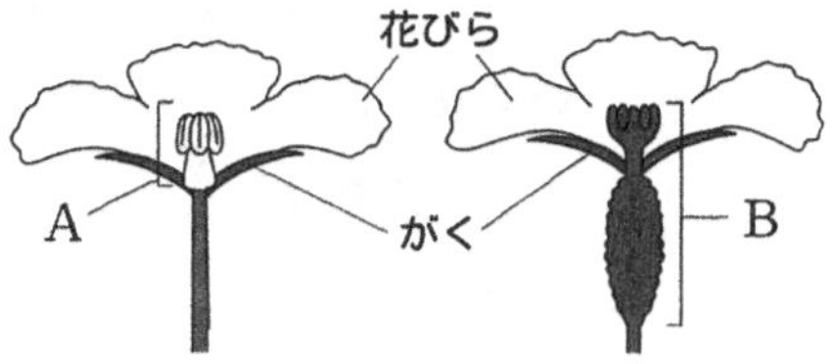

【実験1】

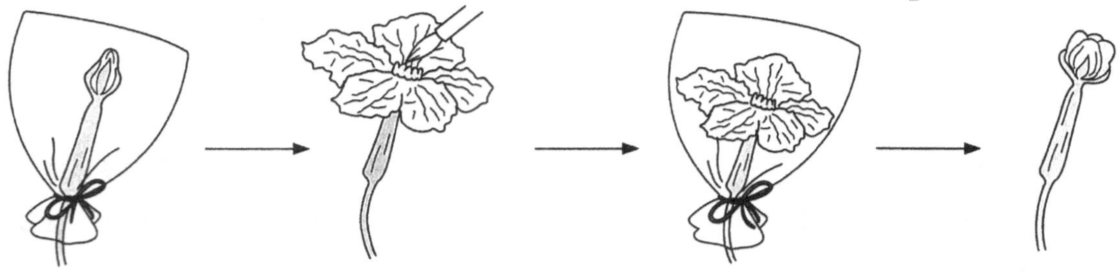

あした開く図2の花にふくろをかける。　→　ふくろをとり花粉をつける。　→　花粉をつけたら、また、ふくろをかける。　→　花がしぼんだら、ふくろをとる。

【実験2】

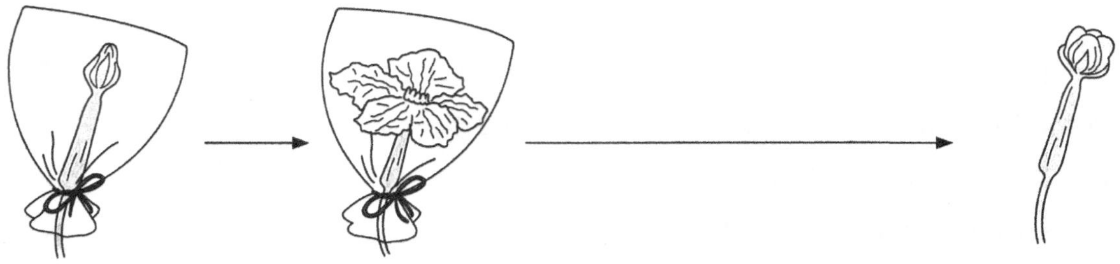

あした開く図2の花にふくろをかける。　→　花が開いても、ふくろをかけたままにしておく。　→　花がしぼんだら、ふくろをとる。

（1）ヘチマやツルレイシのように、植物のからだに2種類の花がさく植物を、次の（ア）～（カ）から2つ選んで、記号で答えなさい。

（ア）アサガオ　（イ）アブラナ　（ウ）オクラ　（エ）オモチャカボチャ　（オ）トウモロコシ　（カ）ナス

（2）図1、図2の花と図1のA、図2のBの部分の名前をそれぞれ何といいますか。組み合わせとして正しいものを、次の（ア）～（エ）から1つ選んで、記号で答えなさい。

（ア）〈図1の花〉：おばな、〈図2の花〉：めばな、〈図1のA〉：めしべ、〈図2のB〉：おしべ
（イ）〈図1の花〉：おばな、〈図2の花〉：めばな、〈図1のA〉：おしべ、〈図2のB〉：めしべ
（ウ）〈図1の花〉：めばな、〈図2の花〉：おばな、〈図1のA〉：めしべ、〈図2のB〉：おしべ
（エ）〈図1の花〉：めばな、〈図2の花〉：おばな、〈図1のA〉：おしべ、〈図2のB〉：めしべ

（3）【実験1】【実験2】のそうさをおこなったヘチマやツルレイシの花は、その後どのようになっていると考えられますか。もっとも適当なものを、次の（ア）～（エ）から1つ選んで、記号で答えなさい。

（ア）【実験1】【実験2】の花は、両方とも実ができる。
（イ）【実験1】【実験2】の花は、両方とも実ができない。
（ウ）【実験1】の花には実ができ、【実験2】の花には実ができない。
（エ）【実験2】の花には実ができ、【実験1】の花には実ができない。

（4）【実験2】のそうさの中で、花が開いてもふくろをかけたままにしておく理由を、次の（ア）～（エ）から1つ選んで、記号で答えなさい。

（ア）花の外から花粉が入らないようにするため。　（イ）花の中から花粉が出ないようにするため。
（ウ）花の中の温度を一定に保つため。　（エ）花の中の水分がぬけないようにするため。

（5）いろいろな花の花粉をけんび鏡で観察するとき、正しい手順になるように、次の（ア）～（オ）の記号をならびかえなさい。

（ア）接眼レンズをのぞきながら調節ねじを回し、対物レンズとプレパラートの間を少しずつ広げる。
（イ）プレパラートをステージの上に置き、見ようとするところがあなの中央にくるようにする。
（ウ）対物レンズを一番低い倍率にする。
（エ）横から見ながら調節ねじを少しずつ回し、対物レンズとプレパラートの間をできるだけせまくする。
（オ）接眼レンズをのぞきながら、反しゃ鏡の向きを変えて、明るく見えるようにする。

（6）いろいろな花の花粉をけんび鏡で観察しました。アサガオの花粉を観察したものはどれですか。次の（ア）～（エ）から1つ選んで、記号で答えなさい。ただし、倍率はすべて同じものとします。

（ア）
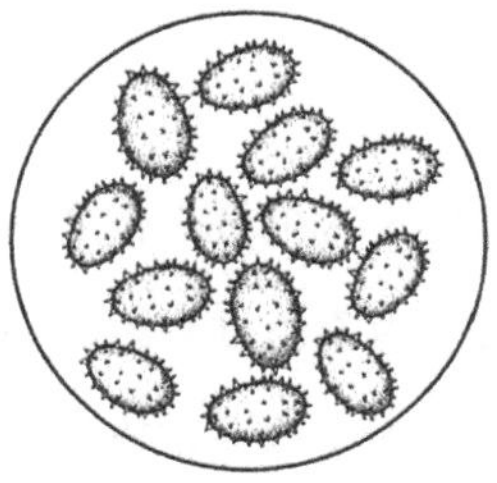
（イ）
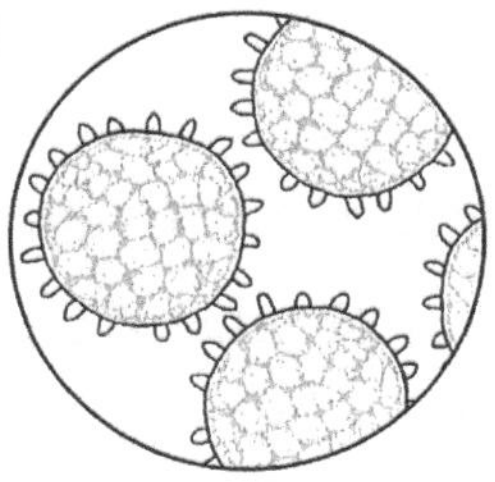
（ウ）
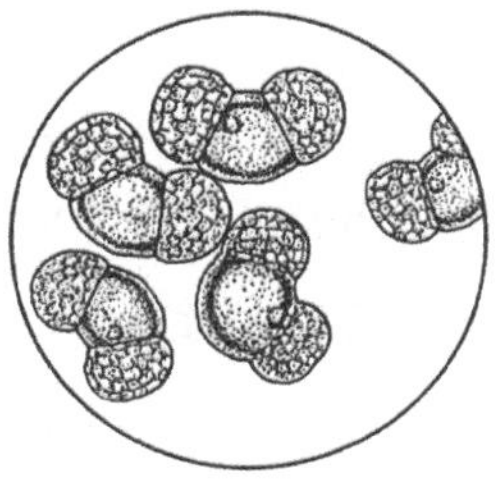
（エ）

（7）いろいろな花の花粉をけんび鏡で観察していると、花粉が図3の●の位置に見えました。これを中央（×の位置）に見えるようにするためには、プレパラートをどの向きに動かせばいいですか。図4の（ア）～（ク）から1つ選んで、記号で答えなさい。

図3
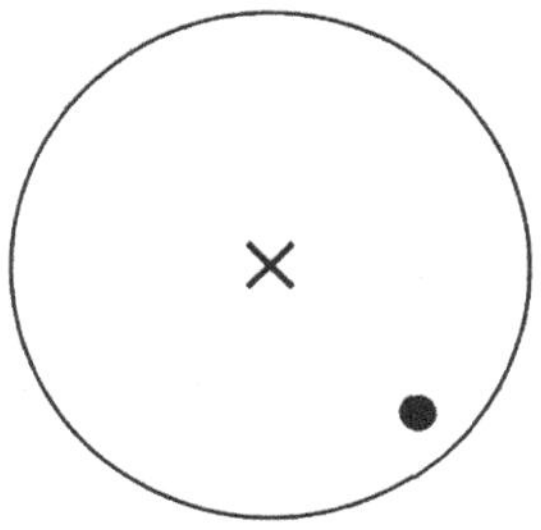

図4
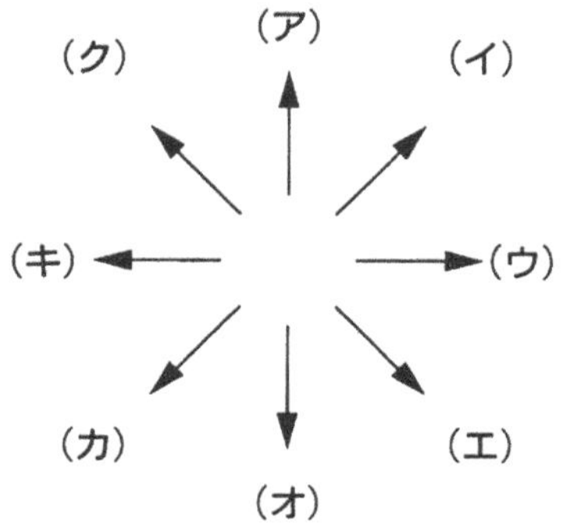

3 ①～⑥の6つの水よう液を用意しました。この水よう液は石灰《かい》水、うすいアンモニア水、炭酸水、うすい塩酸、食塩水、重そう水のいずれかです。また、この水よう液の見た目、におい、蒸発《じょうはつ》後に残ったもの、赤色リトマス紙と青色リトマス紙に水よう液を少量つけたときの色の変化を次の表のようにまとめました。これについて、あとの（1）～（4）の問いに答えなさい。

水よう液	①	②	③	④	⑤	⑥
見た目	とうめいで色はついていない。	とうめいで色はついていない。あわが出ていた。	とうめいで色はついていない。	とうめいで色はついていない。	とうめいで色はついていない。	とうめいで色はついていない。
におい	なかった。	なかった。	つんとしたにおいがした。	なかった。	つんとしたにおいがした。	なかった。
蒸発後に残ったもの	白い固体が残った。	A	何も残らなかった。	白い固体が残った。	何も残らなかった。	白い固体が残った。
赤色リトマス紙	赤色	赤色	赤色	青色	B	青色
青色リトマス紙	青色	赤色	赤色	青色	C	青色

（1）表のAに入る、水よう液②を蒸発させた後に残ったものとして正しいものはどれですか。次の(ア)～(エ)から1つ選んで、記号で答えなさい。

（ア）白い固体が残った。
（イ）うすい黄色の固体が残った。
（ウ）黒い固体が残った。
（エ）何も残らなかった。

（2）水よう液のにおいから、水よう液③と水よう液⑤がうすい塩酸かうすいアンモニア水のいずれかであると予想しました。水よう液③と水よう液⑤の名前と、表のB・Cに入る色について述べたものとしてもっとも適当なものを、次の（ア）～（ク）から1つ選んで、記号で答えなさい。

（ア）水よう液③はうすい塩酸、水よう液⑤はうすいアンモニア水で、Bに入る色は赤色、Cに入る色は赤色である。
（イ）水よう液③はうすい塩酸、水よう液⑤はうすいアンモニア水で、Bに入る色は赤色、Cに入る色は青色である。
（ウ）水よう液③はうすい塩酸、水よう液⑤はうすいアンモニア水で、Bに入る色は青色、Cに入る色は赤色である。
（エ）水よう液③はうすい塩酸、水よう液⑤はうすいアンモニア水で、Bに入る色は青色、Cに入る色は青色である。
（オ）水よう液③はうすいアンモニア水、水よう液⑤はうすい塩酸で、Bに入る色は赤色、Cに入る色は赤色である。
（カ）水よう液③はうすいアンモニア水、水よう液⑤はうすい塩酸で、Bに入る色は赤色、Cに入る色は青色である。
（キ）水よう液③はうすいアンモニア水、水よう液⑤はうすい塩酸で、Bに入る色は青色、Cに入る色は赤色である。
（ク）水よう液③はうすいアンモニア水、水よう液⑤はうすい塩酸で、Bに入る色は青色、Cに入る色は青色である。

（3）水よう液④と水よう液⑥を見分ける方法を考えました。水よう液④と水よう液⑥を見分けることのできる方法を、次の（ア）～（オ）から1つ選んで、記号で答えなさい。

（ア）水よう液④と水よう液⑥に、水よう液①を少量ずつ加える。
（イ）水よう液④と水よう液⑥に、水よう液②を少量ずつ加える。
（ウ）水よう液④と水よう液⑥に、水よう液④を少量ずつ加える。
（エ）水よう液④と水よう液⑥に、水よう液⑤を少量ずつ加える。
（オ）水よう液④と水よう液⑥に、水よう液⑥を少量ずつ加える。

（4）水よう液①～⑥をそれぞれ2つの試験管に分け、片《かた》方にはムラサキキャベツ液を、もう片方にはＢＴＢ液を加えました。水よう液①～⑥の中でムラサキキャベツ液を加えるとむらさき色に、ＢＴＢ液を加えると緑色に変化したのはどの水よう液ですか。次の（ア）～（カ）からすべて選んで、記号で答えなさい。

（ア）水よう液①　（イ）水よう液②　（ウ）水よう液③　（エ）水よう液④　（オ）水よう液⑤
（カ）水よう液⑥

4 てこのはたらきについて調べるために図1のような実験用てこを用意しました。これについて、あとの（1）～（3）の問いに答えなさい。なお、目盛《も》りの間の距離《きょり》はすべて等しく、てこのうでや、実験に用いる糸の重さは考えないこととします。

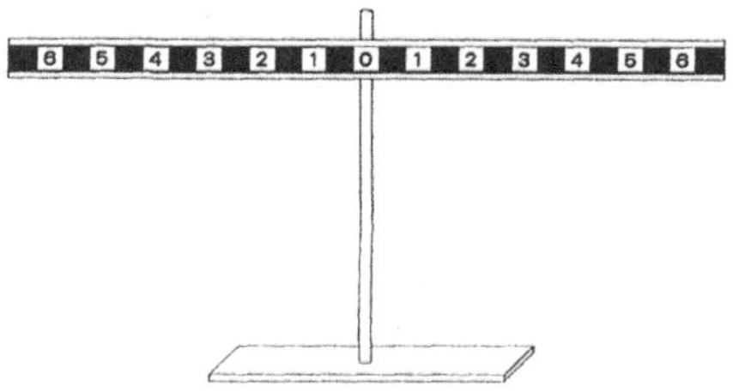

図1

（1）実験用てこの左うでに図2のようにおもりをつるしました。このとき、てこを水平にしてつり合わせるには、右うでにどのようにおもりをつるせばよいですか。もっとも適当なものを、次の（ア）～（エ）から1つ選んで、記号で答えなさい。

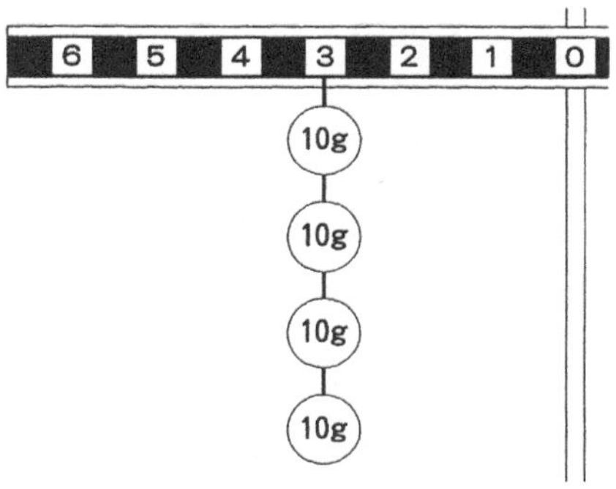

図2

（ア）

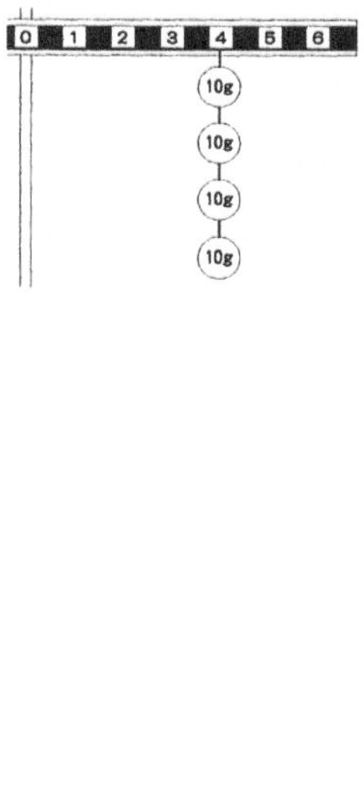

（イ）

（ウ）

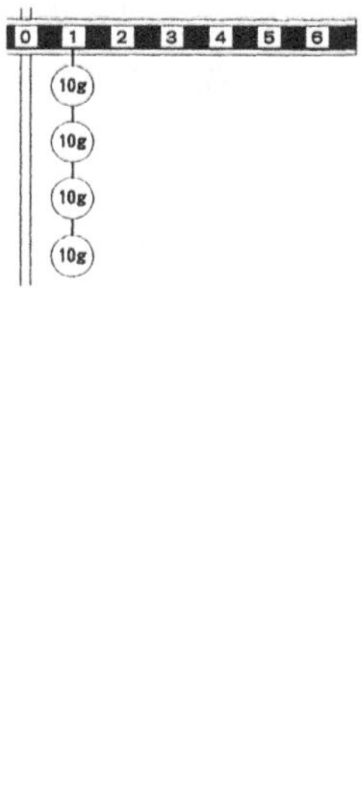

（エ）

（2）図3のように、実験用てこの左うでには10ｇのおもりを3個つるし、右うでには重さ20ｇの金属パイプをAB：BC＝1：3の長さになるようにつるしました。このとき、金属パイプとてこをどちらも水平にしてつり合わせるには、図中のあ、いにそれぞれどのようにおもりをつるせばよいですか。次の（ア）～（ケ）から正しいものを1つずつ選んで、記号で答えなさい。

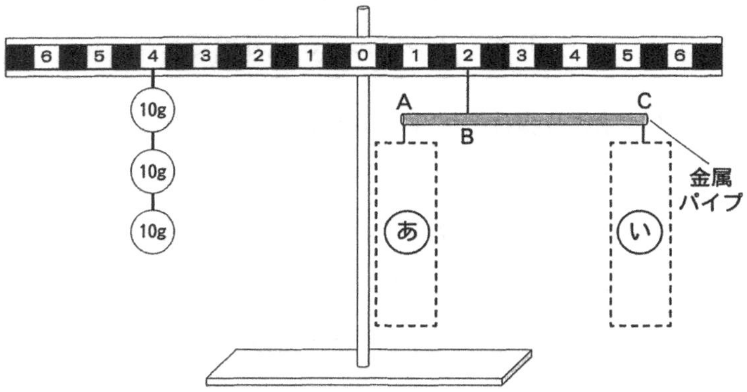

図3

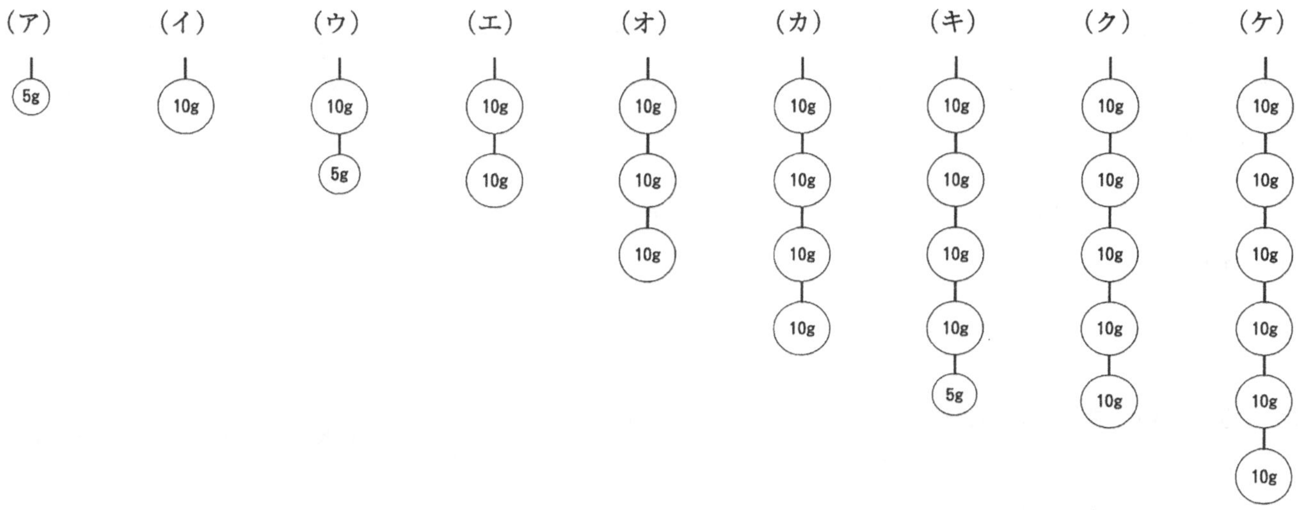

（3）ピンセットは、てこのはたらきを利用した道具です。図4のピンセットにおいて、力点、作用点はそれぞれどこですか。場所と、ピンセットにおけるてこのはたらきについて正しく述べているものを、次の（ア）～（カ）から1つ選んで、記号で答えなさい。

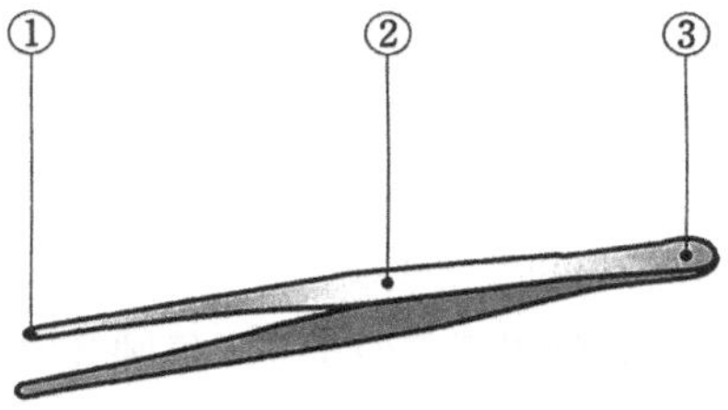

図4

（ア）力点は①で、作用点は②である。てこのはたらきによって、作用点に加わる力を力点に加えた力より小さくしている。
（イ）力点は①で、作用点は②である。てこのはたらきによって、作用点に加わる力を力点に加えた力より大きくしている。
（ウ）力点は②で、作用点は①である。てこのはたらきによって、作用点に加わる力を力点に加えた力より小さくしている。
（エ）力点は②で、作用点は①である。てこのはたらきによって、作用点に加わる力を力点に加えた力より大きくしている。
（オ）力点は③で、作用点は①である。てこのはたらきによって、作用点に加わる力を力点に加えた力より小さくしている。
（カ）力点は③で、作用点は①である。てこのはたらきによって、作用点に加わる力を力点に加えた力より大きくしている。

社　会　科（社会・理科　２科目40分）2022. 1. 15　実施

※20点満点　解答用紙・配点非公表

注意：語句で答える問題は、解答方法に指定のない場合、漢字・ひらがな・カタカナのどれで答えてもかまいません。

1　右の地図を見て、次の（１）・（２）の問いに答えなさい。

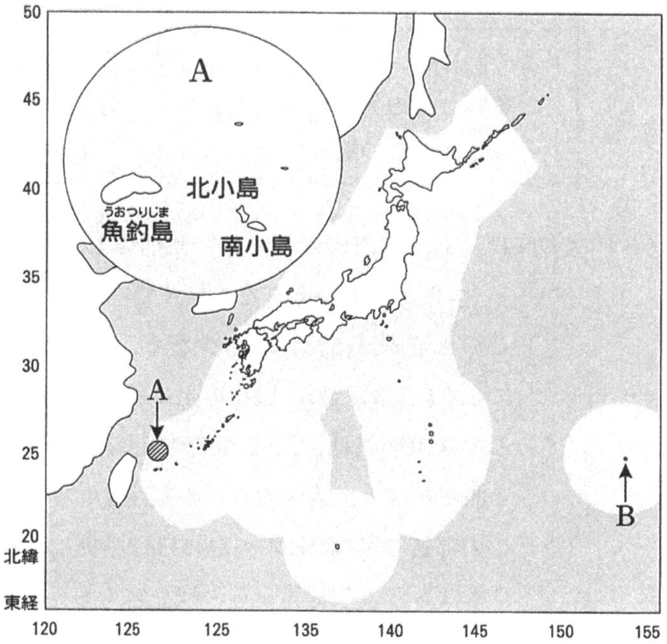

（１）地図のAの島々について説明した文として、あてはまるものを、次の（ア）～（エ）から１つ選んで、記号で答えなさい。

（ア）この島々は、１８９５年に日本が自国の領土であることを宣言《せんげん》した。ところが、１９７０年代になって、ある国が領有権《りょうゆうけん》を主張するようになった。最近では、日本の領海にたびたび侵入《しんにゅう》を繰《く》り返《かえ》している。

（イ）この島々は、１９０５年、国際法に従《したが》って日本のものとされた。ところが１９５２年から、ある国が、一方的に自国の領土であると主張し、警備隊員《けいびたいいん》をおいたり、施設《しせつ》をつくったりして、不法に占領《せんりょう》している。

（ウ）この島々は、１８５５年、ある国との条約で、日本の領土であることが確認《かくにん》された。しかし、太平洋戦争後にその国に不法に占領《せんりょう》された。日本は島々を返すように求めて、話し合いを続けている。

（エ）この島々は、日本の最南端《さいなんたん》に位置し、満潮時《まんちょうじ》には二つの小さな島だけが沈《しず》まないサンゴ礁《しょう》になっている。波のしん食から島を守るための工事をおこなった。

（２）地図のBの島は、日本の最東端《さいとうたん》の島です。この島の名前を答えなさい。

2　次のA～Hの都道府県について、あとの（１）～（５）の問いに答えなさい。

A

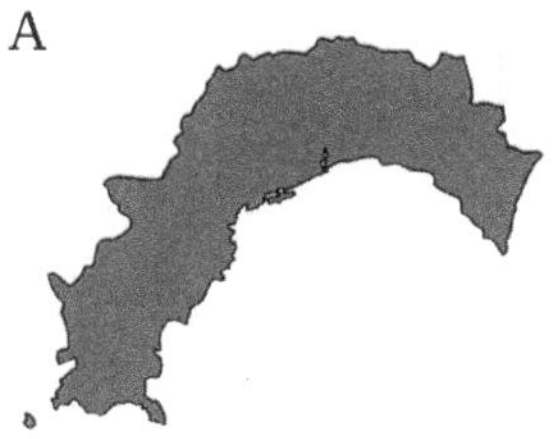

B

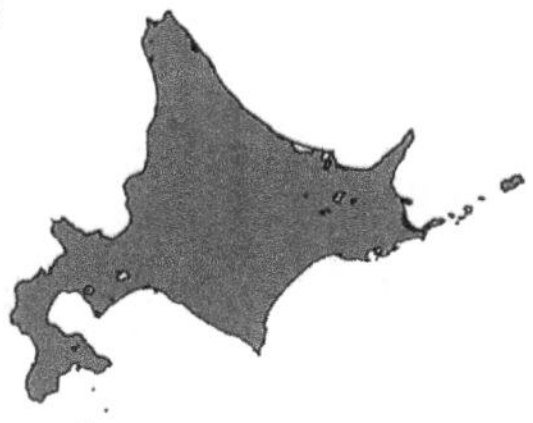

C

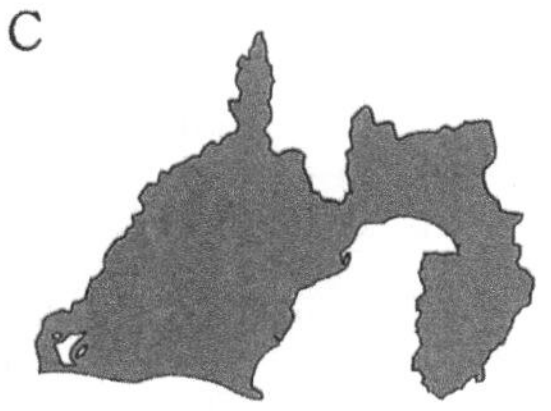

D

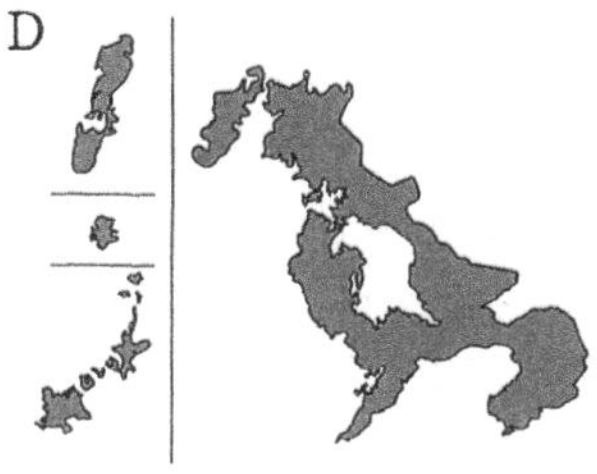

E

F

G

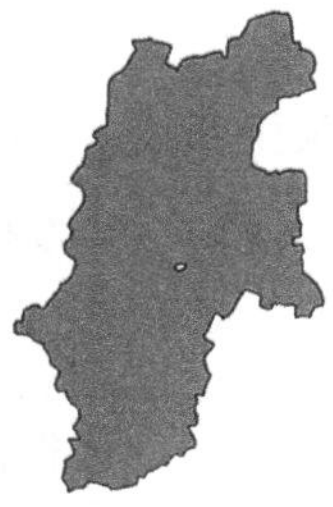

H

＊地図の縮尺《しゅくしゃく》は、それぞれ異《こと》なります。

（１）Hの雨温図として、もっとも適当なものを、次の（ア）～（エ）から１つ選んで、記号で答えなさい。

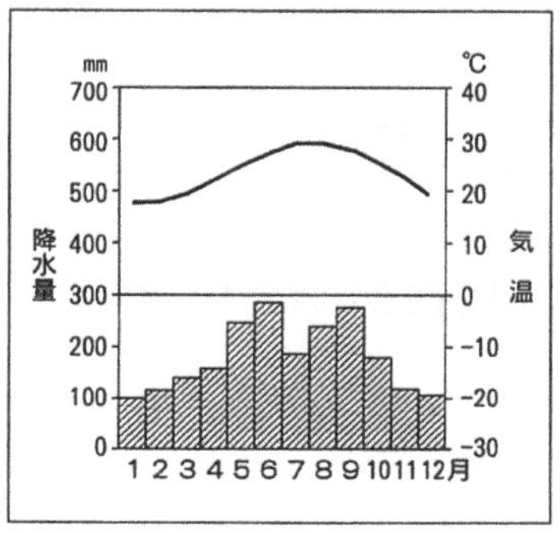

（ア）

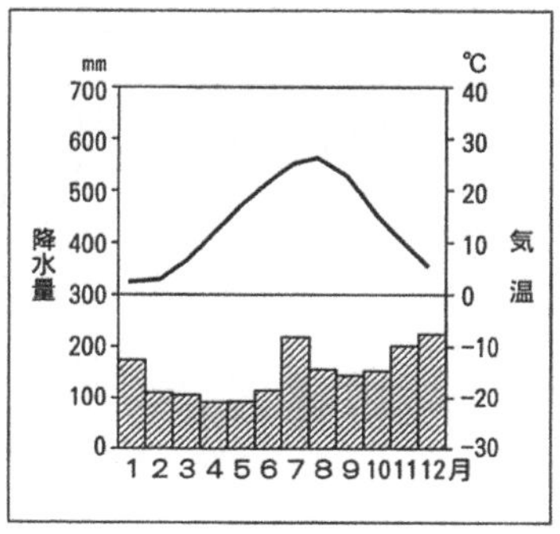

（イ）

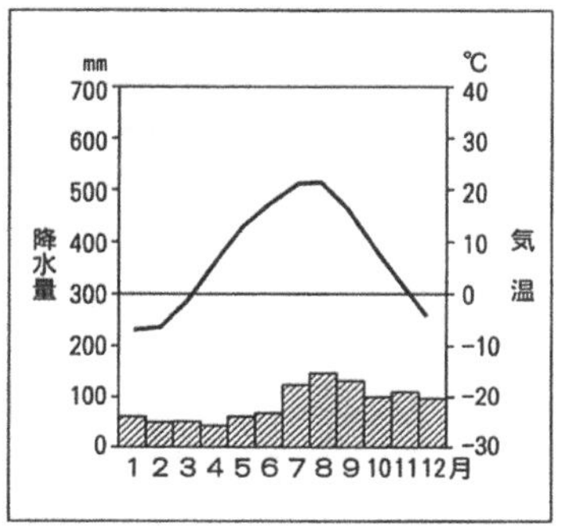

（ウ）

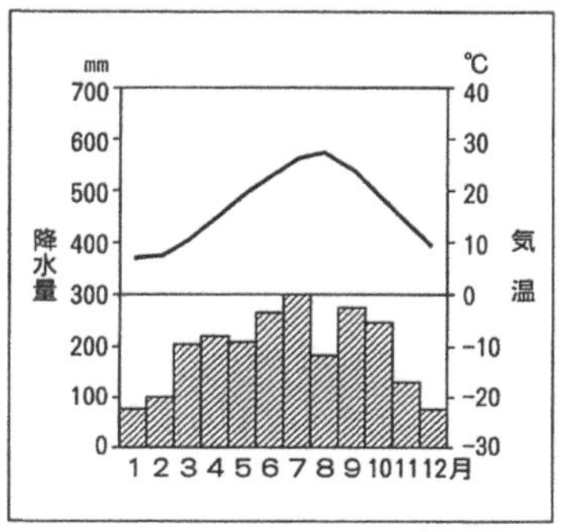

（エ）

（２）次の文は、Ａ～Ｄのいずれかの都道府県の漁業について説明したものです。この文にあてはまる都道府県をＡ～Ｄから１つ選んで、記号で答えなさい。

> この県には、たくさんの漁港がある。遠洋漁業がさかんで、かつおやまぐろが多く水あげされる。また、消費量の多い２つの大都市圏《けん》の間にあり、輸送に便利な場所にある。漁港には、魚を冷凍保存《れいとうほぞん》できる大きな倉庫がある。そして、漁港の周りには、水産加工工場がたくさんある。

（３）次の文は、ある都道府県について説明をしたものです。Ａ～Ｈの都道府県のいずれの説明にもあてはまらないものを、（ア）～（エ）から１つ選んで、記号で答えなさい。

（ア）この都道府県では、山が少なく、川も短いので、水がすぐに海に流れてしまう。よって雨が少ないときは水不足になる。そのため、屋根の上に給水タンクを置いて水をたくわえている家が多い。

（イ）この都道府県は、昼間と夜の気温差が大きい気候であること、豊かな雪どけ水があることから、米作りがさかんである。四大公害病の一つが発生し、多くの人が苦しむことになった。

（ウ）この都道府県は、日本列島のほぼ中央に位置し、古くは都がおかれていた。世界遺産《いさん》をはじめ多くの文化財があり、日本はもとより世界からの観光客も多い。

（エ）この都道府県は、多くの半島と島々からなり、古くから海上交通が発達していた。江戸時代、鎖国《さこく》をおこなっていたとき、ただ１つのヨーロッパとの貿易窓口《まどぐち》であった。太平洋戦争の終わりごろ、原子爆弾《ばくだん》が投下された。

（４）次の表は農作物の収穫量《しゅうかくりょう》をあらわしたものです。表の農作物は、Ｅ～Ｈの都道府県のいずれかにあてはまります。Ｇの都道府県にあてはまるものを、（ア）～（エ）から１つ選んで、記号で答えなさい。

＊収穫量（単位ｔ）

農作物＼都道府県	（ア）	（イ）	（ウ）	（エ）
米	646,100	137,200	198,400	2,000
レタス	—	5,440	197,800	5,000
キャベツ	—	268,600	70,400	—
トマト	9,290	43,900	16,200	3,280
はくさい	7,190	21,700	232,500	—

（『データでみる県勢《けんせい》2021』より）

（５）次の資料は、工業のさかんな地域《ちいき》の工業生産額とその割合《わりあい》をあらわしたものです。Ｆの都道府県には、大きな工業地帯があります。その工業地帯として、あてはまるものを、（ア）～（エ）から１つ選んで、記号で答えなさい。

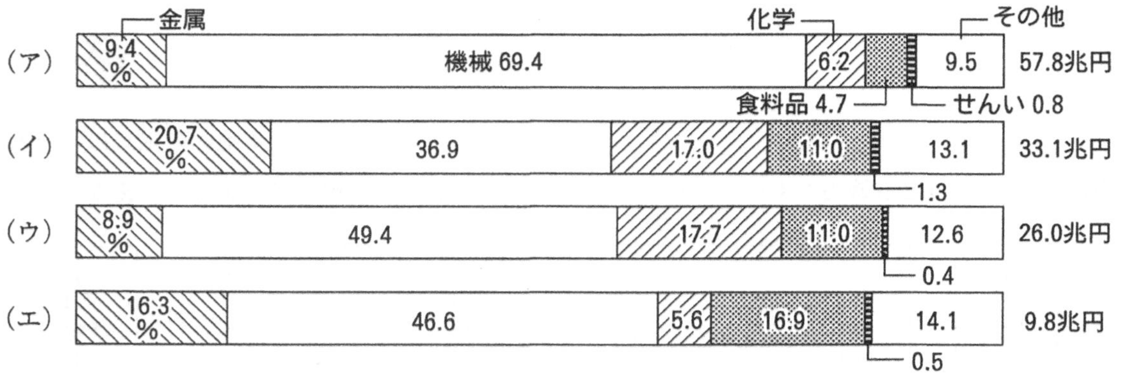

（『日本国勢図会《にほんこくせいずえ》2020/21』より）

3　次のグラフは、日本のおもな食料自給率《じきゅうりつ》のうつり変わりをあらわしたものです。グラフ中の（ア）～（エ）は、野菜・肉類・果物・小麦のいずれかをあらわしたものです。小麦にあたるものを、（ア）～（エ）から１つ選んで、記号で答えなさい。

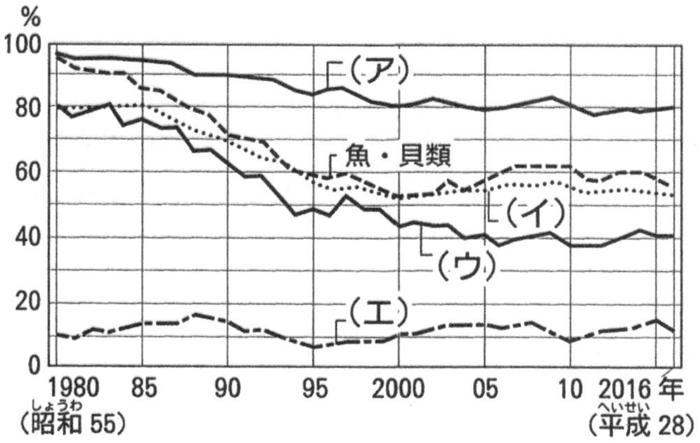

（2018年度農林水産省食料需給表《しょくりょうじゅきゅうひょう》より）

4　九州《きゅうしゅう》地方は古くから、日本の玄関口《げんかんぐち》として、諸外国《しょがいこく》との関係が深い地域《ちいき》です。九州地方に関係する事がらについて、次の（１）～（３）の問いに答えなさい。

（１）九州地方が重要な地域だったことは、奈良《なら》時代の法律《ほうりつ》で、人々に北九州の守りにつくことが定められていたことからもわかります。この内容が書かれていた法律を、次の（ア）～（エ）から１つ選んで、記号で答えなさい。

（ア）御誓文《ごせいもん》
（イ）律令《りつりょう》
（ウ）憲法《けんぽう》
（エ）法度《はっと》

（２）１３世紀の後半に、２度にわたり九州北部に元《げん》が攻《せ》めこんでくるというできごとがありました。この事件とその後について説明した文のうち、もっとも適当なものを、次の（ア）～（エ）から１つ選んで、記号で答えなさい。

（ア）元は、それまで中国《ちゅうごく》を支配していたモンゴルの人たちを追い出して、新たに建国された国で、朝鮮《ちょうせん》、日本にまで勢力を伸《の》ばそうとした。
（イ）この時の御家人《ごけにん》たちは、てつはうなどの火薬兵器を使って、国を守るために力をつくした。
（ウ）この戦いのために、御家人たちは多くの費用を自分で負担《ふたん》した。
（エ）幕府《ばくふ》は、再び元が攻めてくることに備えて石るいを造るため、その費用を商人に負担させた。

（３）１６世紀なかばには、日本にキリスト教が伝えられます。伝えたのは、フランシスコ・ザビエルという人物です。ザビエルが来航したのも九州でした。来航したところは、現在の何県ですか。次の（ア）～（エ）から１つ選んで、記号で答えなさい。

（ア）鹿児島《かごしま》県
（イ）熊本《くまもと》県
（ウ）宮崎《みやざき》県
（エ）大分《おおいた》県

5　次の年表を見て、下の（1）～（5）の問いに答えなさい。

1853年　ペリーが来航する
1854年　日米和親条約《にちべいわしんじょうやく》を結ぶ
1858年　日米修好通商条約《にちべいしゅうこうつうしょうじょうやく》を結ぶ
（日本に関税自主権《じしゅけん》がない　アメリカに領事裁判権《りょうじさいばんけん》（治外法権《ちがいほうけん》）を認《みと》める
その後、イギリス、フランス、ロシア、オランダとも同条件の条約を結ぶ）
1867年　江戸《えど》幕府がたおれる
1868年　明治《めいじ》政府の政治が始まる
1886年　ノルマントン号事件が起こる
1894年　日清戦争《にっしんせんそう》が始まる（～95）
1904年　日露戦争《にちろせんそう》が始まる（～05）
1914年　第一次世界大戦に参戦する（～18）

（1）開国して貿易が始まると、国内は物価高となりました。貿易を始めると国内の物価が上がってしまったのはなぜですか。簡単《かんたん》に説明しなさい。

（2）19世紀初めごろから江戸幕府がたおれるまでの人々の動きとして、もっとも適当なものを、次の（ア）～（エ）から1つ選んで、記号で答えなさい。

（ア）開国をきっかけにキリスト教の禁止をゆるめることを幕府に求める人々もでてきた。
（イ）強い国づくりを進めるため、幕府に徴兵《ちょうへい》制を求める人々もでてきた。
（ウ）政治への参加を求め、幕府に国会を開くことを説く人々もでてきた。
（エ）ききんがおこっても、人々を救おうとしない幕府の役人を批判《ひはん》する人もでてきた。

（3）明治政府が、おこなった政策《せいさく》として藩《はん》を廃止《はいし》して県に変える廃藩置県《はいはんちけん》があります。明治政府が、天皇中心の国づくりをよりいっそう進めるために、廃藩置県によって変えたことは何ですか。

（4）1886年におきたノルマントン号事件では、領事裁判権（治外法権）を認めたことによって心配されていたことが問題となりました。それはどんなことですか。

（5）日清戦争と日露戦争で戦場となり、日露戦争後、日本の領土にされたところを、次の（ア）～（エ）から1つ選んで、記号で答えなさい。

（ア）満州《まんしゅう》　（イ）朝鮮《ちょうせん》　（ウ）台湾《たいわん》　（エ）千島列島《ちしまれっとう》

6 りょうじさんは、日本国憲法《にほんこくけんぽう》について調べたことをまとめました。次の文を読んで、下の（1）～（4）の問いに答えなさい。

日本国憲法には、国民主権《しゅけん》、①基本的人権《じんけん》の尊重《そんちょう》、平和主義の三つの原則があります。その中でも、基本的人権はわたしたちがより良い生活を送るためにとても大切です。基本的人権を守るために、国は健康保険などの②社会保障《ほしょう》制度を整えてきました。右のグラフは日本の国の予算の支出とその割合《わりあい》をあらわしています。社会保障にかかわる費用が大きいことがわかります。日本の国の予算を決めているのは国会です。国会は③衆議院《しゅうぎいん》と参議院《さんぎいん》の二つの議院から成り立っています。予算は衆議院から先に話し合うようです。日本国憲法も公布されてから長い年月がたち、④憲法改正の議論《ぎろん》が行われています。日本国憲法について、わたしたちはもっと知る必要があると思いました。

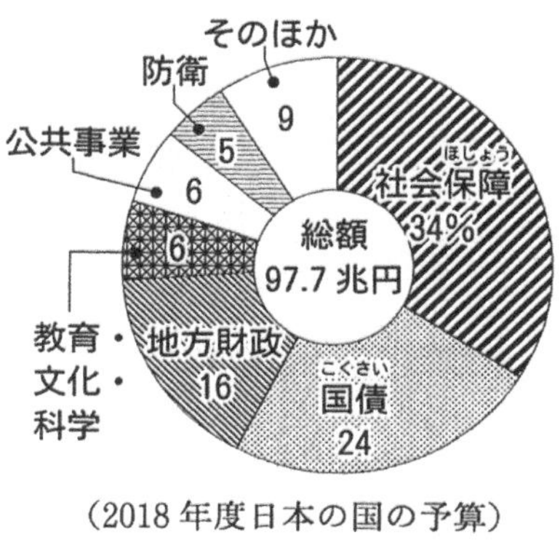

（2018年度日本の国の予算）

（1）下線部①の日本国憲法が保障している基本的人権について述べた文として正しいものを、次の（ア）～（エ）から１つ選んで、記号で答えなさい。

（ア）法律《ほうりつ》に定められた範囲内《はんいない》で、自由に自分の意見を言う権利《けんり》が認められている。

（イ）大人は子どもに教育を受けさせる権利をもっている。

（ウ）政治に参加する権利が保障されており、選挙で投票することができる。

（エ）基本的人権とは、人が生まれてから大人に成長するまでに少しずつ得られるものである。

（2）下線部②の社会保障制度について述べた文として正しいものを、次の（ア）～（エ）から１つ選んで、記号で答えなさい。

（ア）少子化・高齢化《こうれいか》が進む日本は、より社会保障の取り組みを充実《じゅうじつ》させなければならない。

（イ）社会保障に含《ふく》まれる年金制度は、裕福《ゆうふく》な高齢者《こうれいしゃ》も多いことから、必ずしも充実させる必要はない。

（ウ）少子化により子育て支援《しえん》は必要なくなるので、社会保障に関わる支出は今後減少する。

（エ）医療環境《いりょうかんきょう》が整い、人々の健康への意識も高まったので、日本の人口は増え、社会保障費は増える傾向《けいこう》がある。

（3）下線部③のように、国会が衆議院と参議院の二つの議院で話し合っている理由を説明しなさい。

（4）下線部④をする時に、最終的に改正するかどうかを国民が判断をする手続きを何といいますか。答えなさい。

令和三年度　国語科　（40分）

二〇二一・一・十六　実施

京都教育大学附属桃山中学校

七枚中の一枚め

※40点満点　解答用紙・配点非公表

一　次の文章を読んで、あとの(1)～(13)の問いに答えなさい。

> 主人公清野《きよの》は、部活動の友人たちが、自分をさそってもどうせ来ないだろうと考えてカラオケボックスに自分をさそわずにみんなで行っていたと聞いて、落《お》ち込《こ》んでいる。そんなとき、塾《じゅく》の帰りに同じクラスの足立《あだち》くんと出会った場面である。

塾の授業が終わったあと、[1]宿題のプリントをながめながら帰ろうとしていると、足立くんが追いついてきた。足立くんは去年の末から、ぼくとは同じ塾に通っている。

ぼくが持つプリントの束を見て、足立くんが怖《おそ》れおののいたように言った。

「うひゃあ、それ全部次までにやってくる宿題かよ。やっぱり高いレベルコースはやべえな」

そんなでもないよ、とぼくは思いながら笑顔でこたえた。実際、プリントをながめていたのは、帰宅《きたく》中も進めていないと終わらないからではなく、図形の発展《はってん》問題が解きがいがあっておもしろそうだったからだ。

足立くんといっしょの帰り道に、ぼくはいつも以上に居心地《いごこち》の悪さを感じていた。それはきっと、部活のみんなのカラオケのことを、ぼくがまだ引きずっているせいだ。そのせいで足立くんと自分を比較《ひかく》して、暗い気持ちになってしまうのだろう。

けれど足立くんは、そんな[2]ぼくの気を知らずに話をしてくる。

「それにしても飯島《いいじま》のやつ、なんであんなに優勝《ゆうしょう》したがってるんだろうなあ。優勝したら給食が大盛りになるとか勘違《かんちが》いしてんじゃねえかな、あいつ」

話題が百人一首大会のことになると、足立くんが冗談《じょうだん》まじりにそう言った。ぼくも（あ）フシギに思っていたので、「そうだよね」と相づち(注1)を打った。

「特訓頑張《がんば》ってるみたいだけど、そんなに無理しなくったっていいのに。飯島さんにはほかに取《と》り柄《え》があるんだからさ」

「飯島の取り柄って、大食いなとこか？」

「そこじゃなくて、人気者で友達がたくさんいるところ」

そうだよ。そんなにすばらしい長所があるんだから、欲張《よくば》らなくっていいじゃないか。ぼくは心の中で不満に思った。百人一首の㋐札を完璧《かんぺき》に覚えることができたって、ぼくが飯島さんのように、おおぜいの友達に慕《した》(注2)われることはない。

胸《むね》の中でため息をついていると、足立くんが尋《たず》ねてきた。

「清野、たしか前におれにも言ったよな。人気者なんだから、テストの点数を気にしなくていいだろ、とか」

足立くんのその言葉に、ぼくはドキッとしてしまった。ぼくなんかとのちょっとした会話を、足立くんがおぼえているとは思っていなかった。

「なるほど、もしかしてあれか。清野もおれみたいな超人気者《ちょうにんきもの》になりたいのか！」

「まさか、違《ちが》うよ！　ぼくが足立くんみたいになれるわけないじゃない！」

「いや、突《つ》っこんで！　そこは自分で超人気者とか言うなって突っこんで！」

足立くんが悲しむので、ぼくはおろおろと謝《あやま》った。

そのままうやむやにして、話題を変えてしまうこともできた。なのにぼくはなぜか、[3]足立くんの横顔をちらっと見てから、「人気者になりたいわけじゃないけど」と話を続けていた。

「この前、足立くんが友達のミルメーク(注3)を集めて、すごく濃《こ》いコーヒー牛乳《ぎゅうにゅう》をつくってたでしょう。あれを見て思ったんだ。[4]ぼくにはあのコーヒー牛乳の味は、一生わからないだろうな、って。そう考えると、（い）ザンネンな気分になったりもしてさ」

足立くんはきょとんとした顔になった。だけど、そんな顔になるのもしょうがない。足立くんには、ぼくの気持ちはわかってもらえないだろう。

そう思っていたら、足立くんが戸惑《とまど》ったように言いかえしてきた。

「いや、なんだかよくわかんねえけど、別に飲みたきゃ飲めるだろ。だってほら、牛乳の量を少なくしてから、ミルメークを混ぜればいいだけの話じゃん。そうすりゃ超濃いコーヒー牛乳ができるだろ？」

えっ、とぼくは首を傾《かし》げた。そしてたっぷり何秒間か考えこんでから、あっ、と声をあげてしまう。

足立くんの言うとおりだった。［A］そんな簡単《かんたん》なことに気づかなかったのだろう。小学生でもわかりそうなものじゃないか。

京都教育大学附属桃山中学校

ぼくは自分のばかさ加減に絶句した。［B］それからすぐに、もしかすると、と思いなおす。

そう、もしかすると最初から[5]あきらめていたから、驚《おどろ》くほど単純《たんじゅん》なことに気づくことができなかったのかもしれない。足立《あだち》くんのようになんてなれるわけがないと、そう思いこんでいたから。

「本気で気づいてなかったのかよ。清野《きよの》ってめちゃくちゃ頭いいのに、結構ぬけてるとこあって、おもしろいよな」

足立くんがおかしそうに言った。[6]恥《は》ずかしさのあまり、穴《あな》があったら入りたいような気分になりながら、同時にぼくは[7]うれしさも感じていた。勉強ばかりのつまらないやつだ、と言われたことはあっても、おもしろいなんて言われたことは、これまで一度もなかったから。

「だいたい、飲みたかったんだったら飲みたいって言えよ。その場の勢いでやったら本当に甘《あま》すぎできつかったんだから」

冗談《じょうだん》ぼく言った足立くんの言葉に、ぼくはまたはっとした。

たしかに[8]そうすればよかったのかもしれない。ぼくにも飲ませて、とか、ぼくも混ぜて、とか、思いかえせばぼくはそんなふうに、自分から誰《だれ》かに声をかけたことがほとんどなかったような気がする。友達に囲まれて楽しそうにしている足立くんや飯島《いいじま》さんをうらやましがりながら、誰かと親しくなろうと積極的に行動することがなかったのだ。ぼくが教室で浮《う》(注4)いてしまっているのも、みんながぼくにかかわりをもたないようにするからじゃなく、ぼくのほうがみんなに近づこうとしなかったせいなのかもしれない。

それもまた、特別に濃《こ》いコーヒー牛乳《ぎゅうにゅう》のつくりかたと同じで［C］こと。これまでずっと気づかなかったのが、信じられないくらいに。

じゃあ、とぼくはためらいがちに言った。

「次にやったときは、ぼくにも少し飲ませてくれる?」

「おう、もちろん……って、もうやらないっての!」

足立くんが開いた手のひらの裏《うら》でぼくの胸《むね》をびしっと叩《たた》いた。なんだか漫才《まんざい》のコンビになったみたいで、ぼくはおかしくなってふきだしてしまった。

そんなぼくの反応を見て、足立くんも[9]満足そうに笑った。

（『給食アンサンブル』（如月《きさらぎ》かずさ）光村図書出版 を出題にあたって一部を書き改めた。）

（注1）相づちを打つ…相手の話に合わせて、受け答えをすること。

（注2）慕《した》われる………好かれること。愛されること。

（注3）ミルメーク……コーヒーを濃くしたもので、牛乳と混ぜて飲むコーヒー牛乳の素《もと》。

（注4）浮《う》く…………ここでの意味は、周囲になじんでいない様子のこと。

(1) ══線㋐「フシギ」㋑「ザンネン」を漢字になおしなさい。また、══線㋐「札」のよみがなをひらがなで書きなさい。

(2) ──線1「宿題のプリントをながめ」ていたのは、なぜですか。三十字以内で答えなさい。

(3) ──線2「ぼくの気」を具体的に表している言葉を、この部分より前から六字で探《さが》して、ぬき出しなさい。

(4) ──線3「足立くんの横顔をちらっと見て」とありますが、それはなぜですか。このときの主人公の気持ちにあてはまらないものを、次の(ア)〜(エ)から一つ選んで、記号で答えなさい。

(ア) 自分のなやみを足立くんが聞いてくれるかどうか、不安に思ったから。

(イ) 今、自分のなやみを話したら、足立くんにきらわれるかもしれないと思ったから。

(ウ) 足立くんが自分のなやみを解決してくれるかもしれないと期待したから。

(エ) 足立くんの反応を見ながら、自分のなやみを話そうと思ったから。

国　語　科

(5)　――線4「ぼくにはあのコーヒー牛乳《ぎゅうにゅう》の味は、一生わからないだろうな」という気持ちにこめられた主人公の思いでもっとも適当なものを、次の(ア)～(エ)から一つ選んで、記号で答えなさい。

(ア)　自分はこれから先も「人気者」になることはないので、みんなとさわぎながら飲む楽しさを味わえないだろう。

(イ)　自分はこれから先、「人気者」になるかもしれないが、あの時の楽しそうな様子を味わえないだろう。

(ウ)　自分はこれから先、ミルメークをたくさん手に入れることはできないので、あの特濃《とくのう》コーヒーを作って飲んで味わえないだろう。

(エ)　自分はこれから先、足立《あだち》くんと仲良くなれないと思うので、あの特濃コーヒーを飲むことはできないだろう。

(6)　［A］にあてはまる言葉を、次の(ア)～(エ)から一つ選んで、記号で答えなさい。

(ア)　まさか　(イ)　どうして　(ウ)　やはり　(エ)　あたかも

(7)　［B］にあてはまるつなぎ言葉を、次の(ア)～(エ)から一つ選んで、記号で答えなさい。

(ア)　けれど　(イ)　そして　(ウ)　つまり　(エ)　たとえば

(8)　――線5「あきらめていた」とありますが、何をあきらめていたのですか。十字以内で答えなさい。

(9)　――線6「恥《は》ずかしさ」の内容を、二十五字以内で説明しなさい。

(10)　――線7「うれしさ」の内容を説明している一文をぬき出して、初めと終わりの三字を答えなさい。

(11)　――線8「そう」の内容を、二十字以内で説明しなさい。

(12)　［C］にあてはまる言葉を、本文中からぬき出しなさい。

(13)　――線9「満足そうに」とありますが、この時の足立くんの気持ちとしてもっとも適当なものを、次の(ア)～(エ)から一つ選んで、記号で答えなさい。

(ア)　清野《きよの》くんと今まで以上に仲良くなれた気がしたから。

(イ)　清野くんと二人で漫才《まんざい》コンビを組めた気がしたから。

(ウ)　清野くんの悩《なや》みが解決したようで変な気がしたから。

(エ)　清野くんが自分の漫才のような発言を受け入れてくれたから。

国　語　科

二　次の文章を読んで、あとの(1)～(11)の問いに答えなさい。

「文は人なり」という言葉があります。文章にはそれを書いた人の人柄《ひとがら》が表れるという意味ですが、ここでは、もう少し「文法的」にこの言葉を使いたいと思います。すなわち、「文」には、その文を作った人（話し手や書き手）の気持ちが表れるということです。

例えば、人にコピーを頼《たの》むときに、

この書類[1]をコピーしてください。

のように言うことがありますが、この場合には、あまり遠慮《えんりょ》(注1)がちな表現ではありません。一方、

この書類をコピーしてくださいませんか。

のように言えば、これは遠慮がちな表現です。どういう言い方をするかで、発言者の、相手に対する人間関係の気配りのしかたが示されます。

実は、「頼む」という言葉自体、人間関係の気配りのしかたを表す表現です。というのは、おもしろいことに、古くは、「頼む」とは、「あてにする」「頼《たよ》りにする」という意味でした。すなわち、歴史的にみれば、「たよっています」「あなたをあてにします」などと「頼る」ことを表すことで、お願いするという意味、すなわち「頼む」という意味になったと言えるのです。

英語でお願いをするときに使う『プリーズ』も、元の意味は、「喜ばせる」で、「あなたが喜ぶなら」のように、相手の気持ちに気を配って使うところに基本的な意味があったようです。[2]英語の『プリーズ』は、日本語での「もしよければ」などという表現とよく似た気持ちがベースにあると言えるかもしれません。

このように、私《わたし》たちは、意識するかしないかにかかわらず、いろいろな心配りを（それなりに）しつつ、いろいろな文を述べているのです。その意味で、文法としても、まさに、【　A　】、と言えるのです。述べ方は気持ちなり、と言ってもいいでしょう。

ここでは、文としてのいろいろな表現について見ていきましょう。

最初に、人にものを命じたり勧《すす》めたりする文を取りあげてみましょう。私たちの周りには、実に様々な表現があります。

「～してください」

「～していただけませんでしょうか」

「～しなさい」

「～するようお願い申し上げます」

・・・・・・

中には、「～して。」のように、あとに「頂戴《ちょうだい》」などが略されていると見られるものもあります。

［Ⅰ］、この中で[3]もっとも丁寧《ていねい》な文はどれでしょうか。例えば、観光地で見知らぬ人にカメラのシャッターを押すことを頼むとき、

シャッターを押《お》せ！

などと言うと明らかに無礼です。

すみません、ちょっとシャッターを押してください。

という表現に直しても、まだ、それほど丁寧な感じがしません。無理矢理《むりやり》やらされるような気持ちになるからです。言うとすれば、

すみません、ちょっとシャッターを押していただけませんでしょうか。

といった表現ではないでしょうか。なぜ、こちらの表現の方が丁寧になるのかという問題についてはあとで考えるとして、ここで、ふしぎなことがあります。

この「～ていただけませんでしょうか」という表現は丁寧な表現のはずなのに、例えば、お客様にお茶を出すときには使えないのです。あなたがお客様になったとして、どこかのお宅《たく》を訪問《ほうもん》する場面を想像してください。あなたの前に飲み物が置かれます。そして、

これ、飲んでいただけませんでしょうか？

こう言われると、なんとなく、気味が悪いのではないでしょうか。なにか残り物を処分《しょぶん》してもらいたがっているような、［Ⅱ］もしかして何かの[あ]ジッケン台にされるような、そんな変な感じになってしまいます。どうしてでしょう。

丁寧《ていねい》かどうかは、単に言葉だけで決まるのではなく、相手への心配りが重要です。相手に何かをするよう求める場合、その内容がその相手にとってどのような性質を持つのかを考える必要があるのです。例えば4「座《すわ》る」動作を求める場合でも、新しい椅子《いす》の開発ジッケンで協力してもらう場合と、電車などで座席《ざせき》を譲《ゆず》る場合とでは、自然と表現が違《ちが》ってきます。

実は、人にものをさせる場面では、㋐「利益」「負担《ふたん》」といったことが重要な問題になります。例えば、相手にカメラのシャッターを押《お》してもらうような場合、その内容は、相手に負担を強《し》いる、「頼《たの》み事《ごと》」です。わざわざやらなくていいことを私《わたし》のためにやってもらうことになるからです。

そうすると、相手に無理矢理《むりやり》押しつけるのではなく、相手に断れる余地(注2)をなるべくたくさん残してお願いをする方が丁寧な感じになります。まさに、

すみません、ちょっとカメラのシャッターを押していただけませんでしょうか。

という表現は、そのように相手に伺《うかが》いをたてる表現なのです。なお、

すみません、ちょっとカメラのシャッターを押していただけますか。

という言い方と比べると、「押していただけますか」の方は、「押してくれること」をすでに予想しているような感じになるので、さほど遠慮《えんりょ》がちなニュアンスは出ません。しかし、「押していただけないでしょうか」のように、「ない」があると、一応「押してくれないこと」をも予想しているようなニュアンスになり、さらに遠慮がちな表現になります。負担の要求に対して断りやすくなるからです。

では、お茶などを勧《すす》める場面ではどうでしょうか。来客にお茶を出して飲むように言う場合には、相手に（　①　）を与《あた》えるわけではありません。むしろ、与えるのは（　②　）です。相手が得をするようなことを「勧める」わけです。そうすると、

これ、飲んでいただけませんでしょうか。

が変な感じになることも説明できます。そもそも、相手が得をすることを勧めるのに、それを、断りやすくする言い方をすると、表現に一貫性《いっかんせい》(注3)がなくなるからです。

誰《だれ》が得をするのか、あるいは負担を負うのか、ということは社会生活でも非常に重要な関係ですが、言葉の上でも非常に重要なことで、ほかの表現にも反映《はんえい》しています。

「どうか」「どうぞ」も基本的には、「頼み」と「勧め」というように、使い方の傾向が違っています。例えば、

お忙《いそが》しいところ恐縮《きょうしゅく》ですが、［　　］少しお時間をください。

という文の［　　］に「どうか」「どうぞ」のどちらが入るでしょうか。この場合、相手の時間をとることを要求する内容ですが、おそらく「どうか」の方が適切でしょう。

「どうか」は、

どうか、協力してください。

のように、話し手にとって利益、聞き手にとっては負担になることを「頼む」表現です。一方、「どうぞ」は、

どうぞ、お好きなだけお召《め》し上がりください。

のように、聞き手にとって利益になることを勧める表現だからです。

本来、相手にとって利益があるような表現を、わざわざへりくだって(注4)相手の負担を表すように言い換《か》えて、

どうか、お好きなだけお召し上がりください。

のように言うことはまだしも可能でしょうが、

×どうぞ、協力してください。

のような表現は、ふつう違和感《いわかん》(注5)を伴《ともな》(注6)います。よほどの事情を除《のぞ》いて、相手に負担をかけるときは、控《ひか》えめに表現することになるのであって、強くお願いするような表現は避《さ》けられると言えます。

また、応答の表現も、利益と負担《ふたん》の関係があります。例えば、断るときに、

「ちょっとボールを取ってください」→「×結構です」

は不自然です。しかし、

「お茶をどうぞ」→「結構です」

は適切です。「結構です」が使えるのは、勧《すす》めの場合、つまり、行為《こうい》を要求される人がどちらかと言えば得になるような場合です。いわば、

その申し出はありがたいが、このままでいい。

とでもいったような表現、つまり、『ノーサンキュー．（いいえ、ありがとう）』の表現に当たります。押《お》し売りなどの強引《ごういん》な勧誘《かんゆう》(注7)にも「結構です」と言うのですが、これも、考えてみれば[5]おもしろいことで、位置づけとしては、

「いかがですか」→「結構です」

のように、相手がいわば取引の「提案をしてくれている」という位置づけになります。勧められる側には、最初からちょっと断りにくい関係があると言えば言い過ぎでしょうか。

小学校のときだったか、掃除《そうじ》をさぼっていた友達に、先生が、

こら、きちんと掃除しなさい！

と注意したのに、その友達が冗談で、

いやあ、結構です！

と言ったことがありました。そのとき、何か変だな、でもなぜなのかな、と大変ふしぎな気持ちを感じたことを思い出します。「文法的思考」が好きな先生なら、「おっ、おもしろいことを言うね！」と、そこで言葉談義(注8)が始まっていたかもしれません。

（『表現を味わうための日本語文法』（森山卓郎《もりやまたくろう》）岩波書店　を出題にあたって一部を書き改めた。）

（注1）遠慮《えんりょ》がち……人に遠慮をして、思い通りにしないこと。
（注2）余地《よち》…………気持ちによゆうがあること。
（注3）一貫性《いっかんせい》………初めから終わりまで、ずれがないこと。
（注4）へりくだって…相手を尊敬して、自分をひかえめにすること。
（注5）違和感《いわかん》………しっくりこない様子。
（注6）伴《ともな》う…………いっしょになっていること。
（注7）勧誘《かんゆう》…………あることをするように相手にすすめること。
（注8）談義…………自由に考えを述べ合い議論すること。

(1)　――線1「類」の部首名をひらがなで書きなさい。

(2)　――線2「英語の『プリーズ』は、日本語での「もしよければ」などという表現とよく似た気持ちがベースにあると言える」とありますが、なぜですか。筆者がそう主張する理由を、「～から。」に続くように文章中から三十字程度で探《さが》して、初めと終わりの四字を答えなさい。

(3)　【　A　】にあてはまる言葉を文章中から八字以内で探して、ぬき出しなさい。

(4)　［　I　］・［　II　］にあてはまるつなぎ言葉を、次の(ア)～(オ)から一つずつ選んで、それぞれ記号で答えなさい。

(ア)　だから　(イ)　でも　(ウ)　では　(エ)　すると　(オ)　あるいは

(5) ――線3「もっとも」はどの部分にかかる言葉ですか。次の(ア)～(エ)から一つ選んで、記号で答えなさい。

(ア) 丁寧《ていねい》な　(イ) 文は　(ウ) どれ　(エ) でしょうか

(6) ＝＝線㋐「ジッケン」を漢字になおしなさい。また、＝＝線㋐「利益」のよみがなをひらがなで書きなさい。

(7) ――線4「『座《すわ》る』動作を求める場合でも、新しい椅子《いす》の開発ジッケンで協力してもらう場合と、電車などで座席《ざせき》を譲《ゆず》る場合とでは、自然と表現が違ってきます。」とありますが、実際にそれらの場合に用いるには、どのような表現がふさわしいですか。次の(ア)～(エ)から一つずつ選んで、記号で答えなさい。

(ア) ほら、座ってごらん。

(イ) どうぞ遠慮《えんりょ》なく座ってください。

(ウ) どうか座ってくださいませんか。

(エ) 座らせてあげましょう。

(8)（①）・（②）にあてはまる言葉の組み合わせとして、もっとも適当なものを、次の(ア)～(エ)から一つ選んで、記号で答えなさい。

(ア)（①）利益　（②）負担《ふたん》

(イ)（①）利益　（②）利益

(ウ)（①）負担　（②）利益

(エ)（①）負担　（②）負担

(9) ――線5「おもしろいこと」とありますが、なぜおもしろいのですか。その理由として、もっとも適当なものを、次の(ア)～(エ)から一つ選んで、記号で答えなさい。

(ア) 強引な勧誘《かんゆう》をしてくる相手にも丁寧な言葉を使うのが当たり前になっていることがおもしろかったため。

(イ) 強引な勧誘であるのに、勧《すす》められる側に断りにくい関係が初めからあることがわかり、興味《きょうみ》深かったため。

(ウ) 強引な勧誘であっても、勧められた側に利益が生まれる可能性があることがわかり、興味深かったため。

(エ) 強引な勧誘に対して、どのような対応をするべきか、真剣に考えたことがおもしろかったため。

(10) この文章で書かれている内容として正しいものを、次の(ア)～(エ)からすべて選んで、記号で答えなさい。

(ア)「文章」には書いた人の人柄が、「文」にはその文を作った人の気持ちが表れるということ。

(イ) どんな表現で伝えるかということより、表情がコミュニケーションには大切だということ。

(ウ) 相手が断《ことわ》れるような言い方をすることで、とても優しい人になることができるということ。

(エ) 丁寧かどうかは、単に言葉だけできまるのではなく、相手への心配りが重要であるということ。

(11) 次の①～④の指示に従《したが》って、述べなさい。

① あなたが言葉を使うときに、どのように表現したらよいか、迷ったりなやんだりした体験を書きなさい。

② ①を通して、言葉について思ったり感じたりしたことを書きなさい。

③ 二百字以上二百五十字以内で書くこと。（句読点やかっこ、記号も字数に数えます）

④ 改行をしたい場合でも改行をしないこと。左の例のように■マークを一マスに書いて、そのまま次の文章を続けて書きなさい。

■マークが書かれていると、そこで改行したものとみなします。

（例）と思いました。■ところが

算　数　科

注意：答えが分数のときは，約分すること。ただし，答えは仮《か》分数でも，帯《たい》分数でもよろしい。
また，円周率《えんしゅうりつ》を使う必要がある場合は３．１４を用いること。

(40分)

1 次の（１）～（５）の計算をしなさい。

（１）$98-4\times35\div(12-7)$

（２）$12.3+42.5\div0.5-0.3$

（３）$\frac{1}{3}-\frac{1}{6}+\frac{1}{9}-\frac{1}{12}$

（４）$\frac{5}{12}+\frac{1}{4}\times\frac{2}{3}+\frac{5}{12}$

（５）$\left(1-\frac{1}{2}\right)+\left(\frac{1}{2}-\frac{1}{3}\right)+\left(\frac{1}{3}-\frac{1}{4}\right)+\left(\frac{1}{4}-\frac{1}{5}\right)$

2 次の（１）～(10) の □ にあてはまる数を答えなさい。

（１）１から５までの数字をそれぞれ１回ずつ使って５けたの整数をつくります。全部で □ 種類の整数がつくれます。

（２）１から2021までの12の倍数をすべてたすと □ になります。

（３）ある市の人口は12000人です。この市の90%の人にひとり８万円ずつ配ると全部で □ 億円必要です。

（４）ある円の周の長さを直径で割り，小数第２位までのがい数で表すと □ になります。

（５）時速90kmで走る自動車が □ kmの橋をわたる時間は１分20秒です。
ただし，自動車の長さは考えないものとします。

（６）７haの畑の60%でサツマイモを栽培《さいばい》しています。サツマイモを栽培している畑の面積は □ m^2です。

（７）姉が6500円，妹が2500円持っています。ふたりがそれぞれ □ 円ずつもらったので姉の金額は妹の金額のちょうど２倍になりました。

（８）直方体で，たての長さを３倍，横の長さを４倍，高さを半分にすると，体積は □ 倍になります。

（９）24と36の公約数をすべてたすと □ になります。

(10) 2.6Ｌの飲み物を1.8ｄＬ入るコップに分けていくと，最後に □ cm^3残ります。

3 ◎○●の３種類の玉が，次の図のように◎３個，○２個，●１個，○２個，◎３個，・・・とならんでいます。その玉に左から順に１，２，３，４，・・・と番号をつけました。下の (1) ～ (3) の問いに答えなさい。

◎◎◎○○●○○◎◎◎○○●○○◎◎◎○○●○○◎◎◎○○●○○◎◎◎・・・
１２３４５６７８・・・・
番番番番番番番番

（１）40番の玉は◎，○，●のどの玉になりますか。◎，○，●から１つ選んで書きなさい。

（２）左から４個めの○は８番です。左から25個めの○は何番になるか答えなさい。

（３）１番から120番までをならべたとき，◎，○の個数の比をもっとも簡単な整数の比で答えなさい。

4 次の（1）～（3）の問いに答えなさい。

（1）右の図のように，辺ABを1辺とする正多角形をどんどんつくります。
初めに辺ABを1辺とする正三角形をつくるために2本の辺をかきくわえます。
次に，辺ABを1辺とする正方形をつくるために3本の辺をかきくわえます。
このあと同じ作業をくりかえしていき，正五角形，正六角形，…，正十七角形までつくりました。
このとき，これまでにかきくわえた辺は全部で何本ですか。

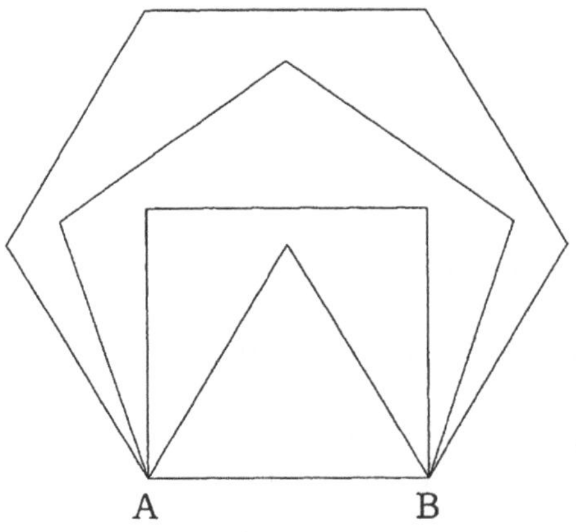

（2）右の図の容器に水を入れ，底面積が80cm^{2}の円柱の棒をまっすぐに入れたところ，水面の高さが18cmになりました。
棒を入れる前の水面の高さは何cmですか。

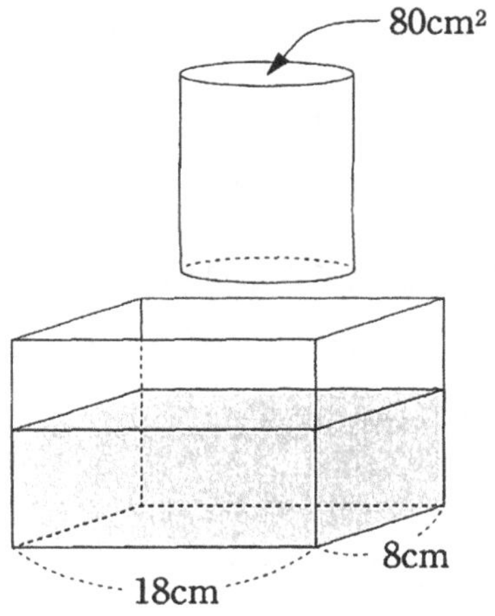

（3）右の図のA，B，C，D，E，F，Gの角度の和は何度ですか。

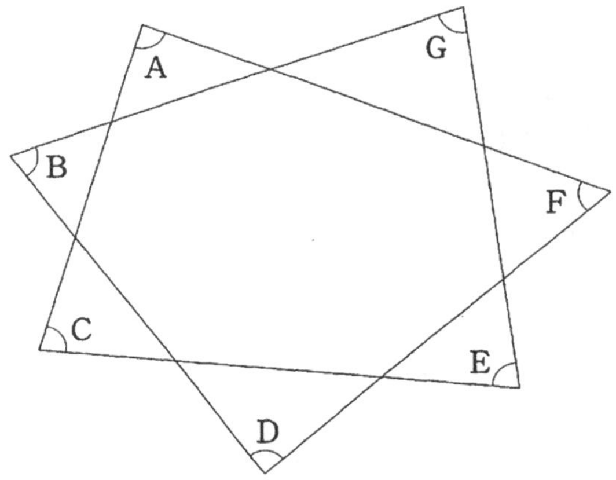

5 右の図のような旗があります。ア，イ，ウ，エの4つの部分に色をつけようと思います。ただし，となりあう部分には同じ色を使うことはできません。次の（1）～（4）の問いに答えなさい。

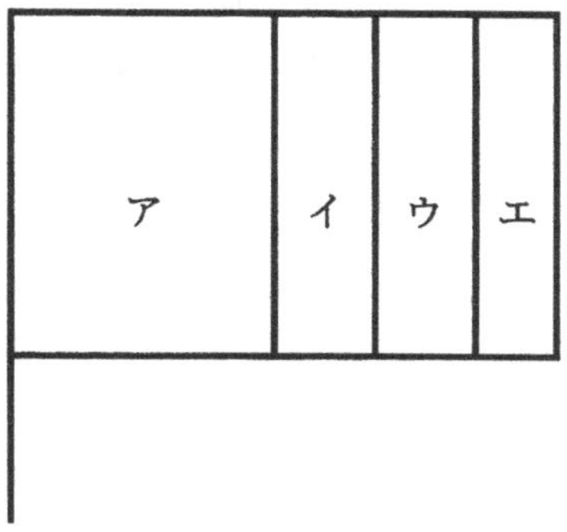

（1）赤と青の2色を使うとき，何通りの旗がつくれますか。

（2）赤と青と黄と緑の4色をすべて使うとき，何通りの旗がつくれますか。

（3）赤と青と黄の3色から2色を選んで使うとき，何通りの旗がつくれますか。

（4）赤と青と黄と緑の4色から3色を選んで使うとき，何通りの旗がつくれますか。

6 右の図のような立体の容器の中に一定の割合で水を入れていきます。
このとき，次の（1）～（3）の問いに答えなさい。
ただし，容器の厚さは考えないものとします。

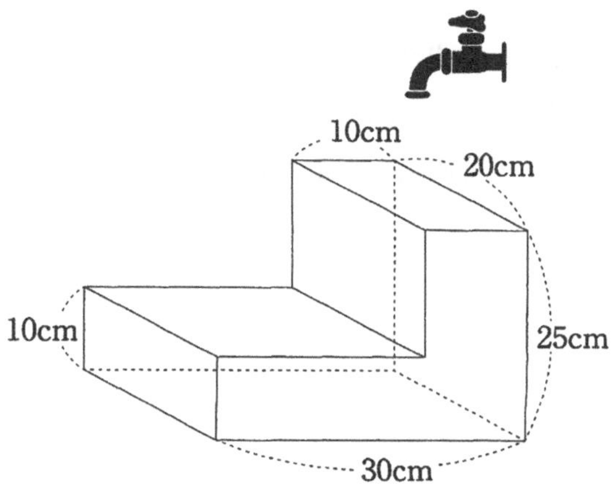

（1）この容器に入る水の量は何cm^3ですか。

（2）下のグラフは，容器に水を一定の割合で入れ始めてからの時間と底面から水面までの高さの関係を表したものです。
正しいものはどれですか。次の（ア）～（ウ）から，1つ選びなさい。

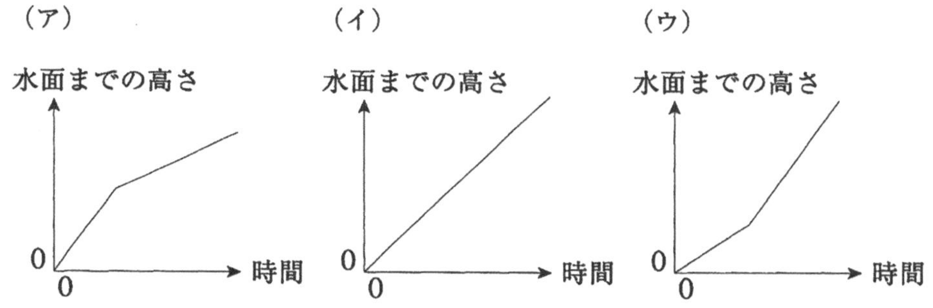

（3）右の図のように，水が容積全体の85%までたまったとき，底面から水面までの高さは何cmですか。

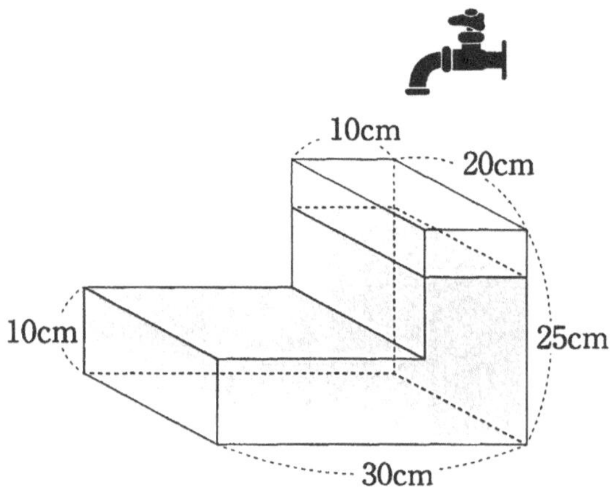

7　下の図のような公園の周りをＡ地点から太郎《たろう》さんは時計回りに分速80m，花子《はなこ》さんは反時計回りに分速90mでそれぞれ一定の速さで歩いて６分30秒後に出会いました。これについて，次の（１），（２）の問いに答えなさい。

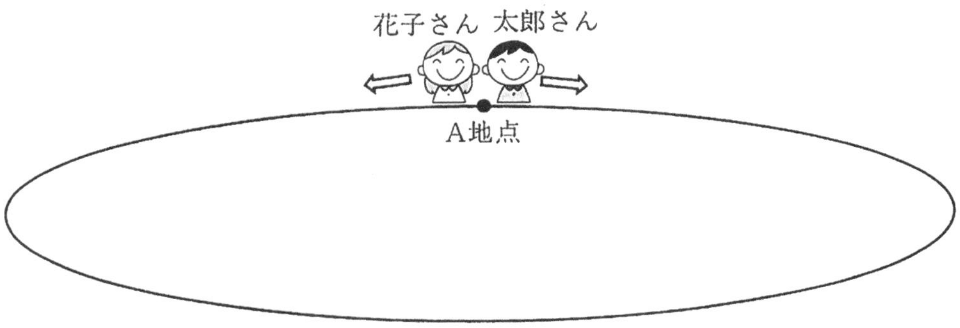

（１）太郎さんと花子さんは，出会った地点からそれぞれ反対方向に歩き５分12秒後に出会いました。太郎さんが分速95mで歩いたとき，花子さんの分速は何mですか。

（２）（１）で出会った地点から今度はふたりとも時計回りに太郎さんは分速88mで歩き，花子さんは走りました。そして花子さんは４分15秒後に１周して太郎さんに追いつきました。
（１）で出会った地点から花子さんが走った道のりは何mですか。また，そのときの花子さんの分速は何mですか。

8　100m競走でＡ，Ｂ，Ｃ，Ｄ，Ｅの５人が１組で走り，その結果についてそれぞれ次のように言っています。このＡ，Ｂ，Ｃ，Ｄ，Ｅはそれぞれ２つの内容を言っていますが，１つは正しい内容であり，もう１つはわざと間違《まちが》った内容を言っています。

Ａ『私は４位で，Ｄは１位でした』
Ｂ『私は２位で，Ｅは５位でした』
Ｃ『私は５位で，Ｄは２位でした』
Ｄ『私は２位で，Ｂは４位でした』
Ｅ『私は４位で，Ｃは１位でした』

このとき，１位から５位までを１位から順番に左からかきなさい。

理　　　科

（理科・社会 2科目40分）

1　次の（1）～（6）の内容について，それぞれ（ア）～（ウ）のように説明しました。3つすべてが正しい場合は「○」，3つすべてがまちがっている場合は「×」と答えなさい。また，正しいものが2つでまちがっているものが1つであれば，まちがっているものの記号を，まちがっているものが2つで正しいものが1つであれば，正しいものの記号を，それぞれ答えなさい。

（1）アサガオの花のつくりについて

（ア）めしべの先からは粉のようなものが出ています。これを花粉といいます。

（イ）花のつくりは外側から，がく，花びら，おしべ，めしべとなっています。

（ウ）花粉がめしべの先につくことを受精といいます。

（2）２０℃の水を冷やしたときに，えられたグラフについて

（ア）Ｂ点の温度は０℃です。

（イ）Ｂ点では，氷と水が混ざった状態です。

（ウ）グラフのＡ点とＣ点のときを比べて，体積が大きいのはＣ点のときです。

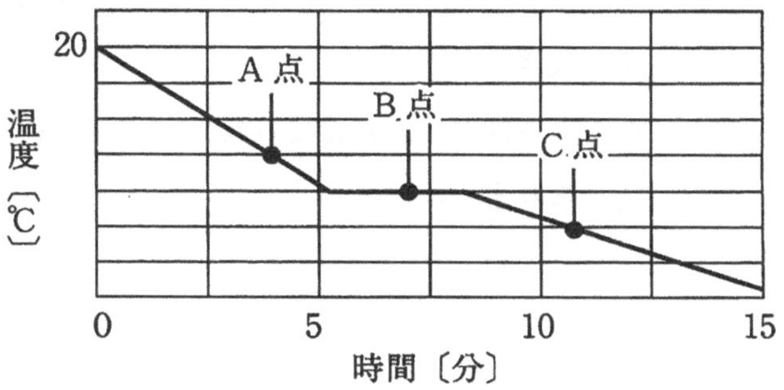

（3）大地のつくりについて

（ア）大昔の生き物のからだや，生き物がいたあとなどが残ったものを化石といいます。

（イ）地層《ちそう》には水のはたらきでできたものと，火山のはたらきでできたものとがあります。

（ウ）主にどろからできている岩石を，れき岩といいます。

（4）こん虫について

（ア）こん虫のからだは，あたま，むね，はらの部分に分かれています。

（イ）こん虫のあしは左右合わせて６本で，はらの部分についています。

（ウ）モンシロチョウのように，はねをもつこん虫は，はらの部分にはねがついています。

（５）水よう液の性質について

（ア）水よう液Ａに，ムラサキキャベツ液を加えると黄色になりました。この水よう液をリトマス紙につけると，青色リトマス紙は赤色に変わり，赤色リトマス紙の色は変わりませんでした。

（イ）水よう液Ｂに，BTBよう液を加えると黄色になりました。この水よう液をリトマス紙につけると，青色リトマス紙は赤色に変わり，赤色リトマス紙の色は変わりませんでした。

（ウ）うすい塩酸とうすい水酸化ナトリウム水よう液に，アルミニウムを入れました。どちらにもアルミニウムはとけました。

（６）ふりこについて

（ア）ＡとＢを同じふれはばで往復させると，１往復にかかる時間はＡのほうが長くなります。

（イ）ふりこの長さとふりこの１往復する時間の関係を調べるときは，ＡとＤを同じふれはばで往復させて１往復の時間を比べます。

（ウ）ＣとＤを同じふれはばで往復させて，１往復の時間を比べると，おもりの重さとふりこの１往復する時間の関係を調べられます。

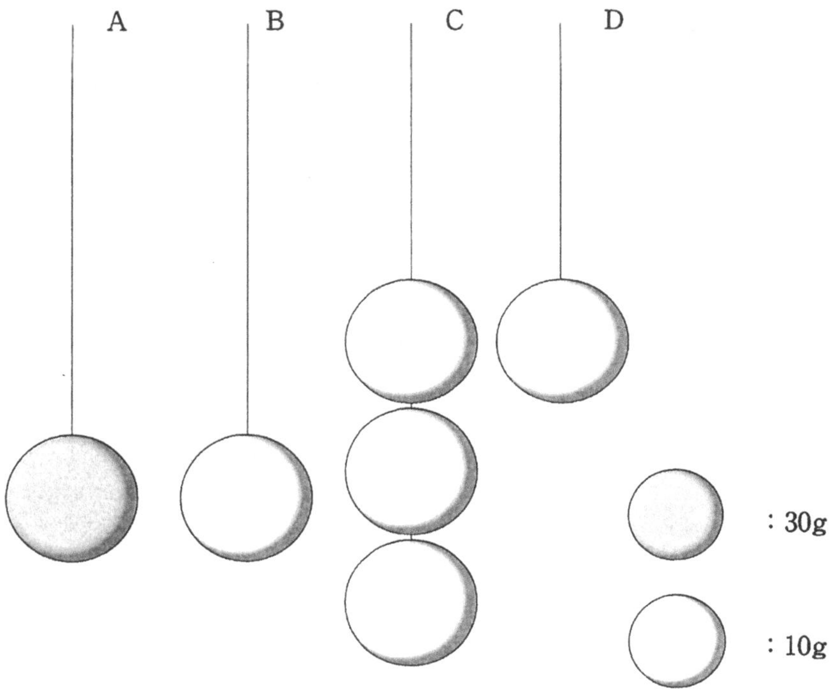

2　右の図①・②のビーカーには２０℃の水を，③・④のビーカーには６０℃の水をそれぞれ５０ｍＬ入れました。また，①・③には食塩を，②・④にはミョウバンをそれぞれとけるだけとかしました。また，下のグラフは，水１００ｍＬにとける量を表したもので，食塩かミョウバンのいずれかです。これについて，次の（１）～（４）の問いに答えなさい。ただし，もちいたビーカーはすべて同じ重さであるものとします。

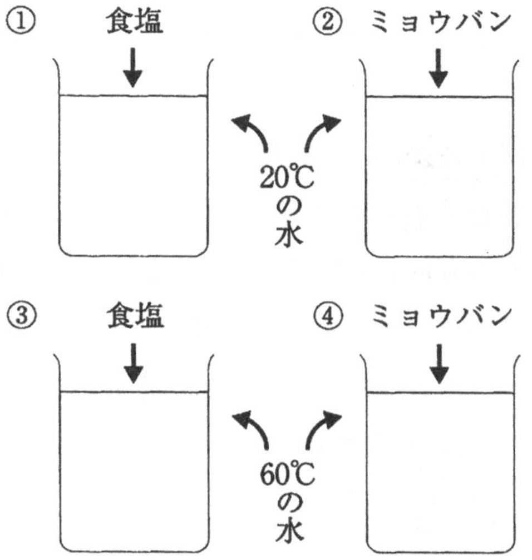

（１）①～④の重さを比べたとき，（あ）もっとも重いもの，（い）もっとも軽いものを，それぞれ番号で答えなさい。

（２）水に物がとけるときの説明として正しいものを，次の（ア）～（オ）からすべて選んで，記号で答えなさい。

（ア）物はなくなってしまう。

（イ）物は液全体に広がる。

（ウ）液はすき通って見える。

（エ）物は数日後に底にしずむ。

（オ）水の量をへらすと，物のとける量はへる。

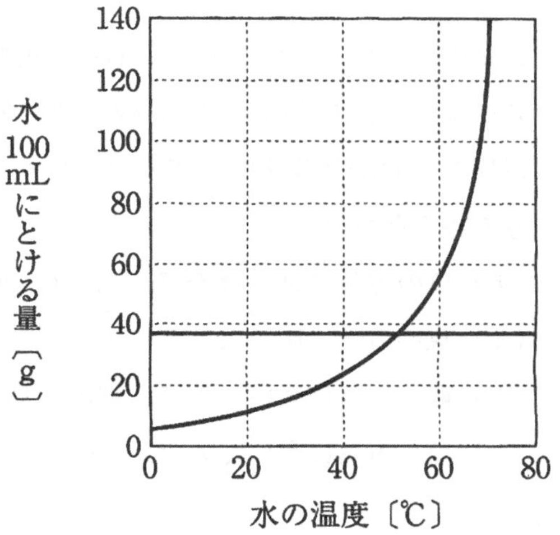

（３）③と④のビーカーの液を２０℃まで冷やしたときの説明としてもっとも適当なものを，次の（ア）～（エ）から１つ選んで，記号で答えなさい。

（ア）③と④のビーカーとも，とけていた物がはっきり出てくる。

（イ）③のビーカーだけ，とけていた物がはっきり出てくる。

（ウ）④のビーカーだけ，とけていた物がはっきり出てくる。

（エ）③と④のビーカーとも，とけていた物がほとんど出てこない。

（４）④のビーカーの液を２０℃まで冷やしたとき，とけていたものはどうなると考えられますか。もっとも適当なものを，次の（ア）～（オ）から１つ選んで，記号で答えなさい。

（ア）何も出てこない

（イ）１１ｇ出てくる

（ウ）２３ｇ出てくる

（エ）４６ｇ出てくる

（オ）５７ｇ出てくる

3　鉄しんに導線を同じ向きに何回か巻《ま》き，図１や図２の電磁石《でんじしゃく》をつくりました。電池はそれぞれ同じものであるものとします。これについて，次の（１）～（３）の問いに答えなさい。

（１）図１のように，方位磁針《じしん》①を電磁石あの右側に，方位磁針②を電磁石あの左側に置きました。次にスイッチを入れると，はじめ北の方角を指していた方位磁針①のＮ極が西の方角に動きました。その時、方位磁針②のＮ極はどの方角を指しますか。次の（ア）～（エ）から１つ選んで，記号で答えなさい。

（ア）北の方角のまま。

（イ）東の方角を指す。

（ウ）西の方角を指す。

（エ）南の方角を指す。

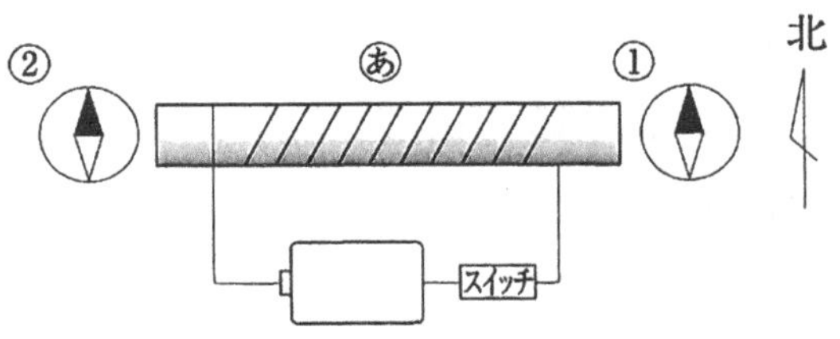

図１

（２）図２のように，電磁石いの右側に方位磁針③を置き，その動きを調べました。方位磁針③のＮ極の動きから，電磁石いの右はしは，何極だとわかりますか。次の（ア）～（エ）から１つ選んで，記号で答えなさい。

（ア）東の方角に動いたので，電磁石いの右はしはＮ極になる。

（イ）東の方角に動いたので，電磁石いの右はしはＳ極になる。

（ウ）西の方角に動いたので，電磁石いの右はしはＮ極になる。

（エ）西の方角に動いたので，電磁石いの右はしはＳ極になる。

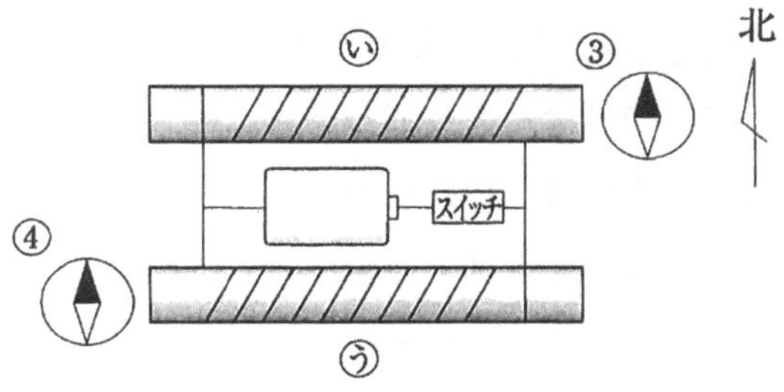

図２

（３）図２で，電磁石うの左側に方位磁針④を置き，その動きを調べました。方位磁針④のＮ極の動きから，電磁石うの左はしは，何極だとわかりますか。次の（ア）～（エ）から１つ選んで，記号で答えなさい。

（ア）東の方角に動いたので，電磁石うの左はしはＮ極になる。

（イ）東の方角に動いたので，電磁石うの左はしはＳ極になる。

（ウ）西の方角に動いたので，電磁石うの左はしはＮ極になる。

（エ）西の方角に動いたので，電磁石うの左はしはＳ極になる。

4　ももおさんは，インゲンマメの種子の発芽について調べました。これについて，次の（1）～（3）の問いに答えなさい。

（1）インゲンマメの発芽はどれですか。次の（ア）～（エ）から正しいものを1つ選んで，記号で答えなさい。

（ア）
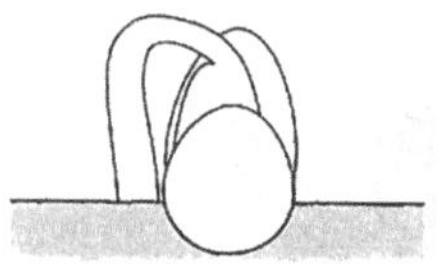

（イ）
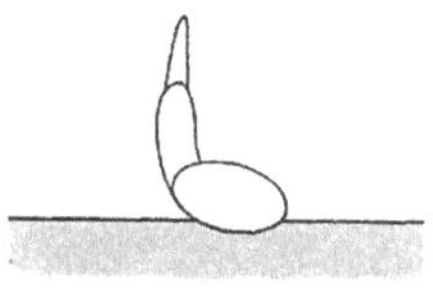

（ウ）
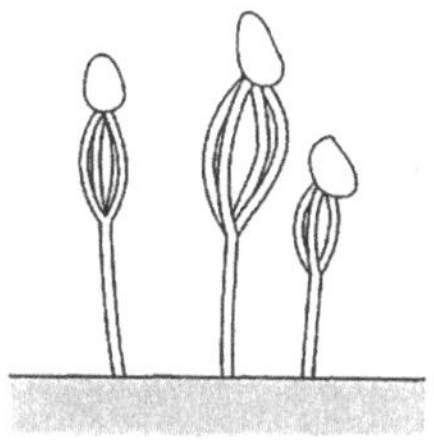

（エ）
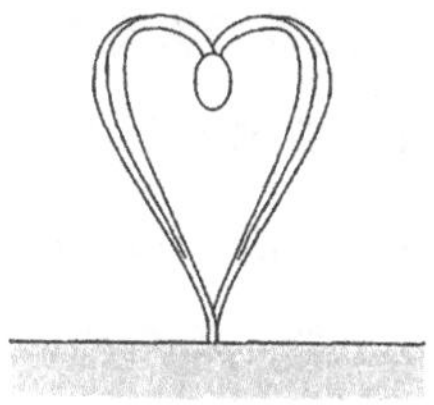

（2）「適当な温度が発芽に必要である」ことを調べるための実験を行います。実験に最低限必要なものや条件を次の（ア）～（キ）からすべて選んで，記号で答えなさい。ただし，インゲンマメの種子は2個使います。また，バーミキュライトとは肥料をふくまない土のことです。

（ア）しめらせたバーミキュライト　（イ）かんそうしたバーミキュライト　（ウ）固体肥料　（エ）冷蔵庫《れいぞうこ》

２パック

水

２パック

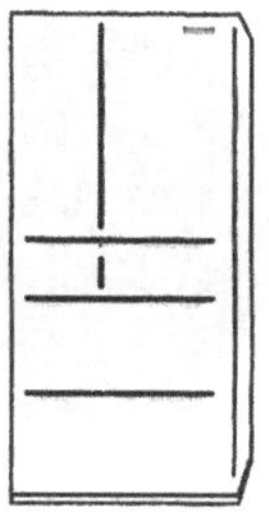

（オ）室温２０℃の明るい部屋　（カ）室温１０℃の明るい部屋　（キ）空気をぬく装置《そうち》

（3）種子を右の図のように半分に切り，うすいヨウ素液をつけ，色が青むらさき色に変化したところをぬりつぶしました。色の変化はどのようになりましたか。次の（ア）～（コ）から正しいものを1つ選んで，記号で答えなさい。

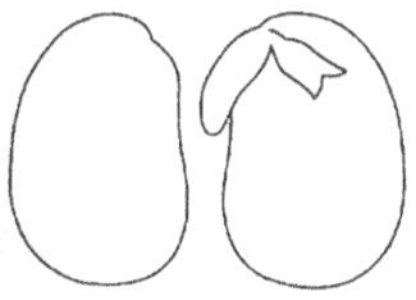

（ア）
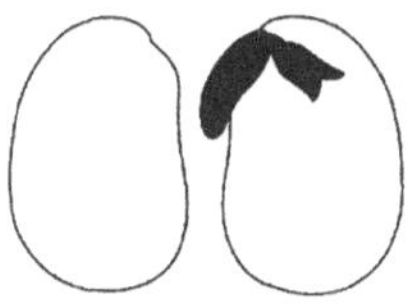

（イ）

（ウ）
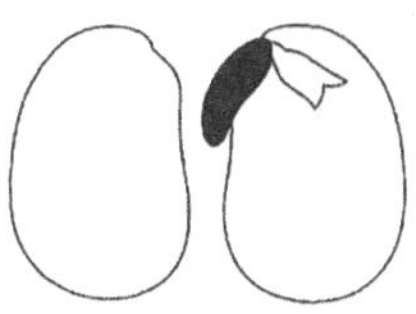

（エ）
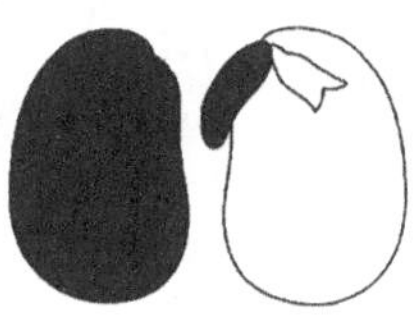

（オ）
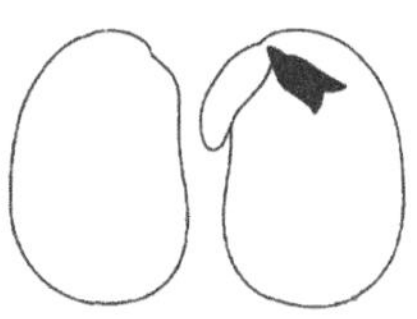

（カ）
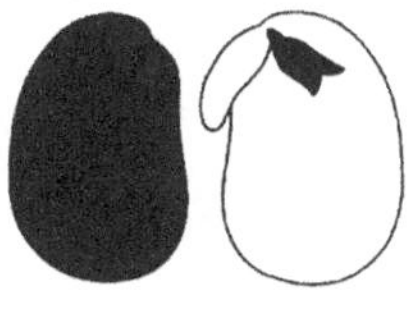

（キ）
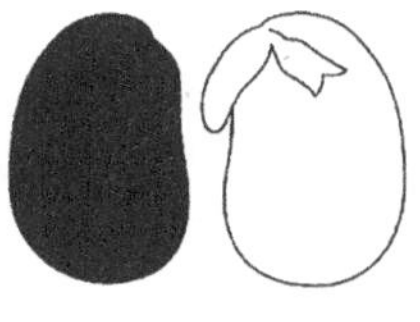

（ク）
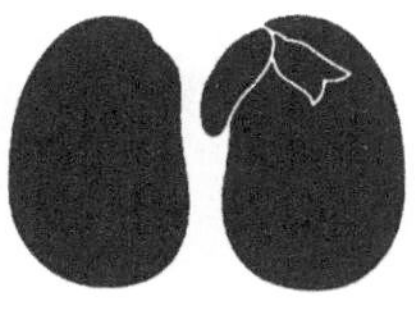

（ケ）
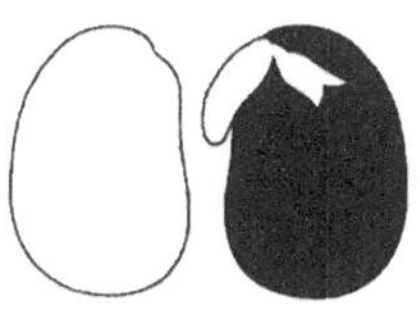

（コ）
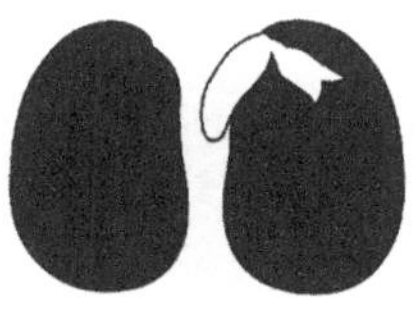

5 ももみさんは，午前９時に見える月と太陽の位置（方位・高さ）を調べました。また，月と太陽の位置関係を調べたところ，右の図１のようになりました。これについて，次の（１）～（４）の問いに答えなさい。

（１）月や太陽の位置を調べるために必要な方法はどれですか。次の（ア）～（エ）から１つ選んで，記号で答えなさい。

（ア）月の位置を調べるために方位磁針《じしん》を使う。
（イ）太陽の位置を調べるために地図を使う。
（ウ）月の位置を調べるために星座《せいざ》早見を使う。
（エ）太陽の位置を調べるために望遠鏡を使う。

図１

（２）観測した日から３週間後の月の形はどれですか。次の(ア)～(エ)からもっとも近いものを１つ選んで，記号で答えなさい。ただし，月の白い部分が光っているものとします。

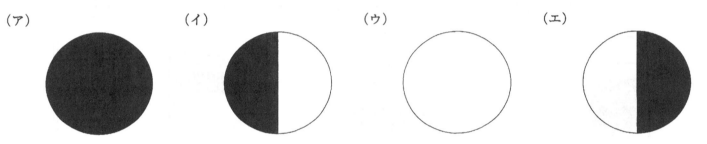

（ア）

（イ）
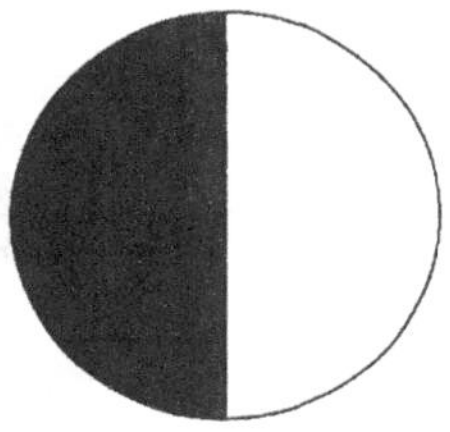
（ウ）
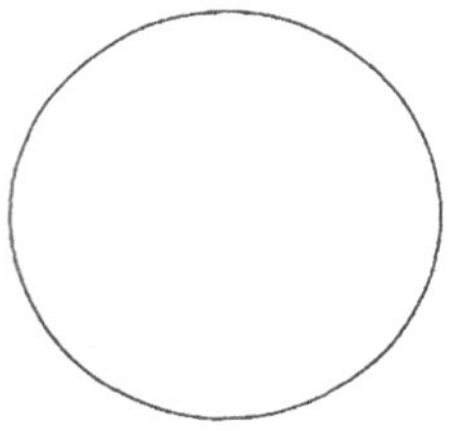
（エ）
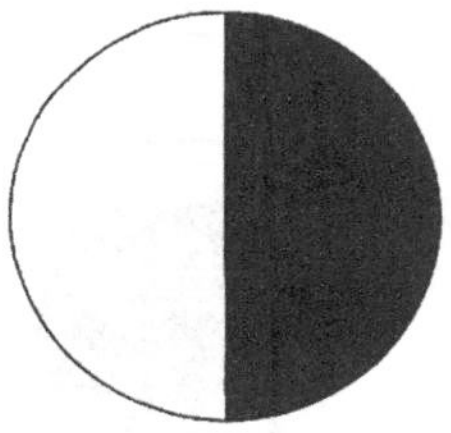

（３）午前９時に，(２）はどの方角に見えますか。または見えませんか。次の（ア）～（キ）から１つ選んで，記号で答えなさい。
（ア）東　（イ）南東　（ウ）南　（エ）南西　（オ）西　（カ）北　（キ）見えない

（４）次の図２は，人工衛星「かぐや」から発射《はっしゃ》されて月面に降《お》り立《た》った月探査機《たんさき》の想像図です。図２で見えている地球は，図３のどの位置にある月から地球を観察したときのものですか。図３の（ア）～（ク）から１つ選んで，記号で答えなさい。

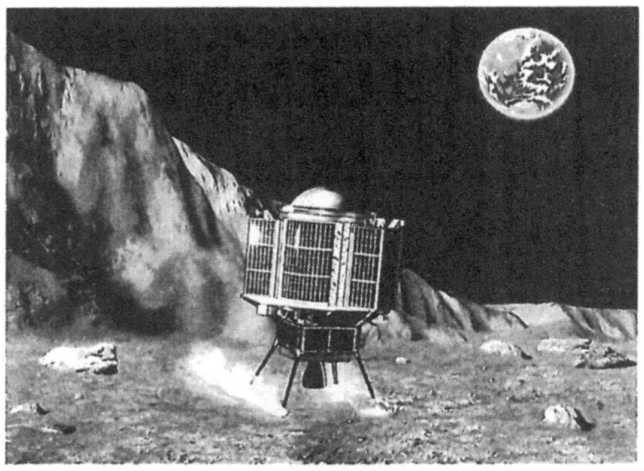
図２

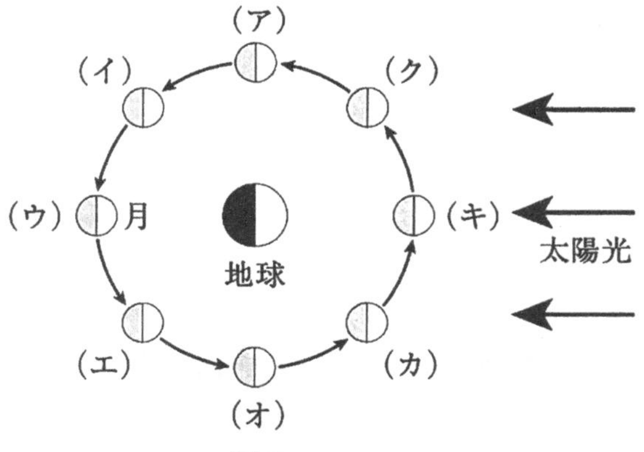

図３

※20点満点　解答用紙・配点非公表

社　　会　　科

(理科・社会 2科目40分)　　2021.1.16 実施　　6枚中の1枚め

注意：語句で答える問題は，解答方法に指定のない場合，漢字・ひらがな・カタカナのどれで答えてもかまいません。

1　次の会話文を読み，下の地図とグラフ・表を見て，あとの問いに答えなさい。

ユウタさんとスグルさんは米作りについて調べました。ユウタさんとスグルさんの会話を読んでみましょう。

ユウタ「令和元年の米の都道府県別生産量の上位10道県を表にまとめたよ。」

順　位	1	2	3	4	5	6	7	8	9	10
道県名	新潟《にいがた》	北海道《ほっかいどう》	秋田《あきた》	山形《やまがた》	宮城《みやぎ》	福島《ふくしま》	茨城《いばらき》	栃木《とちぎ》	千葉《ちば》	青森《あおもり》

出典
農林水産省HP

スグル「東北《とうほく》地方と関東《かんとう》地方に多いね。」

ユウタ「東北地方では日本海側に多いぞ。東北地方では太平洋側より日本海側のほうが生産量が多いね。日本海側が米作りに向いているのかな。」

スグル「東北地方の日本海側（山形県酒田市《やまがたけんさかたし》）と太平洋側（宮城県仙台市《みやぎけんせんだいし》）の気候をくらべてみよう。冬の降水量《こうすいりょう》がずいぶん違《ちが》うね。気温も６月から９月の平均気温は日本海側のほうが高いね。」

ユウタ「夏に気温が高いと稲《いね》はよく育つだろうね。冬の降水量はほとんど雪だね。積雪量の多さも米作りにはプラスになるのかな。」

	1月	2月	3月	4月	5月	6月	7月	8月	9月	10月	11月	12月
降水量mm	168.1	114	106.7	102.4	121.4	120.7	209	178.5	162.1	180.5	225	204
気温℃	1.7	1.9	4.6	10.2	15.3	19.6	23.3	25.3	21.1	15.1	9.3	4.5

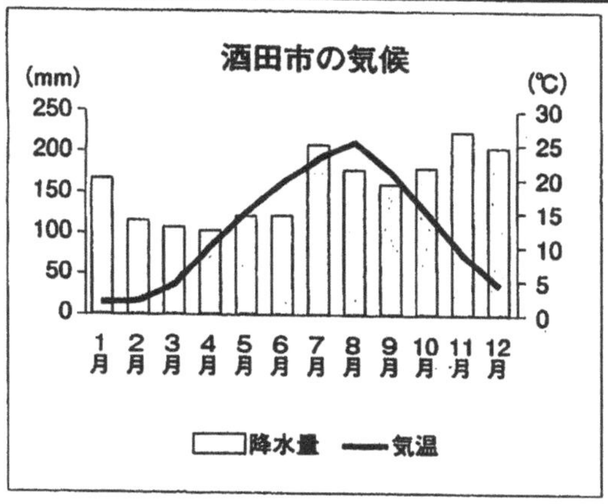

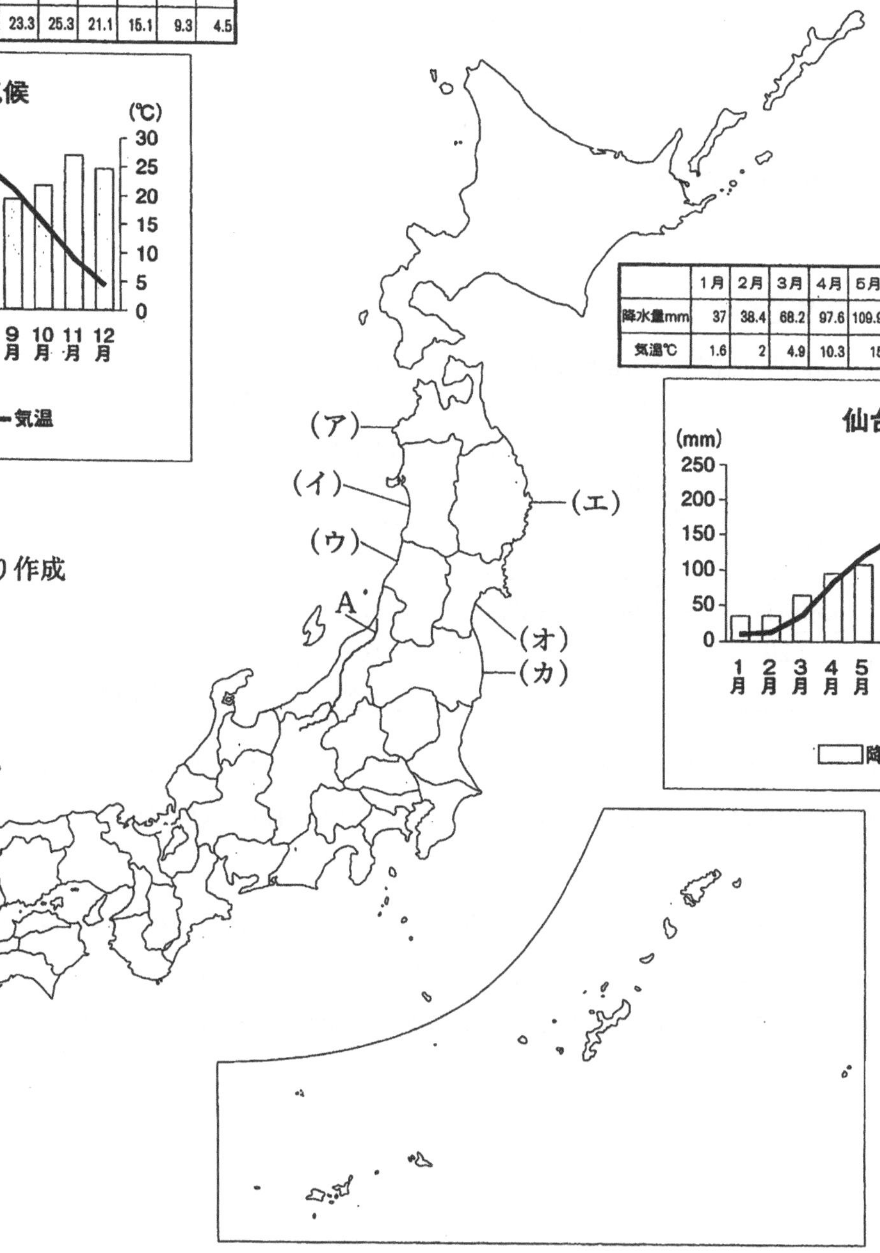

気象庁HPより作成

	1月	2月	3月	4月	5月	6月	7月	8月	9月	10月	11月	12月
降水量mm	37	38.4	68.2	97.6	109.9	145.6	179.4	166.9	187.5	122	65.1	36.6
気温℃	1.6	2	4.9	10.3	15	18.5	22.2	24.2	20.7	15.2	9.4	4.5

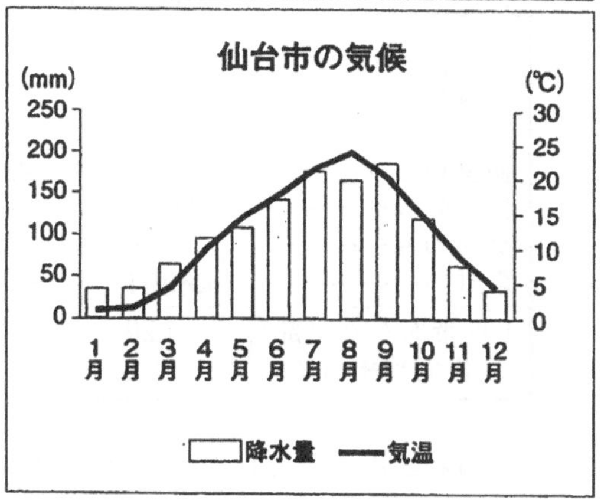

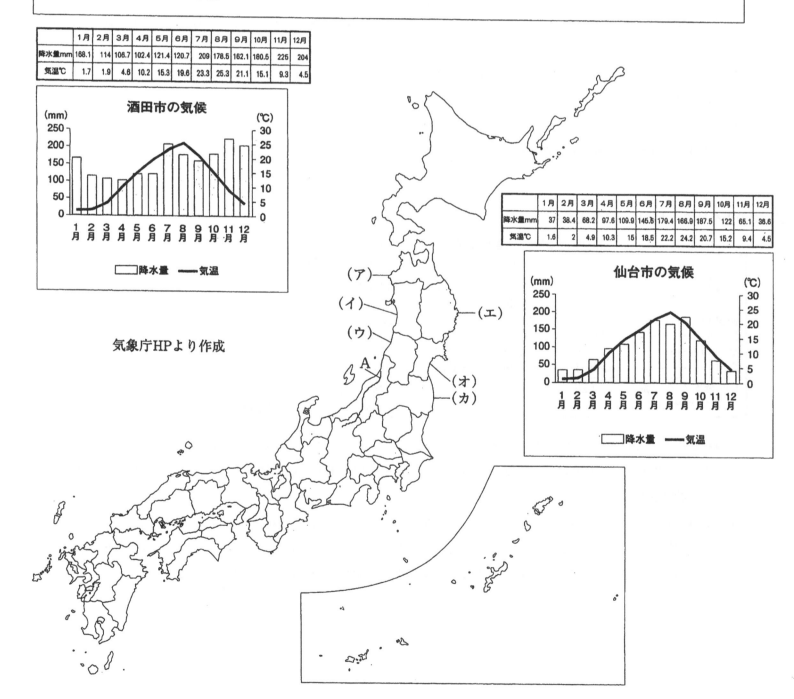

（１）東北《とうほく》地方の県で，米の生産量の上位10道県に入っていない県を，地図中の（ア）～（カ）から１つ選んで，記号で答えなさい。

（２）越後《えちご》平野の米作りを支えている地図中のＡの川を，次の（ア）～（エ）から１つ選んで，記号で答えなさい。

（ア）信濃川《しなのがわ》　（イ）北上川《きたかみがわ》　（ウ）最上川《もがみがわ》　（エ）利根川《とねがわ》

（３）冬に日本海側に多くの降水《こうすい》をもたらす季節風はどの方角から吹《ふ》きますか。もっともふさわしいものを，次の（ア）～（エ）から１つ選んで，記号で答えなさい。

（ア）北東　（イ）北西　（ウ）南東　（エ）南西

（４）日本海側に雪が多く降《ふ》ることが米作りの良い条件となっています。雪が多く降ることが米作りにどのように有利な条件になるのかを説明しなさい。

（５）米作りについて，次の①・②の問いに答えなさい。

① 米作りの順番が正しい順に並《なら》んでいるものを，次の（ア）～（エ）から１つ選んで，記号で答えなさい。

（ア）田植え→しろかき→草取り→稲刈《いねか》り

（イ）田植え→草取り→しろかき→稲刈り

（ウ）しろかき→田植え→草取り→稲刈り

（エ）しろかき→草取り→田植え→稲刈り

② 米作りをめぐる問題について説明した文のうち，あやまっているものを，次の（ア）～（エ）から１つ選んで，記号で答えなさい。

（ア）今後，外国産の安い米の輸入が増えることが予想される。

（イ）米の消費量は，１９７０年から，ほぼ毎年減り続けている。

（ウ）農業で働く人の数は，１９７０年から，ほぼ毎年減り続けている。

（エ）１９７０年から，米作りの機械化はほとんどすすんでいない。

２ 次の表を見て，下の問いに答えなさい。

新聞発行部数と広告面比率（単位　千部）

	1980年	1990年	2000年	2010年	2016年
一般紙《いっぱんし》……………	40945	46060	47402	44907	39821
スポーツ紙………	5446	5848	6307	4415	3455
朝夕刊セット……	19866	20616	18187	13877	10413
朝刊のみ…………	24271	29268	33703	34259	31889
夕刊のみ…………	2255	2023	1819	1185	973
合計………………	**46391**	**51908**	**53709**	**49322**	**43276**
１世帯あたり（部）	1.29	1.26	1.13	0.92	0.78
広告面比率（%）	43.2	44.0	40.1	33.5	32.4

出典　日本国勢図会2018-19年版

（１）表からわかることとして，あやまっているものを，下の（ア）～（エ）から１つ選んで，記号で答えなさい。

（ア）２０００年の５３７０９は，「一般紙」と「スポーツ紙」の合計であり，「朝夕刊セット」と「朝刊のみ」と「夕刊のみ」の合計でもある。

（イ）２０１６年と２０００年をくらべると，「一般紙」より「スポーツ紙」の減少数のほうが多い。

（ウ）「１世帯あたり」が，１を下回っている年は，すべての家が新聞を取っているとはいえないということである。

（エ）広告面の比率が下がっているということは，新聞紙面の記事の割合《わりあい》が増えているということである。

（2） インターネットの普及《ふきゅう》がすすんできたことが，新聞の発行部数が減っている理由の一つだといわれています。インターネットで情報を得る人が増えた理由として，ふさわしくないものを，次の（ア）～（エ）から1つ選んで，記号で答えなさい。

（ア）新聞にくらべて，インターネットのほうが，情報を早く知ることができる。

（イ）新聞にくらべて，インターネットのほうが，多くの情報を知ることができる。

（ウ）新聞にくらべて，インターネットのほうが，情報を正確に知ることができる

（エ）新聞にくらべて，インターネットのほうが，情報の保存《ほぞん》場所をとらない。

3　歴史に関する次の（1）～（8）の問いに答えなさい。

（1） 次の図Aは縄文《じょうもん》時代，図Bは弥生《やよい》時代の集落のようすです。図Aには見られなかった建造物が，図Bには見られます。これらは，どのようなことに備えてつくられたものか答えなさい。

図A

図B

（2）次の図が表している時代のようすとしてもっともふさわしいものを，下の（ア）～（エ）から1つ選んで，記号で答えなさい。

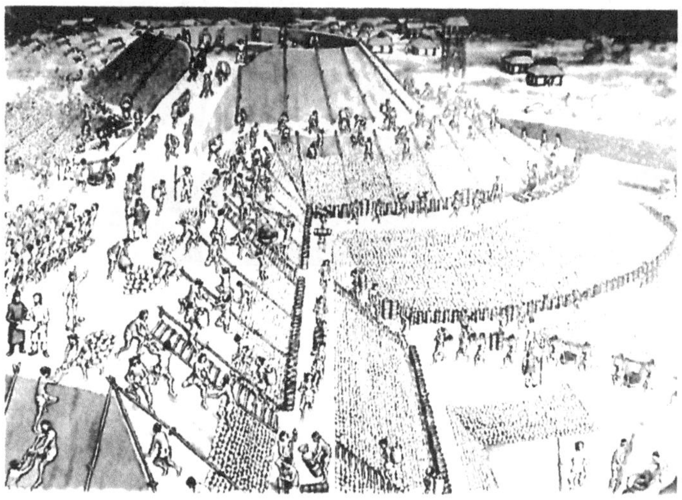

（ア）外国から連れてきた人たちをはたらかせたため，短い期間で完成させられた。

（イ）多くの人たちを集めたため，王が支配する国の収入《しゅうにゅう》が大きく減少した。

（ウ）多くの人たちをはたらかせることができるほど，王の力が強かった。

（エ）これほど多くの人たちを集められるほど，王の支配力が全国におよんでいた。

（3）次の資料は，鎌倉《かまくら》の地形を表しています。源頼朝《みなもとのよりとも》が，この地に幕府《ばくふ》を開いた理由として，もっともふさわしいものを，下の（ア）～（エ）から１つ選んで，記号で答えなさい。

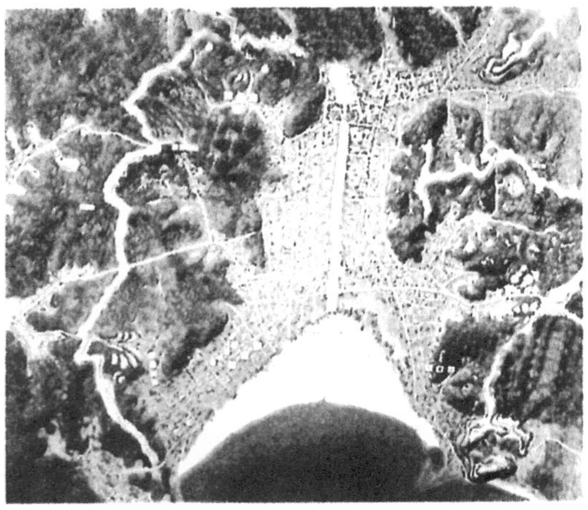

（ア）幕府から町の全体が見える地形で，農民や武士を見張ることができるから。

（イ）まわりが山や海にかこまれている地形で，敵《てき》に攻《せ》められても守りやすいから。

（ウ）東・北・西の３方に山がある地形で，都がおかれていた京都《きょうと》の地形に似ていたから。

（エ）広い砂浜《すなはま》の海岸がある地形で，漁業にも運送にも便利だったから。

（4）次の図Aは，この作品が描《えが》かれた時代を代表するもので，この画法は現在にも受けつがれています。この作品と同じころに始まったものを，下の（ア）～（エ）から１つ選んで，記号で答えなさい。

図A

（ア）

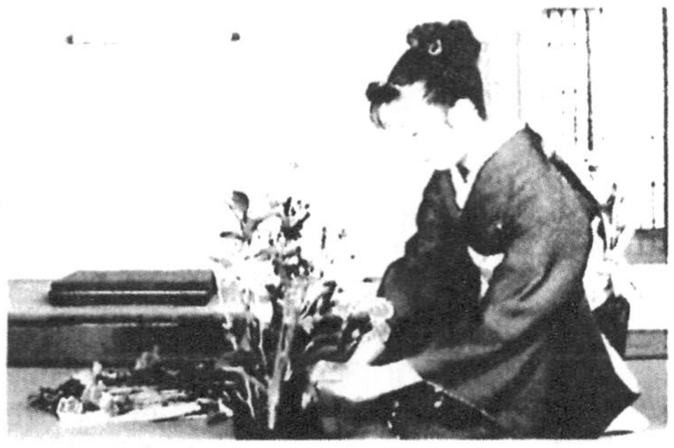

（イ）

（ウ）

（エ）

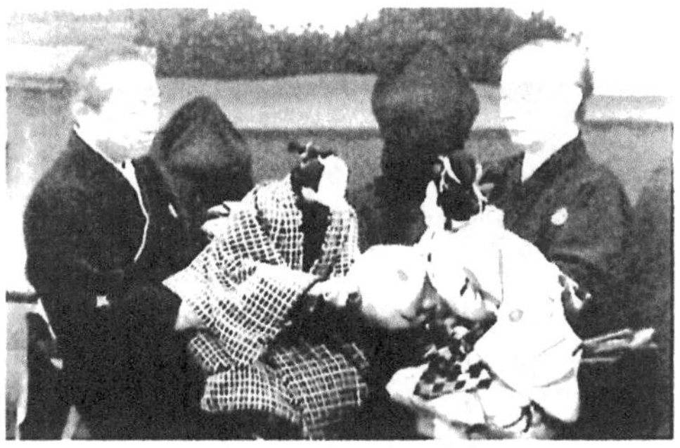

（5）次の図Aは，朝鮮《ちょうせん》から幕府《ばくふ》へ遣《つか》わされた使節のようすです。図Bも同じころ，薩摩藩《さつまはん》が仲を取りもって幕府へ遣わされた使節です。図Bの使節を派遣《はけん》した国名を答えなさい。

図A

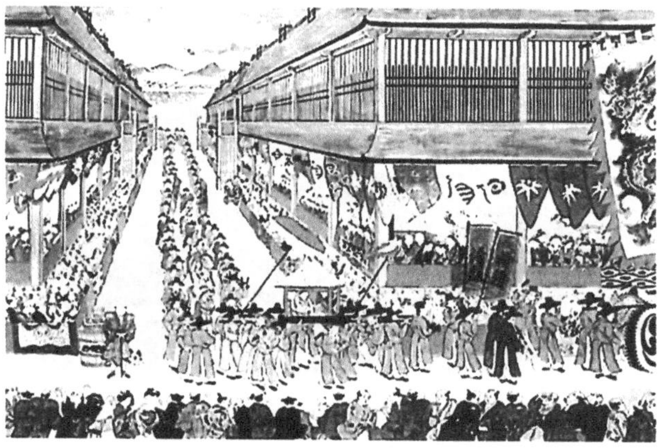

図B

（6）次の図A・図Bは同じ時期におこなわれた政府の取り組みのようすです。ヨーロッパやアメリカに学んでさまざまな取り組みを進めた政府の目標を，漢字４字で書きなさい。

図A

図B

（7）次の詩は，戦争の犠牲《ぎせい》が大きくなった時期につくられました。このころ，国民のなかから戦争に反対する声が多く聞かれるようになりました。この戦争名を答えなさい。

ああ　をとうとよ　君をなく
（お）

君死にたまふことなかれ
（もう）

（8）次の表Aは，第二次世界大戦《だいにじせかいたいせん》中にあった出来事と，その犠牲者《ぎせいしゃ》数を表しています。表A中の（ア）は，１９４５年3月１０日にあった出来事です。写真Bは，（ア）の後のまちのようすです。（ア）の出来事を何というか答えなさい。

表A

第二次世界大戦中の出来事とその犠牲者数	
出来事	数
沖縄《おきなわ》戦	１８万人以上
広島原爆《ひろしまげんばく》投下	１４万人以上
（ア）	１０万人以上
長崎《ながさき》原爆投下	7万人以上

写真B

4　ダイチさんは，日本国憲法《けんぽう》と政治のはたらきについて，学習したことをまとめました。次の文を読んで，下の問いに答えなさい。

日本国憲法は，国の基本的な政治のあり方を定めたものです。日本国憲法は１９４６年①１１月３日に国民に広く知らせ，１９４７年5月3日に実際に使われ始めました。日本国憲法が国民に認《みと》めている②選挙権《せんきょけん》は，国民主権《しゅけん》の代表的な例です。他にも，自由に人間らしく生きる権利《けんり》である基本的人権《じんけん》の尊重《そんちょう》，永久に戦争をしないという平和主義について決められています。

日本国憲法は国民の権利のほかに，日本の政治のしくみについても定めています。日本の政治は，図のように国会，内閣《ないかく》，裁判所《さいばんしょ》の三つの機関がそれぞれの仕事を分担《ぶんたん》し，たがいに確認《かくにん》し合っています。これを③三権《さんけん》分立といいます。また，④都道府県や市区町村の議会は，その地《ち》域《いき》の県庁《けんちょう》や市役所，町役場と協力して，地域のよりよい暮《く》らしにつながる政治を進めていく上で，大切な役割《やくわり》をはたしています。

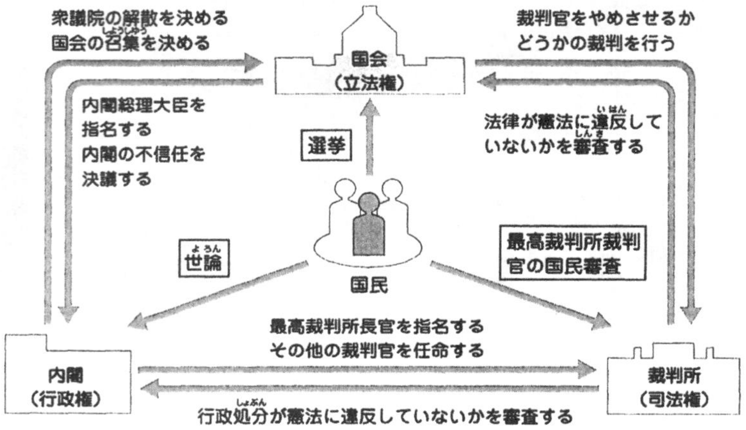

（1）　下線部①は国民の祝日です。この日の説明として正しいものを，次の（ア）～（エ）から1つ選んで，記号で答えなさい。

（ア）建国記念の日といい，日本がつくられた昔を思う日である。

（イ）文化の日といい，自由と平和を愛し，文化をすすめる日である。

（ウ）憲法記念日といい，日本国憲法の施行《しこう》を記念し，国の成長を願う日である。

（エ）昭和の日といい，復興をとげた昭和の時代を振《ふ》り返《かえ》り，国の将来《しょうらい》を思う日である。

（2）下線部②が認《みと》められているのは，満何歳からか答えなさい。

（3）下線部③のようなしくみを日本がとっている理由を簡単《かんたん》に説明しなさい。

（4）下線部④のことを説明した文の中で正しいものを，次の（ア）～（エ）から1つ選んで，記号で答えなさい。

（ア）地域の問題を解決するために，条例をつくったり，改正したり，廃止《はいし》したりする。

（イ）裁判所の裁判官《さいばんかん》を任命する。

（ウ）都道府県や市区町村の予算案をつくって，県庁や市役所，町役場に提出する。

（エ）衆議院《しゅうぎいん》と参議院《さんぎいん》の二つの議院に分かれ，慎重《しんちょう》に決定するしくみになっている。

令和二年度

国　語　科

（40分）

二〇二〇・一・一八　実施

京都教育大学附属桃山中学校

六枚中の一枚め

※40点満点　解答用紙・配点非公表

一　次の文章を読んで、あとの(1)～(12)の問いに答えなさい。

あなたがしばらく学校を休んで、久しぶりにトウコウしたとき、いちばんうれしいと感じることは何ですか。先生や友だちが声をかけてくれること、これはとても元気づけられます。

でも、もしもその声が暗くぼそぼそとしていて、聞こえるかどうかくらいだったらどうでしょう。何だか肩《かた》（注1）すかしを食ったような気がするでしょう。まして、いつも明るい声の先生や、大声の友だちがそうであったらどうでしょう。あなたは、「何があったのかな」「何か悪いことをしたかな」「自分が何か誤解《ごかい》されているんじゃないか」と心配になりませんか。

また、あなたが声をかけたとき、相手が返事をしなかったり、気のない返事をぼそっとしたらどうでしょう。とてもさみしい思いをしませんか。だからといって、かならずしも相手に悪気や嫌味《いやみ》があるわけではないでしょう。でも、そういうところから、友だちづきあいや人間関係はまずくなったりするものなのです。

［Ⅰ］、あなたが何か別のことを考えていたり、とても疲《つか》れていたりするとき、相手に対してそうしてしまったことはありませんか。めんどうくさがったり、ほかのことに心を奪《うば》われていると誰《だれ》でもそうなりがちです。そのとき、相手はあなたのその声から判断してしまうのです。「私《わたし》のことをよく思っていないんだ」とか、「私と話したくないんだな」と。こうなったらどうでしょう。つぎからはよそよそしく（注2）なってしまいませんか。

私が子どもの頃《ころ》、父に映画を見に連れていってもらったときのことです。見終わって父に「どうだった?」と聞かれたのですが、ことばが思い浮《う》かびません。ためらった末、「べつに」と答え、父からひどく怒《おこ》られました。

そのときは、「こんなことでなぜ?」と思ったのですが、せっかくの休日にわざわざ映画に連れて行って、子どもの喜んでいる声を聞きたかった父には、やるせなかった（注3）のでしょう。映画のよしあしよりも、発せられた問いに正面から向き合って答えなかった私の態度に、許しがたいものを感じたのでしょう。私の声の出し方と、私の声から伝わったものが、父を不快にさせたのです。

でも、もし怒られなかったら、私はそのことに気づかなかったでしょう。このとき、ほかの人なら、きっと何も言わずに、失礼で、気力がなくて、いいかげんな人間だと私を判断したかもしれません。そして、黙《だま》って遠ざかっていったでしょう。

正直いって、そのとき私には何が起こったかわかりませんでした。逆らったわけでも、悪いことを言ったわけでもなく、思い浮かぶことがなかったから思わずそう口にしただけだったのです。

しかし、一度口から出た声は、私の思いや意思（注4）を離《はな》れてはたらきだします。つまり、父が感じたように聞こえるのです。わかりますか。私の思いや考えが伝えられなかったその声を、父は別の意味にとったのです。そして現実は、その私の声によって動いてしまったのです。

もし、作文にして「べつに……」と書いたなら、父はあきれたり、頭がよくないとか、筆不精《ふでぶしょう》（注5）で書くのが苦手なのかなと思って怒ることはなかったでしょう。［Ⅱ］、「べつに」ということばの内容でなく、その声にこめられたニュアンス（注6）が、父の心にはたらいたのです。結局、私はそのとき、声で損をし、痛い目にあったのです。

もし、私がおどけて（注7）でも「映画は期待はずれ。べつにね、たいしたことなかったけど、スッキリしたよ」とでも言っていたら、父をがっかりさせたとしても、それで済《す》んだように思います。

映画やドラマでは、主人公と三枚目（注8）が愛の告白をする場面などがあります。あなたは、その声の感じから、どちらが主人公なのか、その告白にほんとうの気持ちが入っているのかを、すぐに見抜《ぬ》くでしょう。それには見た目や行動、表情やしぐさに加え、声も大きなヒントになります。でも、ラジオドラマでTVのように画面を見なくても、だいたいはわかるでしょう。声だけでもだいたいの様子はわかるのです。

私たちは、つい、ことばでしか意味を伝えていないように思いますが、そんなことはありません。ことばでのコミュニケーションを、バーバル・コミュニケーションといいます。それに対して、ことば以外でのコミュニケーションを、ノンバーバル・コミュニケーションといいます。

ことばよりも声（ノンバーバル・コミュニケーション）のほうが、たくさんのことを相手に伝えたり、残したりしているというのは確かなようです。メラビアンの法則というものがあります。アメリカの心理学者（注9）アルバート・メラビアンが一九七一年に言ったもので、話し手が聞き手に与えるインパクト（注10）の三要素（視覚《しかく》情報、聴覚《ちょうかく》（注11）情報、言語情報）と、それぞれの影響力《えいきょうりょく》をしめしています。これによると、聴覚情報三八パーセントに対して、言語情報七パーセントと、そのインパクトがひじょうに小さいことがわかります。測定の結果として得た数値《すうち》であり、説得力がある法則です。

あなたも、親や先生のことばを、ことば以外で判断しているでしょう。「だめでしょ」と言われたとき、その強さ、声の高さ、鋭《するど》さなどから、どのくらいだめなのか考えるでしょう。友人が「絶対に」と言ったとき、どのくらい絶対なのかは、ことばでなく、そこにこめられた思いを声から判断するでしょう。［Ⅲ］は声にあらわれるのです。

（福島《ふくしま》　英《えい》『声のトレーニング』岩波ジュニア新書を出題にあたって、一部を書き改めたもの）

（注1）肩《かた》すかし…向かってくる相手のいきおいをうまくそらすこと。
（注2）よそよそしく…他人のように。
（注3）やるせなかった…思った通りにいかず、がっかりした。
（注4）意思…思っていること。考え。
（注5）筆無精《ふでぶしょう》…手紙や文を書くことをめんどうがる人。
（注6）ニュアンス…話し手の考え。
（注7）おどけて…おもしろいことを言ったりして、ふざけて。
（注8）三枚目…映画などで、人を笑わせる役の人。
（注9）心理学者…人間の心や行動を研究している学者。
（注10）インパクト…ある物事が人々に与えることへのおどろき。
（注11）聴覚《ちょうかく》…音を聞き、とらえる耳のはたらき。

(1) ═線(あ)「トウコウ」を漢字に直しなさい。また、═線(い)「悪気」のよみがなをひらがなで書きなさい。

(2) ──線1「そう」とは、どんなことを指していますか。文章中から二十五字で探《さが》し、初めと終わりの三字を書きなさい。

(3) ［Ⅰ］・［Ⅱ］にあてはまるつなぎ言葉を、次の(ア)～(オ)からそれぞれ一つ選んで、記号で答えなさい。

(ア) だから　(イ) そのうえ　(ウ) つまり　(エ) ところで　(オ) 逆に

(4) ──線2「そう」とは、どんなことを指していますか。文章中の言葉を使って二十字以上二十五字以内で、「～こと」に続くように書きなさい。（「こと」は字数に数えません）

(5) ──線3「判」の部首名をひらがなで書きなさい。

(6) ──線4「映画」の熟語の成り立ちとして同じものを、次の(ア)～(エ)から一つ選んで、記号で答えなさい。

(ア) 再開　(イ) 登山　(ウ) 強弱　(エ) 救助

(7) ──線5「ためらった」とありますが、筆者はなぜためらったのですか。文章中の言葉を使って書きなさい。

(8) ——線6「父からひどく怒《おこ》られました」とありますが、なぜ「私《わたし》」は父から怒られたのですか。父を怒らせた具体的なことがらを文章中から二つ、それぞれ十一字以内で探し、書きなさい。

(9) ——線7「父をがっかりさせたとしても、それで済《す》んだように思います」とありますが、筆者はなぜそう考えたのですか。その理由としてもっとも適当なものを、次の(ア)～(エ)から一つ選んで、記号で答えなさい。

(ア) 大人びた意見で、父に自分の成長を喜ばせることになるため。

(イ) ふざけることで、映画に対する自分の考えをごまかすことになるため。

(ウ) 父が期待していたことを、子どもなりに答えることになるため。

(エ) 見た映画に対してすなおに感じたことが、父に伝わることになるため。

(10) ——線8「つい」は、どの部分にかかる言葉ですか。次の(ア)～(エ)から一つ選んで、記号で答えなさい。

(ア) ことばでしか　(イ) 意味を　(ウ) 伝えていないように　(エ) 思いますが

(11) Ⅲ にあてはまる言葉を、文章中から十字以内でぬき出して書きなさい。

(12) この文章で筆者が読者に伝えたいことはどんなことですか。文章中の言葉を使って、「～ということ」に続くように四十字以内で書きなさい。（「～ということ」は字数に数えません）

二　次の文章を読んで、あとの(1)～(9)の問いに答えなさい。

さとるは、小学校六年生の春休みに川で、ある少年こうすけと知り合った。新学期になり、こうすけと同じクラスになり、さとるは彼《かれ》と川でよく会うようになった。しかし、こうすけは、学校ではクラスのみんなとあまり話をしないで、一人で行動していた。ある日、さとるは、彼が森の中に入っていくのを見て、あとをつけ、彼がかくれが(注1)を作っていることを知る。それは、友人のまさじたちには秘密《ひみつ》であった。

「おい、さとる。ロープ取ってくれ。」
「これかい？」
「ちがう、細いほう。」
「投げるよ。」
「よし、サンキュウ。」

ぼくは今、空に大きく枝をのばした木の下にいる。そして、こうすけは、木の枝に足をかけ、サルのような格好《かっこう》で、枝にロープをしばりつけているところだ。

あれから、二ヶ月。ぼくたちは、毎日のようにここへ通った。まさじたちに気づかれないよう、別々の道を通ってここへ来ては、かくれがの改装《かいそう》をしたのだ。

一つしかなかった部屋も、今では五つにふえた。一つは今いる守り神(注2)の部屋。それから、倉庫とトイレ。あとはぼくの部屋と、こうすけの部屋だ。自分の部屋は、好きにつくってもいいのだけれど、それ以外の部屋は、二人で協力してつくった。

「おーい、さとる。はり金、はり金。」
「これ？」
「おう。投げてくれ。」

(A)

「いくよ。」
「サンキュー。」

(B)

学校のこと、遊びのこと、とくに、魚つりの話をするときのこうすけは、一段《いちだん》と生き生きしていた。

でも、ぼくたちは、相変わらず学校では他人だった。ここでは、こんなに仲よく話をしたり、遊んだりするのに、学校では、いまだに一度もことばを交《か》わしたことがない。一、二度、ぼくからあいさつをしたこともあったけれど、こうすけはまったく無視《むし》した。

(C)

だから、二人の関係は、先生や友だちはおろか、お母さんだって知らないことだった。でも、学校で話をしないからといって、二人の関係がこわれるわけでもないし、こうすけがそれを望むなら、それでいいと思っていた。それに、1秘密の味というのも、なかなかいいものなんだ。

(D)

（中略）

しばらく、2景色を見渡《みわた》したあと、ぼくは、思い切って、こうすけに聞いた。
「ねえ、こうすけは、どうして、学校で話をしないの？」
「まあ、いろいろな。」

国語科

「学校で、ひと言も口をきかないなんておかしいよ。こうすけなら、話をするだけで、友だちがたくさんできるはずなのに。友だちがたくさんいたほうが、楽しいじゃん。」

「お前、本当にそう思うか？」

「えっ。」

あイガイだった。だって友だちがたくさんいたほうがよいなんて、当たり前のことじゃないか。ぼくは、3自分自身に念《お》を押すようにいった。

「そりゃ、友だちがふえれば、楽しいこともふえるよ。」

「おれは、そうは思わん。」こうすけはいい切った。「おれ、じいちゃんにいわれたことがあるんだ。十人の友だちより、一人の友だち、一人の友だちより、自分自身だって。」

（そんなの、まちがっているよ）そういいたかったが、それはできなかった。だって、こうすけの一人の友だちというのは、ぼくのことだし、ぼくは、それがうれしかった。学校では、口をきかなかったけれど、こうすけをい独りじめした優越感《ゆうえつかん》(注3)を、みんなに対して持っていたからだ。そんなぼくが、ちがう、などといえるわけがなかった。

「さとる、じいちゃんがいってたんだけどな、地震《じしん》とか、台風がきたときに、 Ｉ って、仕方ないんだよ。自分自身を守れなきゃ、ほかの人だって守れないんだぜ。それに……。」

「それに？」

「何人守れるかじゃなくて、だれを守れるかが大切だろ。」こうすけはいつになく真剣《しんけん》な顔をしてそういった。

ぼくは、だんだん、自分自身がいやになってきた。自分の中にある「いい子」が、たまらなくいやになってきた。4もう、なにもことばがでなかった。

数え切れぬ鮎《あゆ》を生み、育ててきた川が、ざあざあと途切《とぎ》れることなく流れている。この川は昼も夜も、休むことなく、ぼくの生まれる前から、ずっとずっと流れているのだ。

ぼくたちは、川の音に吸《す》い込《こ》まれるように聞き入った。

やがてこうすけは、川の音を断《た》ち切《き》るようにこういった。

5「さとる。この見張り台さ、いったいなにを見張るんだろうなあ。」

（阿部夏丸《あべなつまる》『泣けない魚たち』を出題にあたって、一部を書き改めたもの）

（注1）かくれが…人目をさけて、体をかくすところ。
（注2）守り神…自分を守ってくれる神様。
（注3）優越感《ゆうえつかん》…自分は、人より優《すぐ》れていると思う気持ち。

(1)　═線あ「イガイ」を漢字に直しなさい。また、═線い「独り」のよみがなをひらがなで書きなさい。

(2)　──線1「秘密《ひみつ》の味」とありますが、ここでいう「秘密」とは何ですか。二十字以内で書きなさい。

(3)　──線2「ねえ、こうすけは、どうして、学校で話をしないの？」とありますが、こうすけの考えを表した一文を探《さが》して、初めの三字を書きなさい。

(4)　 Ｉ にあてはまる表現を、文章中からぬき出して、書きなさい。

(5)　──線3「自分自身に念を押《お》すようにいった」とありますが、なぜですか。その理由としてもっとも適当なものを、次の(ア)～(エ)から一つ選んで、記号で答えなさい。

(ア)思ってもいない答えが返ってきて、言いたいことを忘《わす》れたから。
(イ)考えたこともない答えが返ってきて、相手に腹《はら》が立ったから。
(ウ)思ってもいない答えが返ってきて、いやな思いをしたから。
(エ)考えたこともない答えが返ってきて、自信がなくなってきたから。

(6) ――線4「もう、なにもことばがでなかった」とありますが、その理由としてあてはまらないものを、次の(ア)～(エ)から一つ選んで、記号で答えなさい。

(ア) 自分にはなかった考え方だが、もっともだとなっとくしたから。
(イ) 自分の「友だち」に対する考えのあまさが、身にしみて感じられたから。
(ウ) 自分の考えも正しいと思ったが、とっさに言い返すことばがなかったから。
(エ) 自分の考えをただ一つの正解だと思っていた自分がいやになったから。

(7) ――線5「さとる。この見張り台さ、いったいなにを見張るんだろうなあ」とありますが、ここを音読する時にはどのように読めばよいですか。もっとも適当なものを、次の(ア)～(エ)から一つ選んで、記号で答えなさい。

(ア) 思い切ったように、はっきりと読む。
(イ) まよいながら、小声でひそひそと読む。
(ウ) あきらめたように、すらすら読む。
(エ) おこっているように、大きく読む。

(8) この文章には、次の文章がぬけています。文章中の(A)・(B)・(C)・(D)のうち、どこに入れればよいですか。(A)・(B)・(C)・(D)から一つ選んで、記号で答えなさい。

> こんなふうに、こうすけは人使いがあらかったが、変に気を使わない態度が、かえって付き合いやすいとぼくは思っている。かくれがでは、よく話をした。

(9) 「本当の友だち」について、次の①～④の指示に従《したが》って述べなさい。

① 二百字以上二百五十字以内で書くこと。（句読点やかっこ、記号も字数に数えます）
② 自分の経験や理由を書くこと。
③ ②で書いた経験や理由をもとに、「本当の友だち」についてのあなたの考えや意見を書くこと。
④ 改行をしたい場合でも改行をしないこと。左の例のように■マークを一マスに書いて、そのまま次の文章を続けて書きなさい。■マークが書かれていると、そこで改行したものとみなします。

(例)

と	思	い	ま	し	た	。	■	と	こ	ろ	が	、

算　数　科

注意：答えが分数のときは，約分すること。ただし，答えは仮分数でも，帯分数でもよろしい。
また，円周率を使う必要がある場合は，3.14を用いること。

（40分）

1 次の（1）～（5）の計算をしなさい。

（1）$978 - 897 + 789$

（2）$452 - 7 \times (53 - 51 \div 3)$

（3）$(19.8 + 9.9) \div 0.27 \times 0.11$

（4）$\frac{2}{21} + \frac{1}{6} - \frac{1}{4}$

（5）$\frac{39}{40} \div \left\{\left(\frac{7}{3} - \frac{17}{15}\right) \times 0.75\right\}$

2 次の（1）～（10）の□にあてはまる数を答えなさい。

（1）$(126 \div \square - 6) \times \frac{3}{16} = 0.45$

（2）108の約数は□個あります。

（3）たてが10cm，横が12cmの長方形の画用紙を同じ向きにならべて，できるだけ小さな正方形をつくるとき，長方形の画用紙は□枚必要です。

（4）７を2020回かけたとき，一の位の数は□です。

（5）3000円の７割は，□円の28％と同じです。

（6）$800\text{cm}^2 : 0.32\text{m}^2$をもっとも簡単《かんたん》な整数の比であらわすと□：4になります。

（7）立方体の１辺の長さを２倍にすれば，体積は□倍になります。

（8）七角形の対角線は□本です。

（9）算数のテストをしたところ，７人の平均点が79点でした。□点の人が１人加わると，８人の平均点は81点になります。

（10）１個120円のりんごと，１個230円のももを合わせて25個買うと，その代金は3880円でした。このとき，りんごは□個買いました。

3 妹は，９時55分に図書館に向かって分速100ｍの速さで歩いて家を出発しました。兄は10時７分に家に向かって歩いて図書館を出発しました。２人は家と図書館のちょうど真ん中の地点ですれちがいました。兄はそのまま家に向かい10時37分に家に着きました。２人の歩く速さは一定です。これについて，次の（1）・（2）の問いに答えなさい。

（1）家から図書館までの道のりは何ｍですか。

（2）兄の速さは時速何ｋｍですか。

算　数　科

2020.1.18 実施　

4　6枚のカード0，1，1，2，2，3から3枚を使って3けたの整数をつくります。これについて，次の（1）～（3）の問いに答えなさい。

（1）3けたの整数は全部で何通りできますか。

（2）3の倍数になる3けたの整数は何通りできますか。

（3）3の倍数にも4の倍数にもならない3けたの整数は何通りできますか。

5　右の図のような正方形ABCDがあり，点E，Fはそれぞれ辺AD，BCの真ん中の点です。点DをEFとちょうど重なるように折り返したときの点DとEFとの交点をG，折り目をCHとします。これについて，次の（1）・（2）の問いに答えなさい。

（1）角㋐の大きさは何度ですか。

（2）GDの長さが4cmのとき，三角形DEGの面積は何㎠ですか。

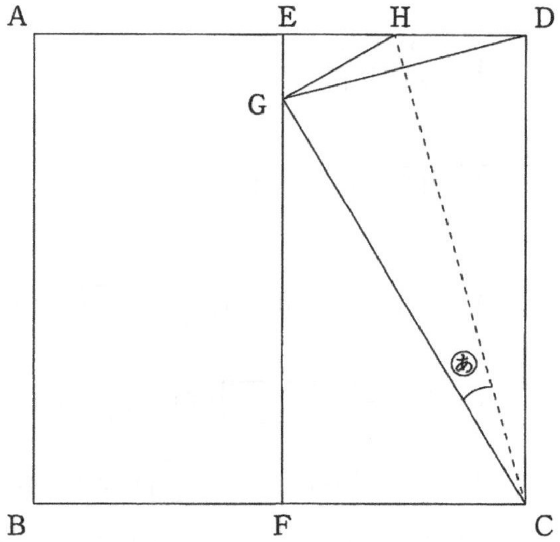

6　8個のおもりの中に1つだけ重さのちがうおもりがあります。これらのおもりに1から8までの番号を付けて，うわざらてんびんを使って重さをくらべると，次の表のようになりました。3回目で重さのちがうおもりを必ず見つける方法を考えたいと思います。これについて，下の（1）～（3）の問いに答えなさい。

	左	右	結果
1回目	1，2，3，4	5，6，7，8	左にかたむく
2回目	1，2，5	3，4，6	左にかたむく

（1）2回目までの結果から，重さがちがうと考えられるおもりの番号をすべて答えなさい。

（2）3回目で重さのちがうおもりを必ず見つけるために、左右にどのおもりを1つずつのせればよいですか。左右にのせるおもりの番号をそれぞれ答えなさい。

（3）次の文の①，②にあてはまるもっとも適当な語句をそれぞれ答えなさい。

（2）のとき，てんびんがつり合ったとすると，重さがちがうおもりの番号は（　①　）で，それは他の7個のおもりよりも（　②　）ことがわかる。

7 長さが20cmの直線ＡＢを５等分した４つの点があります。この４つの点などを使って右の図のように，いろいろな大きさの半円をかきました。

図中の  部の面積は何㎠になりますか。

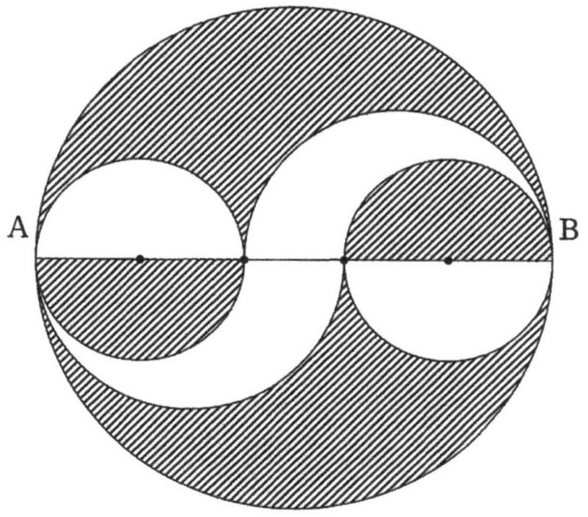

8 次の図のように，ご石とつまようじを１番め，２番め，３番め・・・とならべていきます。これについて，次の（1）～（4）の問いに答えなさい。

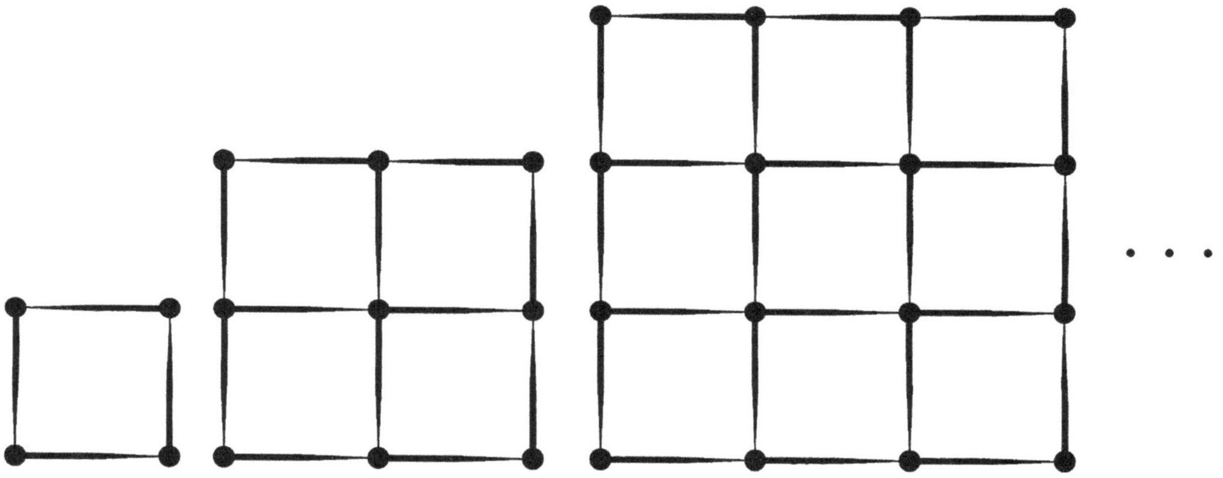

１番め　　２番め　　３番め

（1）６番めをつくるのに必要なご石は何個ですか。

（2）10番めをつくるのに必要なつまようじは何本ですか。

（3）225個のご石でつくることができるのは何番めですか。

（4）1300本のつまようじでつくることができるのは何番めですか。

理　　　科

（理科・社会 ２科目40分）

1　次の（１）～（６）の内容について，それぞれ（ア）～（ウ）の文で説明しました。この３つの文がすべて正しい場合は「○」を，３つがすべてまちがっている場合は「×」と答えなさい。また，正しいものが２つでまちがっているものが１つであれば，まちがっているものの記号を，まちがっているものが２つで正しいものが１つであれば，正しいものの記号を，それぞれ答えなさい。

（１）てこを利用した道具について

（ア）てこを利用した道具に，はさみやペンチがあります。これらの道具は支点が間にあり，力点が支点からはなれたところにあるので，小さな力で作業できます。

（イ）てこを利用した道具に，右の図のせんぬきや空きかんつぶしがあります。これらの道具は作用点が支点のすぐそばにあるので，小さな力で大きな力をはたらかせることができます。

（ウ）てこを利用した道具に，ピンセットや糸切りばさみがあります。これらの道具は力点が支点の近くにあり，作用点にはたらく力より大きな力を加える必要があります。

せんぬき

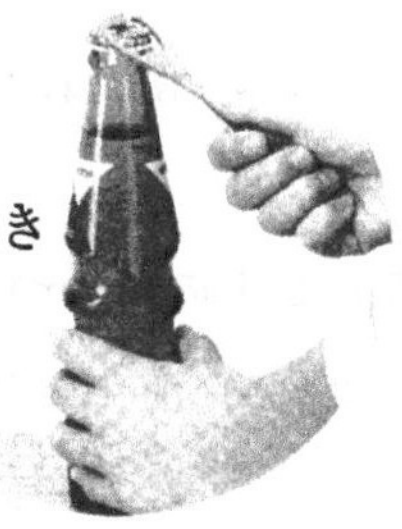

空きかんつぶし

（２）ガスバーナーについて

（ア）ガスバーナーに火をつけるときの最初の操作《そうさ》は，元せんを開けることです。

（イ）点火のための火をガスバーナーの口のところに近づけてから，ガス調節ねじをガスの出る方向に回して点火します。

（ウ）空気が十分にあるためガスが完全に燃えているときのほのおの色は，無色に近い青白い色で，このとき温度がもっとも高くなっています。

（３）水よう液について

（ア）水５０ｇに食塩１０ｇを入れてよくかき混ぜ，完全にとかしてとうめいにしました。このときの水よう液の重さは，６０ｇよりも少なくなっています。

（イ）塩酸にアルミニウムを入れると，あわが出てきました。このあわは酸素です。

（ウ）塩酸にアルミニウムがとけた液を熱すると，粉が出てきました。その粉を別の新しい塩酸に入れると，今度はあわは出てきませんでした。

（4）植物のつくりとはたらきについて

（ア）植物のからだから，水が水蒸気《すいじょうき》となって出ていくことを蒸散《じょうさん》といいます。また，水蒸気が出ていくすきまを気こうといいます。

（イ）植物が日光に当たってでんぷんをつくることを，光合成といいます。でんぷんができたことを調べるには，石灰水《せっかいすい》を使います。

（ウ）植物の葉にできたでんぷんは水にとけてから，からだの各部に運ばれます。そして，生きていくための養分として使われたり，種子などにたくわえられたりします。

（5）ヒトの体のつくりとはたらきについて

（ア）消化された食べ物の養分は，小腸から吸収《きゅうしゅう》されます。吸収された養分は，血液の中に入り，じん臓《ぞう》にたくわえられたり，体の各部分で生きていくために使われます。

（イ）口や鼻から吸《す》った空気は気管に入ります。気管の先は，肺《はい》の中で細かく枝分かれしていて，たどっていくと，小さなふくろに行きつきます。このふくろを毛細血管とよばれる細い血管が，あみのように包んでいます。

（ウ）心臓は，自分の意志にかかわりなく動く筋肉でできており，縮《ちぢ》んだりゆるんだりしながら血液を送り出しています。その心臓の動きを脈はくといい，それによって起こる血管の動きをはく動といいます。

（6）月の見え方や動きについて

（ア）月が図１のＡの位置にあるとき，地球から見ると月は図２の②のような形に見え，南の高い空で見られるのは夕方ごろです。

（イ）地球から見た月の形が，図２の⑤のような形に見えるときの月の位置は，図１のＦにあるときです。

（ウ）日食が起こるのは，月がＧの位置にあるときです。

図1

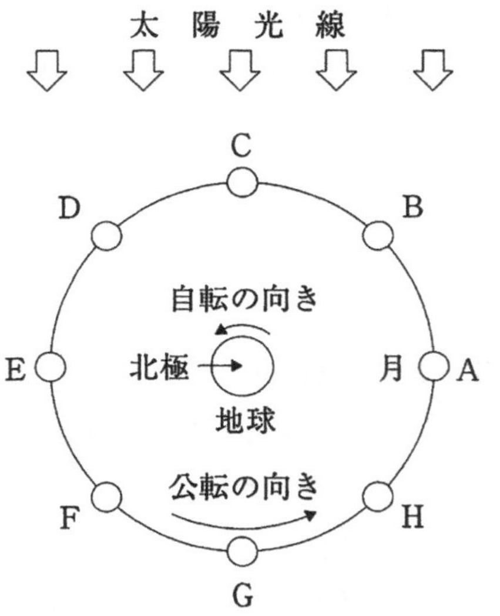

図2

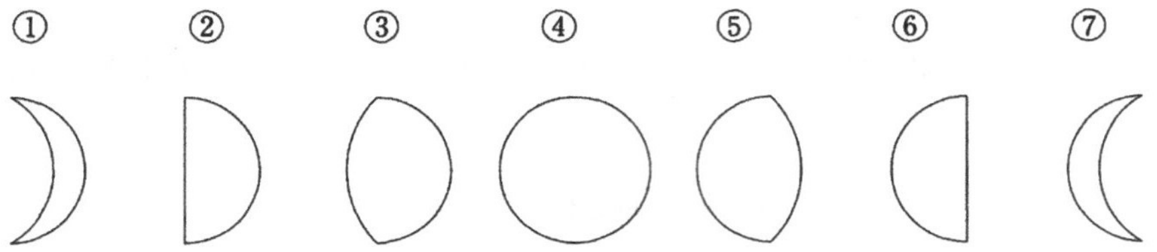

2　5種類の水よう液①～⑤があります。これらの水よう液の性質を調べるために，次の【実験Ⅰ】～【実験Ⅳ】をおこないました。それぞれの結果をよく見て，下の（1）～（4）の問いに答えなさい。

ただし，5種類の水よう液は，うすい塩酸，うすい水酸化ナトリウム水よう液，食塩水，石灰水《せっかいすい》，炭酸水のいずれかです。

【実験Ⅰ】　①～⑤の水よう液をそれぞれ赤色のリトマス紙につけた。
結果：　④，⑤の水よう液は，青色に変化し，①，②，③の水よう液は，変化しなかった。

【実験Ⅱ】　①～⑤の水よう液をそれぞれ青色のリトマス紙につけた。
結果：　②，③の水よう液は，赤色に変化し，①，④，⑤の水よう液は，変化しなかった。

【実験Ⅲ】　①～⑤の水よう液をそれぞれ試験管に少量ずつ入れ，息をふきこんだ。
結果：　④の水よう液は変化し，他の水よう液は，変化しなかった。

【実験Ⅳ】　①～⑤の水よう液をそれぞれ試験管に少量ずつ入れ，水溶液のようすを観察した。
結果：　③の水よう液は，小さなあわがさかんに発生していたが，他の水よう液は，あわは発生していなかった。

（1）【実験Ⅰ】【実験Ⅱ】で，リトマス紙の色の変化から，水よう液のどのような性質がわかりますか。次の（ア）～（カ）からもっとも適当なものを1つ選んで，記号で答えなさい。

（ア）【実験Ⅰ】アルカリ性　【実験Ⅱ】酸性　　（イ）【実験Ⅰ】酸性　【実験Ⅱ】アルカリ性
（ウ）【実験Ⅰ】アルカリ性　【実験Ⅱ】中性　　（エ）【実験Ⅰ】中性　【実験Ⅱ】アルカリ性
（オ）【実験Ⅰ】中性　　　　【実験Ⅱ】酸性　　（カ）【実験Ⅰ】酸性　【実験Ⅱ】中性

（2）【実験Ⅳ】で，③の水よう液からさかんに発生していた小さなあわは何ですか。次の（ア）～（エ）から1つ選んで，記号で答えなさい。

（ア）酸素　　（イ）水素　　（ウ）ちっ素　　（エ）二酸化炭素

（3）【実験Ⅰ】～【実験Ⅳ】より，①と③と⑤はそれぞれどの水よう液だと考えられますか。次の（ア）～（オ）からそれぞれ1つ選んで，記号で答えなさい。

（ア）うすい塩酸　　（イ）うすい水酸化ナトリウム水よう液　　（ウ）食塩水　　（エ）石灰水　　（オ）炭酸水

（4）①～⑤の水よう液をそれぞれ蒸発皿《じょうはつざら》に少量ずつ入れ，火で加熱したとき，蒸発皿に固体が残るものはどれですか。①～⑤からすべて選んで，番号で答えなさい。

3　右の図1のような実験用てこを用意し，いろいろなおもりをつるしてつり合いを調べる実験をしました。

図２のように，点あ⃝に６０ｇ，点け⃝に４０ｇのおもりをつるしたとき，実験用てこはつり合いました。また，この実験用てこの目もりの長さには，次のような関係があります。

・（あ⃝い⃝間の長さ）＝（い⃝う⃝間の長さ）＝（う⃝え⃝間の長さ）＝（え⃝お⃝間の長さ）＝（お⃝か⃝間の長さ）＝４ｃｍ
・（か⃝き⃝間の長さ）＝（き⃝く⃝間の長さ）＝（く⃝け⃝間の長さ）＝（け⃝こ⃝間の長さ）

実験用てこやおもりをつるすひもの重さは考えないで，下の（１）～（４）の問いに答えなさい。

図1

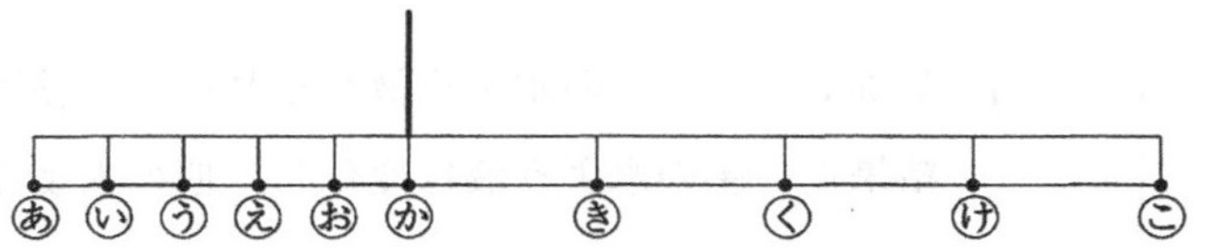

図2

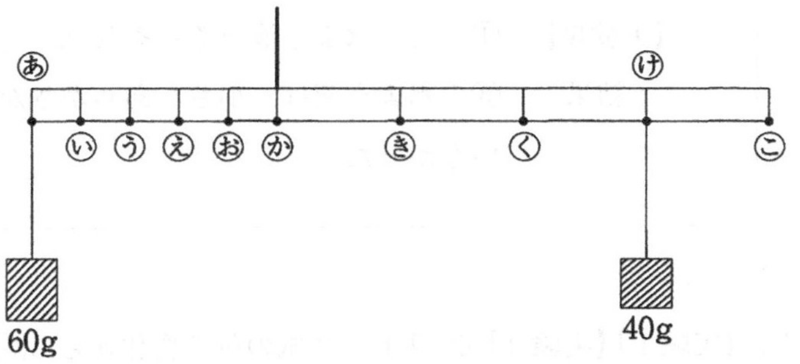

（１）この実験用てこの点か⃝き⃝間の長さは，何ｃｍですか。

（２）図２で，点け⃝のおもりをとりのぞいて，点き⃝に別のおもりをつるしたとき，何ｇのおもりをつるすとつり合いますか。

（３）この実験用てこの左右１か所にそれぞれいろいろなおもりをつるしたとき，実験用てこが右にかたむくものを，次の（ア）～（カ）から<u>すべて</u>選んで，記号で答えなさい。

（ア）（点あ⃝に２０ｇ）（点き⃝に１５ｇ）
（イ）（点い⃝に３０ｇ）（点く⃝に１０ｇ）
（ウ）（点う⃝に２０ｇ）（点け⃝に１０ｇ）
（エ）（点え⃝に３０ｇ）（点こ⃝に　３ｇ）
（オ）（点あ⃝に３０ｇ）（点こ⃝に１０ｇ）
（カ）（点い⃝に２０ｇ）（点け⃝に１５ｇ）

（４）図３のように，点え⃝に５０ｇ，点こ⃝に２０ｇのおもりをつるすと，実験用てこはつり合いませんでした。そこで，図４に示す方法で，実験用てこの1か所を指でさわって，水平に保とうとしました。このとき，指にかかる力がもっとも大きいと考えられるのはどの場合ですか。次の（ア）～（エ）から１つ選んで，記号で答えなさい。

（ア）点あ⃝を上から指でおさえる。
（イ）点お⃝を上から指でおさえる。
（ウ）点き⃝を下から指でささえる。
（エ）点く⃝を下から指でささえる。

図3

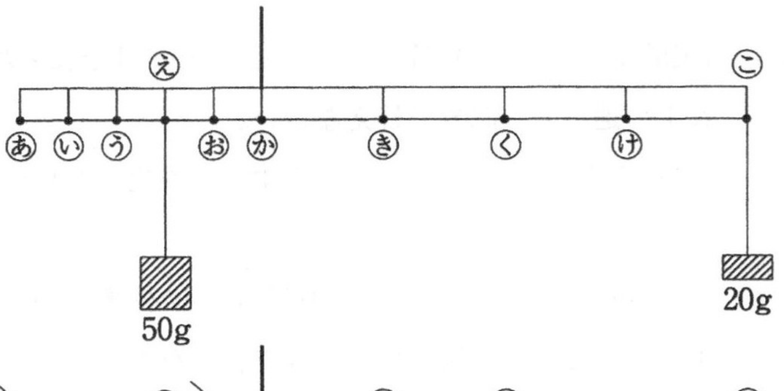

図4

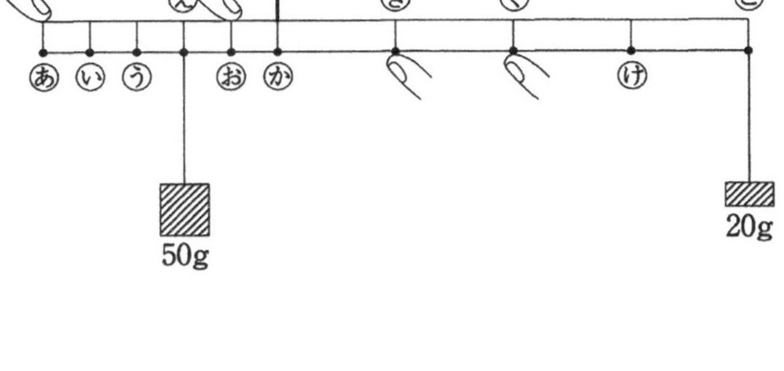

4　桃子《ももこ》さんはメダカをかって観察することにしました。これについて，次の（1）～（3）の問いに答えなさい。

（1）メダカをかうために注意することを考えました。次の（ア）～（カ）から正しいものを2つ選んで，記号で答えなさい。

（ア）水そうの底に水でよくあらった小石をしく。

（イ）たまごがつきやすいように大きい石を入れる。

（ウ）水草がかれないように直射《しゃ》日光の当たるところに置く。

（エ）水がにごったら，すべての水を水道水ととりかえる。

（オ）ザリガニを１ぴき入れると，メダカがよく育つ。

（カ）メダカ用のえさをあたえる。そのとき，食べ残しが出ないようにする。

（2）メダカのおすとめすは，せびれやしりびれなど，からだの形で見分けることができます。次の（ア）～（エ）から正しいものを2つ選んで，記号で答えなさい。

（ア）メダカのおすはせびれに切れこみがある。

（イ）メダカのめすはせびれに切れこみがある。

（ウ）メダカのおすのしりびれはめすよりもはばが広い。

（エ）メダカのめすのしりびれはおすよりもはばが広い。

（3）次の写真（ア）～（オ）は，メダカのたまごが育つようすを示したものです。たまごが育つ順に記号をならべかえなさい。

（ア）

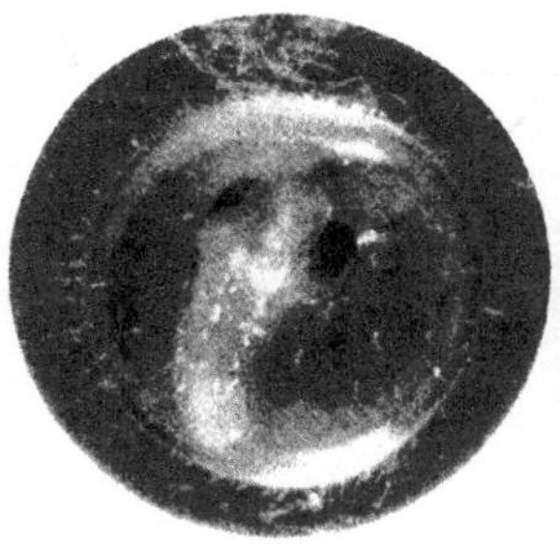

（イ）

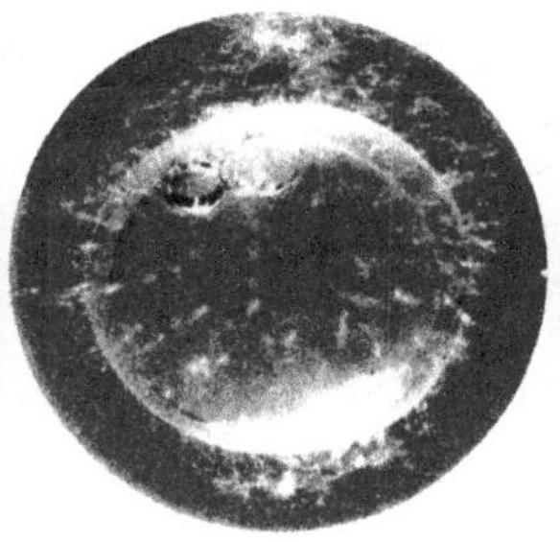

（ウ）

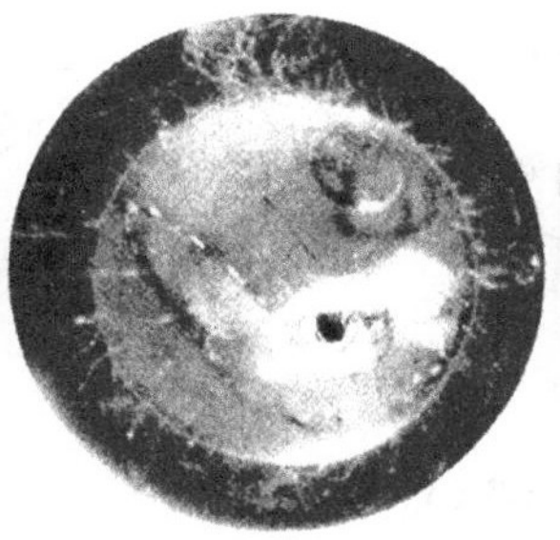

（エ）

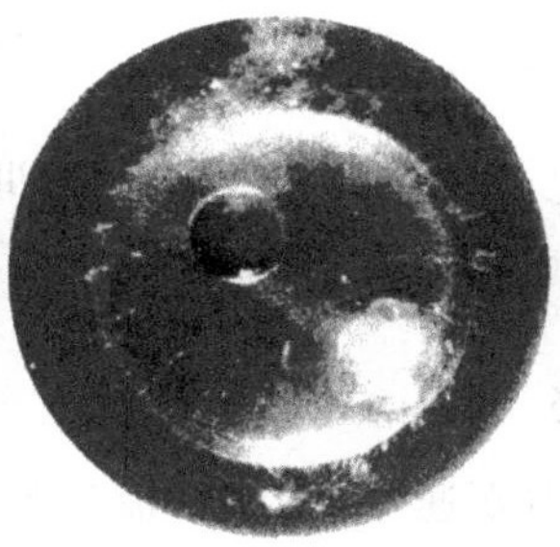

（オ）

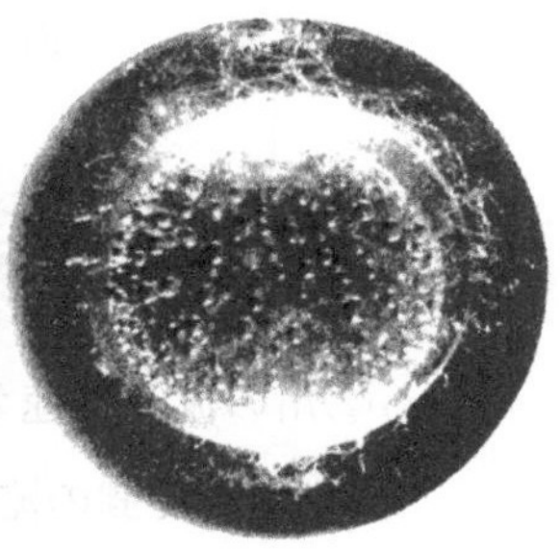

5　次の図1は，京都《きょうと》市の賀茂川《かもがわ》付近の地図です。図1の□で囲まれた部分が図2です。川の流れる向きは矢印で表しています。これについて，下の（1）～（3）の問いに答えなさい。

図1

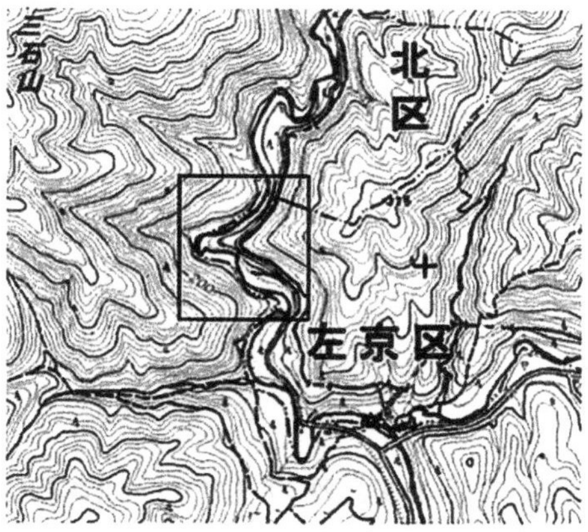

図2

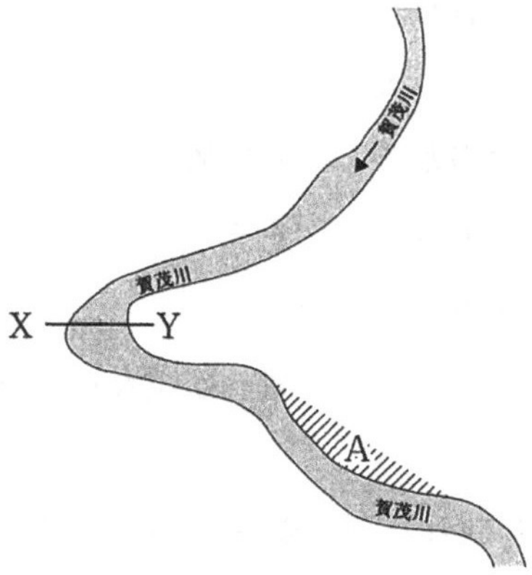

（1）Aの場所は，おもにどのようなものが多く見られますか。次の（ア）～（エ）から1つ選んで，記号で答えなさい。

（ア）どろ　（イ）砂《すな》　（ウ）直径2ｃｍ以下の小さい石　（エ）直径2ｃｍ以上の大きい石

（2）①X－Yの川の断面，②川の流れの速さは，それぞれどのようになっていますか。次の（ア）～（エ）からそれぞれ1つ選んで，記号で答えなさい。ただし，①の「大」，「小」は石の大きさを表しています。

①X－Yの川の断面

（ア）

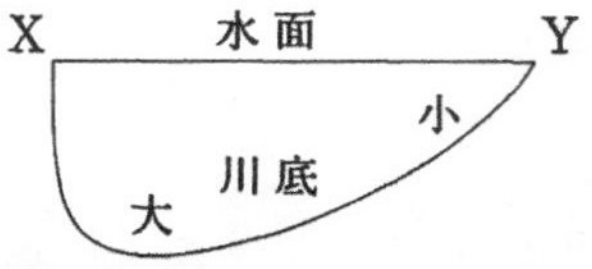

（イ）

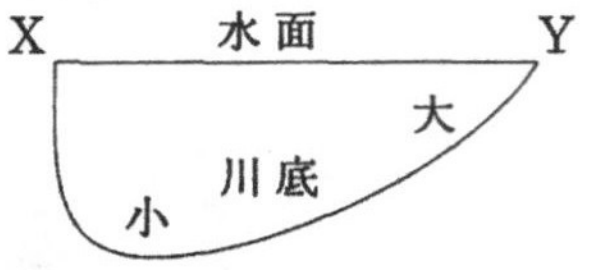

（ウ）

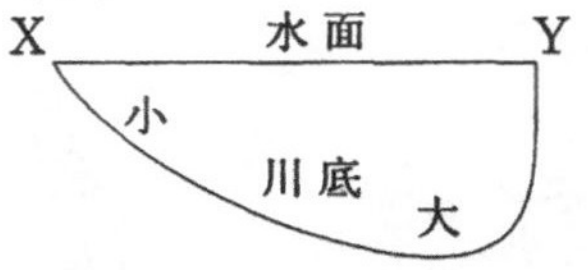

（エ）

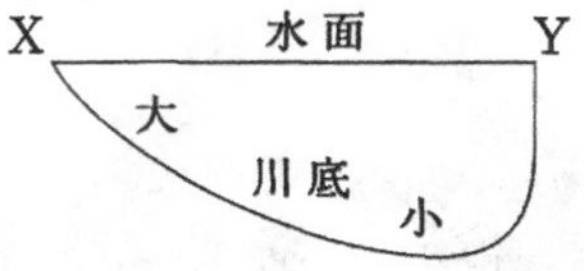

②川の流れの速さ

（ア）X側の流れが速く，Y側の流れがおそい。

（イ）X側の流れがおそく，Y側の流れが速い。

（ウ）流れは不規則で，X側が速くなったり，Y側が速くなったりする。

（エ）流れの速さはどこも同じである。

（3）流れる水のはたらきについて，次の（ア）～（エ）から正しいものを1つ選んで，記号で答えなさい。

（ア）流れる水が地面をけずることを運ぱん，土を運ぶことをたい積，土を積もらせることをしん食といいます。

（イ）図2のAでは，川原になっていますが大雨が降《ふ》ったら川底にしずみます。

（ウ）図2のXには，丸みのある石がたくさん見られます。

（エ）図2のYでは，砂やどろが多く見られます。

社　　会　　科

注意：語句で答える問題は，解答方法に指定のない場合，漢字・ひらがな・カタカナのどれで答えてもかまいません。

1　次の文章を読んで，下の（1）～（5）の問いに答えなさい。

たかしさんは，新幹線に乗って東京《とうきょう》から広島《ひろしま》へ向かいました。しばらく行くと右側に富士山《ふじさん》が見えて，①茶畑が目立つ県を通りました。その次の県では大きな工場が増え，②広い平野の中にある大都市の駅に停《と》まりました。大きな川をわたってその次の県に入ると，小さなぼん地には③古戦場がありました。さらに右側に琵琶《びわ》湖《こ》，左側に五重塔《ごじゅうのとう》を見て，日本で２番目の大都市を過ぎました。その先で，④左側の海に海上空港や人工島，さらに淡路島《あわじしま》を経《へ》て四国《しこく》へとつながる橋が見られる県を通りました。

（１）下線部①の都道府県名を答えなさい。

（２）下線部②はこの県の県庁《ちょう》所在地です。都市名を答えなさい。

（３）右のグラフは，下線部②にある港から多く輸出しているものの内訳《うちわけ》です。Aにあたるものを，次の（ア）～（エ）から１つ選んで，記号で答えなさい。

（ア）鉄鋼《こう》　（イ）茶　（ウ）自動車　（エ）ＩＣ（集積回路）

（４）下線部③の場所での戦いで，自分に対こうする豊臣《とよとみ》方の大名たちを破った人物名を答えなさい。

（５）下線部④の県は，瀬戸内海《せとないかい》と日本海《にほんかい》の両方に面しています。都道府県名を答えなさい。

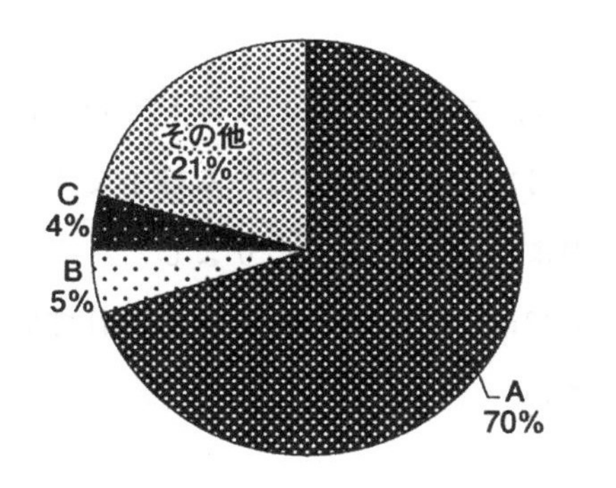

2018年 ある都市の管理組合資料

2　次の資料A・B・Cを見て，あとの（１）～（４）の問いに答えなさい。

A

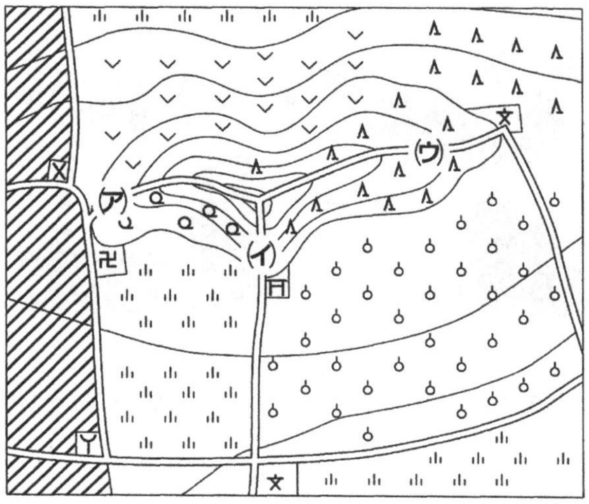

B

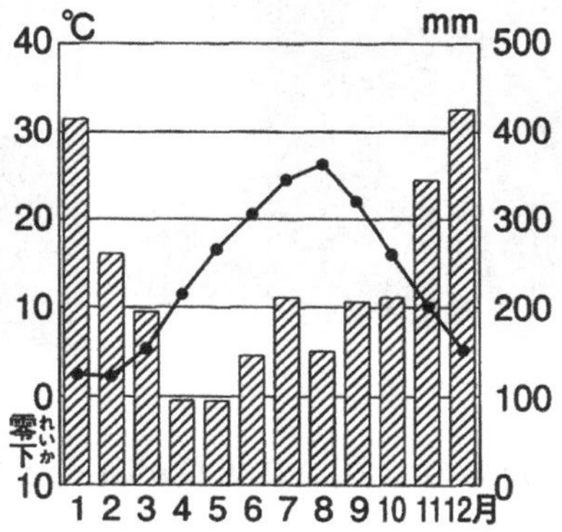

C

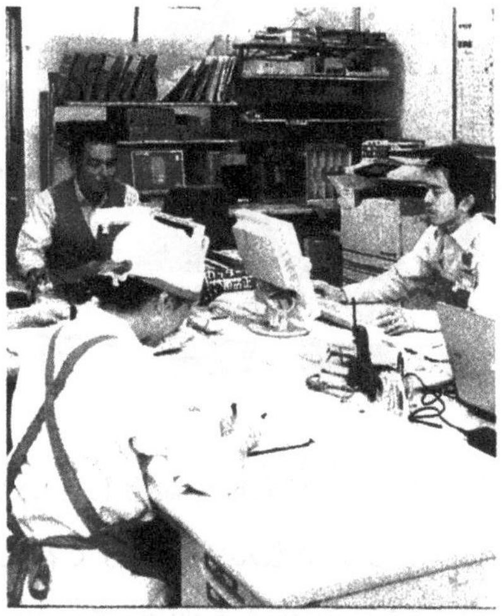

（１）Aの地図中にえがかれている３つの登山道のうち，もっともかたむきがゆるやかな道を，（ア）～（ウ）から１つ選んで，記号で答えなさい。

（２）Aの地図で神社の東側の土地の様子を正しく説明しているものを，次の（ア）～（エ）から１つ選んで，記号で答えなさい。

（ア）水田が段《だん》になっている。　（イ）じゃがいも畑が段になっている。

（ウ）杉《すぎ》の森林が広がっている。　（エ）ぶどう畑が広がっている。

（3）Bは，日本国内のある場所での毎月の気温と降水量《こうすいりょう》の関係を表しています。その場所の様子としてもっともふさわしい写真を，次の（ア）～（エ）から1つ選んで，記号で答えなさい。

（ア）

（イ）
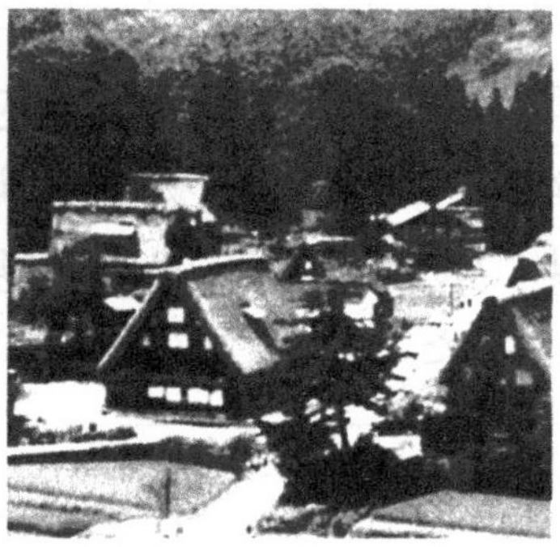
（ウ）
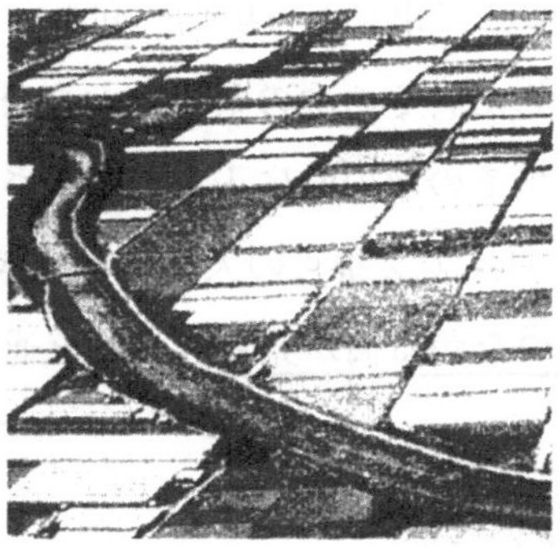
（エ）

（4）Cは，コンビニエンスストアの店長が，パソコンを使って打ち合わせをしている様子です。このとき，店長は右のようなメモをつくりました。このコンビニエンスストアでは，どのような工夫がされているか簡単《かんたん》に説明しなさい。

月曜	２７度	くもり	ビニールかさ　＋２０本
火曜	２８度	雨	アイスクリーム＋３０個
水曜	３３度	晴れ	アイスクリーム＋３０個
木曜	３４度	晴れ	

3　けんとさんは，歴史に関係のある資料A・B・Cを集めました。これについて，下の（1）～（4）の問いに答えなさい。

A

B

C

（1）Aは，聖武天皇《しょうむてんのう》が命令してつくらせたものです。Aに天皇が願ったこととしてもっともふさわしいものを，次の（ア）～（エ）から1つ選んで，記号で答えなさい。

（ア）大名たちが争いをやめること。　　（イ）都で流行した病気が治まること。

（ウ）全国で米がたくさん実ること。　　（エ）九州《きゅうしゅう》にせめてきた他国が引きあげること。

（2）Bは，韓国《かんこく》の皇太子《こうたいし》と日本の伊藤博文《いとうひろぶみ》です。伊藤博文についての説明として正しいものを，次の（ア）～（エ）から1つ選んで，記号で答えなさい。

（ア）自由民権《みんけん》運動を起こした。　　（イ）不平等条約の改正に成功した。

（ウ）日本とイギリスで同盟《どうめい》を結ばせた。　　（エ）最初の内閣《ないかく》総理大臣になった。

（3）Cは，外国の船を見に来た人々のようすです。この船をひきいてきた人物名を答えなさい。

（4）A・B・Cを年代の古い順に並《なら》べかえなさい。

社　会　科

4 次の資料A・B・Cを見て，下の（1）～（3）の問いに答えなさい。

A

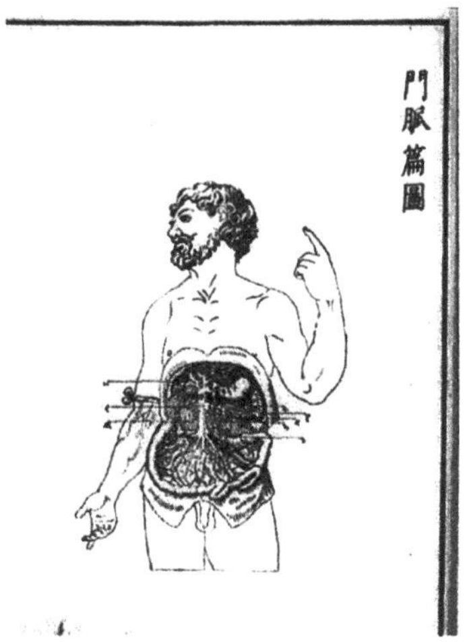

B

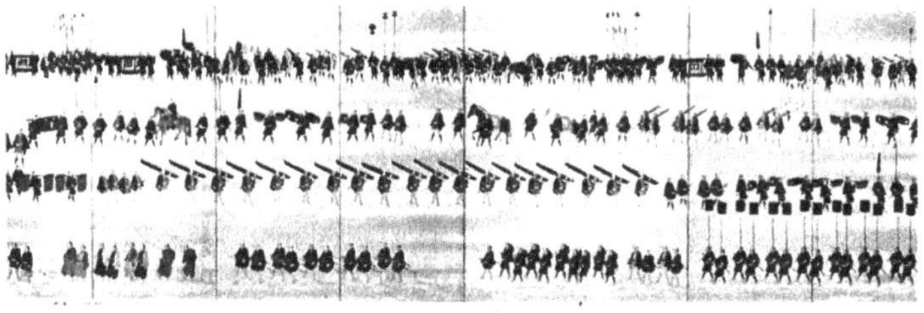

C

（1）Aは，蘭学《らんがく》を研究した杉田玄白《すぎたげんぱく》，前野良沢《まえのりょうたく》らが医学書を日本語に訳《やく》したものです。この書物の名前を答えなさい。

（2）Bは，幕府《ばくふ》の命令で全国の大名がおこなっていた制度の様子を表したものです。幕府がこの命令を出した目的を簡単《かんたん》に説明しなさい。

（3）Cは，この時代の名前にもなっている土器です。この土器の名前を答えなさい。

5 令和元年５月に，新天皇《てんのう》がそく位《い》されました。このニュースを見たこうじさんは，疑問《ぎもん》に思ったことを調べました。これについて，次の（1）～（4）の問いに答えなさい。

（1）こうじさんは，天皇がどのような仕事をしているかを調べました。日本国憲法《けんぽう》に定められている天皇の仕事として正しいものを，次の（ア）～（エ）から１つ選んで，記号で答えなさい。

（ア）税金の使い道を決定する。

（イ）条約を結ぶ。

（ウ）内閣《ないかく》総理大臣を任命する。

（エ）裁判官《さいばんかん》を指名する。

（2）次にこうじさんは，天皇は仕事の内容をどうやって決めるのかを調べました。天皇の仕事に対して，助言と承認《しょうにん》をあたえる機関名を答えなさい。

（3）また，天皇の地位について調べると，主権者《しゅけんしゃ》の総意によって国の象徴《しょうちょう》と定められていることがわかりました。この主権者とはだれのことか答えなさい。

（4）こうじさんは，天皇のことを調べるために日本国憲法を読みました。次の文章は，日本国憲法の前文の一部です。文中の（　　）にはすべて同じ語句があてはまります。その語句を答えなさい。

> 日本国民は，永久《えいきゅう》の（　　）を願い，世界の人々と思いやりのある関わりを結んで，（　　）を愛する世界の人々とともに生きていこうと決意した。私たちは，（　　）を守り，差別や苦しみをなくそうと努力している世界の役に立ちたいと思う。私たちは，世界の人々が，戦争や苦しみから解放《かいほう》され，（　　）に生きていく権利《けんり》を持っていることを確認《かくにん》する。